KB265189

'조선총독정치' 연구

'조선총독정치' 연구

전상숙(田上俶)

이화여자대학교 정치외교학과 졸업
이화여자대학교 대학원 박사
현재 연세대학교 국가관리연구원 연구교수

주요 저서와 논문
《일제시기 한국 사회주의 지식인 연구》(2004) 외
〈한말 '민권' 인식을 통해 본 한국 사회의 '개인'과 '사회' 인식에 대한 원형적 고찰〉(2012)
〈일제하 한국 민족주의와 사회주의의 접합〉(2010)
〈The Characteristics of Japanese Colonial Rule in Korea〉(2011) 외

'조선총독정치' 연구

초판 제1쇄 인쇄 2012. 4. 3.
초판 제1쇄 발행 2012. 4. 13.

지은이 전상숙
펴낸이 김경희
펴낸곳 본사 • 경기도 파주시 교하읍 문발리 520-12
         전화 (031)955-4226 · 4227 팩스 (031)955-4228
         서울사무소 • 서울시 종로구 통의동 35-18
         전화 (02)734-1978 팩스 (02)720-7900
         인터넷한글문패 지식산업사
         인터넷영문문패 www.jisik.co.kr
         전자우편 jsp@jisik.co.kr
         등록번호 1-363
         등록날짜 1969. 5. 8.

책값은 뒤표지에 있습니다.

ISBN 978-89-423-3092-8   93340

이 책을 읽고 지은이에게 문의하고자 하는 이는
지식산업사 전자우편으로 연락 바랍니다.

'조선총독정치' 연구

조선총독의 '상대적 자율성'과
일본의 한국지배정책 특질

전 상 숙

지식산업사

머리말

‘단 무 지’, 중학생이던 딸아이가 오래 전에 필자에게 붙여준 별명이다. 딸아이는 사회인이 된 지금도 가끔 제 어미를 단무지라고 놀린다. 무식해서 용감하다고 했던가.

이 책은 필자가 무식하다는 것을 알면서도 감히 무지함을 드러내는 용기를 낸 것이다. 한국 사회의 지식인을 화두로 식민지시기 지성사를 공부하면서 느낀 것은, 지식인의 사회적 책무와 그것을 대변하는 이데올로기는 지배정책과 길항관계 속에서 현재화(顯在化)된다는 사실을 인정해야 한다는 점이었다. 이것은 아마도 필자의 연구 대상이 순수 이념이나 정치사상에 대한 관심에서 비롯되었다기보다는, 사회적 관계 속의 인간과 지식인, 그 소임에 대한 관심에서 비롯되었기 때문이라 생각한다.

식민지시기 ‘조선총독정치’에 대한 관심은 당시의 한국 초기 사회주의 지식인 연구로부터 비롯되었다. 3·1운동 이후 본격화된 한국

사회주의·공산주의 이데올로기의 수용과, 그것을 받아들인 지식인들을 어떻게 볼 것인가. 일본의 식민지 지배에 대한 체제 대 반체제의 대립구도를 형성했던 그들은, 이른바 민족주의자이기도 했고 공산주의자였다고도 할 수 있다. 그들이 받아들인 공산주의와 사회주의는 그 스펙트럼이 매우 넓었다. 그러한 식민지시기 공산주의운동은 항일독립운동의 일부로 일정하게 자리한다. 그것을 이끌었던 지식인들은 현실적 또는 전략적인 이유로, 때로는 이념적인 이유로 조선총독부와 일본 및 민족주의 계열과의 길항관계 속에서 움직였다. 이는 거꾸로도 마찬가지이다.

그것을 어떻게 볼 것인가, 어떻게 보아야 할 것인가 하는 문제는, 식민지시기 한국 사회를 어떻게 볼 것인가 하는 식민지시기 사회상에 대한 문제와 직결되어 있다. 이 문제는 필자의 연구 관심이었던 지식인 문제와 관련해서 식민지시기 지배정책과 식민지 지식인의 정치 이데올로기 사이의 현실적인 상관관계로, 그리고 조선총독정치 연구의 필요로 이어졌다. 그것은 조선총독정치 연구를 통해서 식민지시기 일본의 지배정책과 한국 사회의 모습을 재조명해 보는 것이었다. 식민지시기 지배정책사 연구가 주로 피지배자의 일국사적인 입장에서 기술됨으로써, 일본의 한국 식민지배가 갖는 역사·정치적인 의미와 문제가 대상화되기 어려워, 상대적으로 일반적인 설득력을 갖기 어렵다는 문제의식에 기초한다. 이러한 문제의식은 물론, 그 동안 축적된 식민지시기 연구 일반의 성과에 힘입은 것이다. 또한 현재 진행되고 있는 식민지 사회상을 여러 각도에서 살펴보고자 하는 작업의 일환이기도 하다.

이 책의 기본적인 목적은, 일본의 한국 병합 이래 천황에 직예(直隷)한 특별한 지위로서 한국 지배의 전권을 위임받은 '조선총독'과 그 지배정책을 고찰하여, '조선총독정치'와 일본의 식민지 한국 지배의 특질을 규명하는 데 있다. 조선총독의 통치권은 주임(奏任) 문관의 진퇴와 같은 주요 사항은 내각총리대신을 거쳐서 결정하도록 되어 있었다. 그러나 이는 형식적인 것이었다. 조선총독의 권한은 일본 본국에 대하여 천황에게만 책임질 뿐, 사실상 간섭이나 견제를 받지 않는 전제적인 것이었다. 그러한 조선총독의 권한과 지위는 한국인의 민족적 저항을 억압하고, 한국을 영구히 지배하는 데 필요한 식민지배의 제도적 장치였다고 할 수 있다.

일본이 총독정치를 실시하며 부여한 조선총독의 배타적인 통치의 '자율성'은, 철저한 직접통치 방식으로 한국을 지배하기 위한 것이었다. 후발 산업국가로 성장하기 시작한 일본은, 대외침략을 통해서 근대적인 성장을 지속할 시장과 자본을 확보함으로써 근대화의 후발성을 극복하고, 선발 산업국가인 서구 열강과 필적할 만한 경쟁력을 갖추어 일본 제국의 위상을 정립하고자 하였다. 그러한 일본의 제국주의적 팽창기획에서 반도 한국은 섬나라 일본이 대륙국가가 되어 지속적으로 성장하기 위한 견인차와도 같았다고 할 수 있다. 한국의 병합은 일본이 대륙진출을 본격화하는 시금석이자 교두보라는 중요한 의미를 갖는다. 이러한 뜻에서 주어진 식민지 '조선의 특수성'은 조선총독과 일본 본국과의 정치적 역학관계 속에서 조선총독이 주도적으로 일본의 근대적 산업성장을 담보하고자 한국 사회를 전면적으로 재편하려고 기획하면서, 한국이 일본의 제국주의적 팽창과 더욱 밀접한,

그러나 동시에 특수한 관계를 갖게 하였다.

그러므로 일본의 여타 식민지와 구별되는 특수한 조선총독의 지위와 권한은, 그러한 일본의 제국주의적 팽창기획에서 중요한(특수한) 의미를 갖는 한국을 효율적으로 재편하여 지배할 수 있는 통제체제를 구축하려는 제도적 장치였다고 할 수 있다. 조선총독정치는 한국에서 권력의 집중과 배타적 절대성을 한편으로 하고, 일본 정부에 대하여는 상대적인 자율성을 다른 한편으로 하는 특수한 것이었다. 그러한 조선총독의 지위와 권한의 특수성은 이름 그대로 조선총독을 조선총독부 권력의 핵심에 자리하게 하며, 일본의 한국 식민지배의 특질을 형성하였다. 이것이 곧 '민족말살'로 대표되는 일본의 한국 식민지배의 강권적 특성을 구조화한 주요 동인이었다.

조선총독의 한국 지배는 첫째, 일본의 제국주의적 대륙정책과, 둘째, 그에 대한 조선총독의 정치적 입장, 그리고 앞의 두 가지를 배경으로 형성된 조선총독의 한국 통치관이 종합적으로 작용하여 구체화된 한국 지배정책으로 드러났다.

이러한 관점에서 이 책은 조선총독의 지배정책을 조선총독의 통치관과, 그와 밀착되어 있는 일본의 제국주의적 팽창정책 두 측면을 함께 유기적으로 고찰하여, 일본 본국과의 관계 속에서 갖는 식민지 한국의 정치적 의미와 기능, 그리고 그에 따른 식민지배의 특질을 규명하고자 하였다.

이는, 식민지시기 연구를 제고하기 위하여 한국 정치의 관점에서 일본 정치의 흐름과 그것이 한국 사회에 미친 정치적 역학관계를 재조명하는 작업을 요하였다. 일본 정치 전공이 아닌 필자가, 무지와 무지함을 드러내는 용기를 낸 것은 바로 이러한 점에서였다. 그것은 연구의 완성이 아니라 시작으로서, 동학(同學)들의 비평과 조언을 겸허히 받아들이겠다는 의미이다.

무지를 알면서도 '조선총독정치'를 연구할 수 있었던 것은, 한국연구재단의 학술연구교수 지원이 큰 힘이 되었다. 공부하는 과정에서 많은 선후배와 동료들의 도움을 받았다. 무엇보다 학술연구교수를 지원하도록 추천서를 써주신 연세대학교 국학연구원 전 부원장 김도형 선생님, 동학(同學)의 의미를 일깨우며 학문적 비판과 성찰로 끊임없이 독려하셨던 고 방기중 선생님, 조선총독 연구의 의미와 필요를 강조하며 쉬운 글쓰기를 강조하신 홍성찬 선생님, 그리고 도서관 자료 이용의 편의를 마련해 주시며 계속 공부하도록 격려해 주신 국가관리연구원 전 원장 김동노 선생님께 많은 빚을 졌다. 이 자리를 빌려 진심으로 감사드린다.

공부는 혼자 하는 것인 줄 알았다. 그런데 동학이 있어 격려의 기운을 주고받으며 기꺼이 즐겁게 공부할 수 있다는 것을 늦게나마 깨달았다. 주위의 동학들께 진심으로 감사드린다.

마지막으로 흔쾌히 출판을 허락해 주신 지식산업사 김경희 사장님과, 꼼꼼히 난문을 정독하고 윤문해 주신 편집부에 감사의 말씀을 전한다.

2012년 3월

전 상 숙

차 례

3장 1920년대 사이토의 '내지연장주의'

6장　식민지 행정 일원화와 조선총독의 '정치적 자율성'　250

1

국권상실과
일본의 한반도 정책

1. 1. 러일전쟁 뒤 '황화론' 고조와 인종주의적 역발상, 아시아주의

일본의 근대화는, 메이지유신 이후 세계 자본주의 체제가 중공업을 산업 기반으로 하는 제국주의 단계로 이행하는 시기에 시작되었다. 일본은 선진 근대 국가의 앞선 기술을 받아들여 급속히 성장할 수 있었다. 후발 산업국가 일본은 영·미 중심의 선발 산업국가에 의존하는 협조적인 관계를 유지하였다. 동시에 일본 근대 국가의 성장을 담보할 자원과 시장을 동아시아에서 확보하며, 구미 열강에 필적할 만한 경쟁력을 갖추려는 대륙정책을 추진하였다. 이것은 제국주의적 '대외 침략'으로 모습을 드러냈다. 그 결과 일본은 청일전쟁과 러일전쟁에 이르는 '식민지 획득 전쟁'을 통하여 동아시아의 제국으로 떠올랐다.

그러나 일본의 식민제국화(植民帝國化)는 현상유지를 원하는 구미 열강의 서양 중심주의에 위기감을 조성하였다. 그것은 서양의 동양 일본에 대한 견제와 함께 '황화론'이 부상함으로써 현재화되었다. 이에 대하여 일본 정부는, 아직 국가적 성장을 하는 데 긴요한 영·미의 협조를 담보하기 위한 외교적 협조주의를 강화하면서 대륙정책의 변화를 추진하였다.

구미 열강의 일본 견제에 대한 일본 정부의 양면책, 곧 외교적 영·미 협조주의와 대륙정책은 서로 모순되는 것이었다. 그러나 이 둘은 모두 일본이 서양에서 황화론이 제기되는 것을 보면서 분명하게 자각하게 된 서양에 대한 동양이라는 인식과, 국가적 성장의 필요성에 기초하고 있었다. 그러므로 그러한 자각에 기초하여 서양의 '황화론'과는 대조적으로 일본에서 확산되고 있던 '아시아주의'적 사상과 결합될 소지를 내포하고 있었다. 그것은 러일전쟁 이후 일본의 대륙정책이 '북수남진'(北守南進)으로부터 육군 중심의 '북진대륙정책'(北進大陸政策)으로 전환되면서 박차가 가해진 한국1) '병합'을 통해서 그 단초적인 모습을 드러내었다.

동아시아의 섬나라 일본은, 청일전쟁과 러일전쟁을 치르면서 세계적인 제국주의 열강의 일원임을 자처하게 되었다. 이는 미국에 의하여 문호를 개방하고, 서양에 비하여 뒤늦게 근대화를 시작한 일본이, 10여 년 동안에 걸쳐서 동·서양의 강대국들을 상대로 전쟁을 도발하고 승리한 것이었다. 청일전쟁에 이은 러일전쟁에서 일본의 승전은 서양 열강으로 하여금 일본에 대한 경각심을 불러일으켰다. 그리고 서양에서 일본에 대한 경계심이 확산되는 계기가 되었다.

---

1) 이 책에서는 일반적으로 '한국'이라는 국호를 사용하였다. 일본이 한국을 병합한 이후 지역 명칭으로서 '조선'이라는 단어는, 일본의 식민지 한국 지배정책과 관련된 부분과, 당시 보통명사처럼 사용되었던 '조선총독', '조선총독정치' 등과 같은 경우에 한정하여 사용하였다. 또한 '지배'와 '통치'라는 용어도, '지배'는 한국 정치의 입장에서 일본의 한국 식민지 지배정책을 설명하는 경우에, '통치'는 일본 정치의 입장에서 조선 지역에 대한 일본의 통치책을 언급하는 경우에 사용하였다.

무엇보다도 러일전쟁 이후 미국, 영국, 프랑스, 태평양 연안의 영국 자치령, 중국 등에서 일본이 러시아를 패퇴시킨 것을 두고, 일본이 서양 국가 세력을 극동에서 배제하려는 첫걸음으로 보는 시각이 대두하였다. 또한 일본이 장차 프랑스령 인도차이나에 진출한 프랑스, 필리핀에 진출한 미국을 비롯해서 오스트레일리아·뉴질랜드·캐나다를 공격할 것이며, 네덜란드는 네덜란드령 인도에서 쫓겨나 결국 중국의 인적·물적 자원을 조직하고 개발하여 유럽을 향하게 될 것이라는 주장까지 나왔다.[2]

널리 알려져 있듯이, 일본의 근대화는 영국·미국과 협조관계 속에서 그들에 의지하여 이루어졌다. 그러한 일본이 제국주의 국가로 발전하는 것에 대해 구미 열강은 공공연히 반대하지 않았다. 그것은 일본을 그리 위협적이라고 느끼지 않았기 때문이다. 그러나 한편에서는 19세기 말 이래 일본의 근대화와 서양화 현상에 대한 관심이 높아지고 있었다. 그리하여 동서(東西)관계의 장래에 대한 심각한, 그리고 때로는 숙명론적인 의견이 대두하기도 하였다. 과학기술의 진보가 아시아에도 영향을 끼쳐서, '잠자는 아시아'가 차차 공업화에 눈뜨고 있다고 여겼기 때문이다. 그것은 아시아가 서양화된다면 종래의 서양 우위가 상실되지 않을까 하는 불안함을 반영한 것이었다. 서양화한 아시아와 서양의 진정한 차이는 과연 어디에 있는가. 아시아는 서양화한 뒤에도 여전히 이질적인 문명이며 반서양적일까 하는 등의 문제가 제기되었다.

2) 오카 요시타케(岡義武) 지음/ 장인성 옮김, 《근대 일본 정치사》, 서울: 소화, 1996, p.62.

18

그 가운데 극단적인 비관론이 '황화론'(黃禍論; Yellow Peril, Japanese Peril)으로 발전하였다. 황화론은, 서양적인 정신문명을 가지지 않은 아시아인이 근대적 기술을 도입하여 표면적으로 서양화하여, 아시아에서 서양의 우위를 타파하려 한다는 이미지에 근거한 것이었다. 이는 일종의 숙명론이었다. 이러한 논의는 1890년 후반 이후 꽤 일반화되어 있었다.3)

황화론은 사회진화론과 결합되어 있었다. 그것은 서양 열강이 식민지를 개척하면서 자의적으로 인류를 인종에 따라 구별하고 평가하였던 것에 기초하고 있었다. 나아가 우월한 인종의 열등한 인종에 대한 지배를 정당화하는 인종주의 내지 인종학을4) 배경으로 하고 있다. 이는 서양 우월주의가 동양 일본의 대두를 보면서 형성된 서양 중심주의의 불안함을 반영한 사회적 담론이었다고 할 수 있다. 자연히 황화론은 일본과 벌인 전쟁에서 패한 서양, 러시아에서 특히 강하게 나타났다.5) 그러나 다른 한편으로는, 이 시기 이민 문제를 둘러싸고 형성되기 시작한 미국과 일본 사이의 긴장이, 러일전쟁에서 승리한 일본을 보면서 반일 감정으로, 그리고 배일운동,6) 황화론으로 표출된 것이기도 하였다.

---

3) 이리에 아키라(入江昭) 지음/ 이성환 옮김, 《일본의 외교》, 서울: 푸른산, 1993, p.56.

4) 전복희, 《사회진화론과 국가사상》, 서울: 한울, 1996, p.115.

5) 권희영, 〈20세기 초 러시아 극동에서의 황화론〉, 《정신문화연구》 통권 제103호, 2006, p.344; 이채문, 〈황화론이 러시아 극동지역의 발전에서 가지는 함의〉, 한국사회학회, 《사회학대회논문집》, 1998, pp.231~232.

6) 유기식, 〈캘리포니아에서의 배일운동의 확대〉, 《경북사학》 제20집, 1997, pp. 9~12.

이는 일본 정부가 예상하지 못했던 서양 우월주의의 정서적 반발이었다. 이에 일본 정부는 당혹감과 위기감을 갖게 되었다. 일본 정부의 당혹감은 영·미 협조관계 속에서 자본주의적 산업화를 추진하면서 미처 자각하지 못하였던 서양 우월주의와 뜻하지 않게 직면하게 된 데서 비롯되었다. 위기감은 그로 인하여 영·미 협조관계에 변화가 초래될지도 모른다는 인식에 따른 것이었다. 일본 국가의 근대적 산업화와 함께 한 국가적 성장은 영국·미국과 협조관계 속에서 그에 기초하여 추진된 것이었다. 그것은 일본이 서양과 같은 선진 근대 국가가 되어 열강의 일원이 되는 것을 목표로 한 것이었다. 그러한 서양적 근대화를 추진하며 국가적 성장에 박차를 가하고 있던 일본에게 영·미 협조관계의 변화는 가장 큰 문제가 아닐 수 없었다. 일본이 독자적인 근대 국가 성장의 기반을 갖추었다고 판단될 때까지 영국·미국과 협조관계를 유지하며 그들의 지원을 확보할 필요가 있었던 것이다.

러일전쟁 승리 이후 서양 사회에서 급속히 확산되고 있던 황화론은, 일본 국가의 그러한 위치를 세계적 차원에서 분명하게 인식하게 하였다. 또한 서양의 우월주의와 서양 중심주의를 체험적으로 분명히 자각하게 하였다. 이는 서양에 대한 동양, 서양 근대 국가에 대한 동양 근대 국가 일본이라고 하는 자기 인식을 본격적으로 정립하게 되는 계기가 되었다고 할 수 있다.

황화론은 19세기 말 이래의 현상으로 새로운 것은 아니었다. 그러나 러일전쟁을 계기로 미국 서해안에서 '황화'로 표출된 미국에서의 배일운동은, 일부 미국인의 행위라기보다는 근본적으로 미국인의 문화적 인종적 편견과 세계관에서 유래한 것이었다고 할 수 있다. "생활수준이 높은 백인과 생활수준이 낮은 동양인 가운데 어느 쪽이 세계를 지배할 것인가라는 세계적인 문제의 일부"라고 한 샌프란시스코의 한 신문보도와 같이, 황화론은 동양 일본의 대두에 대한 두려움이나 불안감과 결부되어 배일운동으로 전개된 것이었다. 그리고 그것은 외교 안건이 되어 미·일전쟁론을 불러일으킬 정도로 영향을 미치고 있었다.7) 일본 정부가 당혹감과 위기감을 갖게 된 것은 그러한 연유에서였다.

'황화론'은 아시아의 서구화와 근대화에 대한 관심에서 처음 나왔다. 그러나 일본 정부로 하여금 위기감을 갖게 만든 '황화론'은 1890년대 메이지유신 이래 헌법 발포와 제국의회 개최 등 근대적인 국내 정치체제를 구축하고, 국가이익과 국력(國力)의 관점에서 일본의 발전을 대외적으로 적극 꾀하기 시작하는 시점에 등장하였다. 1890년 일본 육군을 창설한 초대 수상 야마가타 아리토모(山縣有朋)는 일본의 외교와 군사 문제에 대한 의견서를 발표하였다. 그 요지는 '국가 독립 자위의 길'은 '주권선'(主權線)과 '이익선'(利益線)을 정해서 그것을 지키는 데 있다는 것이었다.8) 주권선은 일본 영토를 가리킨 것으로서, 자국 영토를 지키는 일은 당연한 것이므로 새로울 것이 없었다. 그러

---

7) Charles E. Neu, *An Uncertain Friendship: Theodore Roosevelt and Japan 1906~ 1909*, Cambridge, Massachusetts: Harvard University Press, 1967, pp.20~50; 이리에 아키라(入江昭) 지음/ 이성환 옮김(1993), p.30, pp.65~66; 오카 요시타케(岡義武) 지음/ 장인성 옮김(1996), p.63.

8) 山縣有朋, 〈外交政策論〉(1890. 3.), 大山梓 編, 《山縣有朋意見書》, 東京: 原書房, 1966, pp.196~201.

나 그러기 위해서는 이익선, 즉 자국 영토의 '안위와 상호 밀접하게 관계되는' 인근 지역도 방어해야 한다는 것이었다. 이는 이후 일본 국가의 진로(進路)에 큰 영향을 미치는 것이었다. 그것은 부득이한 경우에는 무력을 사용해서라도 이익선을 '보호'해야 한다는 것이었다. 물론 그 요체는 일본 본토의 안전을 확실히 함으로써 일본 국가의 이익을 보호해야 한다는 데 있었다.

야마가타의 이러한 이익선 주장은 러시아의 시베리아철도 건설 착수가 임박한 시점에서 대러 견제책으로 제안된 것이었다. 러시아의 시베리아철도가 완성될 경우, 한국에 대한 러시아의 침투가 활발해져서 일본의 국익이 제한될 수 있다는 점을 염두에 둔 것이었다. 그러면서 야마가타는 이를 "조선의 독립"이 위협받게 될 것이고, 그러면 일본 쓰시마 섬(對馬島)의 일본 주권선이 마치 머리 위에 칼을 들이댄 것과 같은 위협을 당하는 형세가 될 것이라고 하였다. 그러므로 일본의 독립을 완전히 할 필요가 있다고 역설한 것이었다. 그러기 위하여 일치 노력해야 할 방책으로 야마가타는 '조선의 독립' 방어를 제안한 것이었다. 야마가타의 이러한 제안은 제1회 제국의회의 시정방침 연설을 통해서 국책(國策)으로 정해졌다.9) 그리고 1893년 군비의견서 (軍備意見書)를 통해서 시베리아철도가 완성될 때 본격적으로 행해질 러시아 등 서양 열강의 동양 침략에 대한 준비에 착수하도록 하였다.10)

---

9) 山縣有朋, 〈帝國の國是に就ての演說〉(1890. 12. 6.), 大山梓 編(1966), pp.204~207.

10) 山縣有朋, 〈軍備意見書〉(1893. 10.), 大山梓 編(1966), pp.215-222.

그리고 일본은 국가의 발전이라는 적극적인 대외정책의 입장에서 서양 열강과 맺은 불평등조약을 개정하는 일에 착수하였다. 그와 동시에 일본은 '조선 독립'을 위하여 중국과 청일전쟁을 치렀다. 그것은 대단히 성공적이었다. 일본의 조약 개정은 단순히 서양 열강과의 굴욕적인 조약을 철폐하려는 것뿐만이 아니었다. 일본 국력의 기초로서 경제력을 충실히 하는 문제와 밀접하게 연결되어 있었다.11) 이는, 마루야마 마사오가 적시했듯이, 서양적 국제사회에 개방함과 동시에 국제사회에 자신을 하나의 통일된 독립 국가로 마무리 짓고 선을 긋는 양면성을 내포하는 일본 국가의 '개국'을12) 완성하는 의미를 갖는 것이었다.

당시 야마가타는 부산에서 의주를 관통하는 조선종관철도(朝鮮縱貫鐵道)와 대련만에서 금주를 관통하는 요동반도 철도를 부설하여 장래 중국을 횡단하여 인도에 이르는 철도를 부설하고자 하는 적극적인 중국 본토 진출계획을 가지고 있었다.13) 그러한 일본의 적극적인 북진 대외정책은 청일전쟁에서 승리하자 성공적인 첫발을 내딛은 듯하였다. 그러나 삼국간섭과 하문(廈門) 점령 실패는 열강에 대한 일본의 열세를 절감하게 하였다. 그리하여 일본은 삼국간섭 직후 1895년 군비확충의견서(軍備擴充意見書)를 통해서 "동양의 맹주(盟主)"가 될 것을 제창하고14) 군비의 충실을 본격화하였다. 그 결과 영일동맹의 체

---

11) 이리에 아키라(入江昭) 지음/ 이성환 옮김(1993), p.35.
12) 丸山眞男, 《日本の思想》, 東京: 岩波書店, 1961, pp.9~10.
13) 小林道彦, 《日本の大陸政策 1895~1914》, 東京: 南窓社, 1996, p.27.
14) 山縣有朋, 〈軍備擴充意見書〉(1895. 4. 15.), 大山梓 編(1966), p.230.

결과 함께 러일전쟁을 승리로 이끌 수 있었다.

그러나 황화론의 고조는 아직 현실적으로 필요한 영·미협조주의 외교를 위태롭게 하는 것이었다. 그러므로 일본은 이를 진정시키기 위하여 열강과의 정치적 협조관계 속에서 일본의 지위를 인정받아 소기의 성과를 이루려는 종래의 영·미협조주의를 더욱 적극적으로 강화하였다.

그러면서 다른 한편으로, 대륙진출을 위한 군비 확충에 더욱 박차를 가하였다. 결과적으로 일본은 북진 대륙정책을 구미 열강과의 외교적 협조관계 속에서 조율해 갔다고 할 수 있다. 그러나 일본 국내 일각에서는 그러한 정부의 행보와는 대조적으로 정부가 영·미협조주의 외교정책으로 일관하는 것을 비판하는 목소리가 대두하고 있었다. 그것은 일본 정부가 구미 열강의 눈치를 보는 듯한 외교적 태도를 견지하는 데 대한 비판이었다. 더 이상 서양 열강의 눈치를 보지 말고 자주적인 외교를 펼쳐야 한다는 것이었다. 그리하여 동양의 단결을 강조하며 일본이 솔선해서 아시아의 지도자가 되어 서양에 대치해야 한다는 주장이 대두하고 있었다.

아시아 연대를 주장하는 것은 1880년 흥아회(興亞會)가 결성된 이래 계속된 것이었다. 그러나 청일전쟁 이후 1898년 흥아회가 동아동문회로 조직적으로 확대 병합된 뒤에 그것은 일신되었다. 일본의 중국과 한국에 대한 강한 지도의식을 드러내며 정치화를 강력히 표명하기 시작하였다. 그러한 아시아 연대주의는 유력한 정치가, 군인, 관료 다수가 동아동문회에 참가하고 있을 정도로 주류 정치가와 군인들 가운데에서 확산되어 가고 있었다 15)

그러한 흐름은 일본이 아시아의 맹주가 되어 연대해야 한다는 현양사(顯洋社)나 민권파(民權派)의 흐름, 흑룡회(黑龍會) 등과 이합집산하며 '아시아주의'16)의 기초를 형성해 갔다. 그것은 일본이 아시아의 일국으로서 서양의 아시아 진출에 대항하여 아시아의 '각성'과 '아시아인의 아시아'를 이룩해야 한다는 입장이었다. 일본을 맹주로 아시아가 그 역사적 유산을 자각하여 서양 사상의 영향으로 인한 혼미에서 벗어나 힘차게 세계 문명에 공헌할 수 있다는 생각이 고조되었다. 메이지정부가 조약 개정과 전쟁을 통한 영토 문제 등에서 성과를 거둘수록 아시아주의적 사상을 지닌 사람들의 정부의 영·미협조주의에 대한 비판과 반대가 강해졌다.17)

그러므로 러일전쟁은 서양에서 황화론이 고조되는 것을 보면서, 일본인이 '백인'과 비교하였을 때 상대적인 관점에서 '유색 인종'이라는 사실을 인식하고, '백인' 제국주의에 대한 '유색 인종' 아시아의 연대와 그에 대한 지도의식을 강화하는 전환점이 된 사건이었다. 러일전쟁은 아시아주의자와 아시아 연대 사상에 중대한 기로 역할을 하였다. 러일전쟁 이후 일본의 일각에서는 황화론과는 대조적인 '백화론'(白禍論)이 현실성 있는 시나리오라는 사실에 주의를 기울여야 한다는 주장이 제기되었다. 이렇게 일본을 맹주로 한 아시아주의 사상이

---

15) 스벤 사아러, 〈국제관계의 변용과 내셔널 아이덴티니 형성〉, 《한국문화》 41. 2008, pp.137~139.

16) 아시아주의(Asianism)라는 말은 황화론 담론의 일부로서, 이미 1900년을 전후한 시점에 영어나 독일어의 출판물에서 등장한 Pan-Asianism(us)이라는 말로부터 연원한다.[스벤 사아러(2008), p.148 각주 44 참조]

17) 이리에 아키라(入江昭) 지음/ 이성환 옮김(1993), pp.42~56.

확산되고 있었다.[18]

　그러한 아시아주의는 일본의 무력적 대외팽창, 식민주의를 정당화하는 침략의 논리로 발전해 갔다. 그러한 논리적 전개와 발전은 처음에 막부 말 메이지 초 정한론(征韓論)의 계보를 잇는 '주권선' 일본과 직결된 '이익선' 한국 논리를 서양 제국주의의 인종론에 기초하여 한국에 대한 지배논리를 구축해 가면서 이루어졌다.[19] '일선동조'(日鮮同祖), '내선일여'(內鮮一如)의 논리가 개발되고 확산되는 가운데, 일본의 식민주의는 서양의 침략에 대한 동양 아시아의 아시아인 수호로 정당화되어 갔다.

　메이지 초 일본에 도입된 인종론은[20] 1886년 도쿄(東京)인류학회가 창설되는 데에 때맞추어 일본인의 일본 인종에 대한 연구로 활성화되었다. 일본의 일본 인종에 대한 연구는 일본 인종이 여러 인종이 혼합되었다는 사실을 역설하며 한국인이 일본인과 같은 인종이라고

---

18) 스벤 사이러(2008), pp.139~140.

19) 정한론은 일반적으로 막부 말 메이지 초에 명멸한 논쟁으로 여겨진다. 그러나 정한론의 기본 기조는 메이지 시기에 일관된 하나의 주조를 이루고 있었다고 할 수 있다. 정한론의 대상은 한국에 국한되었지만, 그 침략의 대상은 한국뿐 아니라 아시아 대륙 전체, 정확히 말하면, 침략이 가능하다고 보는 모든 곳에 미치고 있었던 것이다.(박영재, 〈근대 일본의 한국 인식〉, 역사학회 편, 《일본의 침략정책사연구》, 서울: 일조각, 1984, pp.86~95, p.96 참조) 필자는 박영재 교수가 "가능한 모든 곳"으로의 침략대상이 한국으로 좁혀진 이유를 일본과 한국과의 상호 인식의 괴리에서 찾는 점에는 동의하지 않는다. 그러나, 근대 일본의 자기 인식에 대한 규명 위에서 그에 따른 세계관과 동아시아관, 그리고 한국관의 본질을 찾아내고자 하는 기본 논지와, 그에 입각해 정한론을 보는 관점은 시사하는 바기 크다고 생각한다.

20) Peter Duus, *The Abacus and the Sword: the Japanese Penetration of Korea, 1895~1910*, Berkeley, California. University of California Press, 1995, p.414.

는 할 수 없지만 일본인과 깊은 연관이 있다고 하여 일선동조론, 곧 대한(對韓) 침략의 논리로 일본 인종의 다인종성으로 전환시켰다.[21] 구미에서 일본에 대한 황화론이 횡행하던 시기에, 일본에서는 한국인의 민족적 정체성을 완전히 무시하는 일선동조·내선일여 등등의 의론(議論)이 떠돌고 있었다.[22] 동시에 한편에서는, 아시아의 맹주로서 일본이 지향하는 아시아 연대주의와 아시아주의가 확산 강화되고 있었다. 일본의 대륙진출을 뒷받침하는 사회적 분위기가 조성되고 있었던 것이다.

서양에서 인종론은 백인종과 유색인종의 차이를 차별화의 논리로 정립하여 제국주의 지배를 정당화하는 논의로 활용되었다. 반면에 이를 받아들인 일본에서 인종론은, 일선동조론으로부터 비롯해서 일본인이 그들과 같은 피부색과 외모를 지닌 아시아인과의 동질성을 결합하는 논리로 재정립되어, 아시아 일본의 아시아 제국주의 지배를 정당화하는 아시아주의의 논의로 발전해 갔다. 이렇게 일본에서 서양의 인종론은 서양과의 차이를 인정하며 이를 적극 활용하여 동양의 수호를 외치는 동양의 동양 침략론으로 전환, 활용되었다.

그러한 활용이 적극화되기 시작한 것은 아이러니하게도 구미에서 인종주의에 기초한 황화론이 고조되어 일본 정부가 현실주의적인 영·미협조주의 전략을 고수하던 시기에 이루어졌다. 이것이 역설적인 것은, 일본이 현실적인 이유로 서양 열강과 협조관계를 수호하지

---

21) 小熊英二, 《單一民族神話の起源》, 東京: 新曜社, 1995, pp.73~79.
22) 中塚明, 《近代日本の朝鮮認識》, 東京: 研文出版, 1993, p.92.

만, 내용적으로는 서양 열강에 대한 본격적인 대립관계를 구축하기 시작한 것이었다고 할 수 있기 때문이다. 황화론은 인종주의적 편견과 서양 우월주의에 입각한 백인의 황인 일본의 대두에 대한 경계심이 반영된 것이었다. 반면에, 그것이 일본에서 아시아주의의 대두와 침략론으로 전환된 것은, 구미와의 협조·의존관계 속에서 일본 국가의 발전을 꾀할 수밖에 없었던 섬나라 후발 자본주의 국가의 열세를 극복하고 강대국 열강의 일원이 되고 싶은 일본 사회의 총체적인 열망이 반영된 것이라고 할 수 있다.

이 점에서 황화론과 아시아주의는 맥을 같이 한다고 할 수 있다. 둘 다 패권의 목적을 배경으로 한 것이었다. 동양과 서양이 상호 대등한 측면에서 인식하기 시작하면서, 종래의 차별과 그에 따른 관계의 문제를 심각하게 고려하게 되었다는 사실을 역설적으로 드러낸 것이었다. 황화론은 서양 중심적인 우월주의에 입각하여 서양과는 전혀 다른 동양의 섬나라 일본이 그들과 같은 그룹의 일원이 되는 것을 견제하고, 그에 대한 기득권을 유지하려는 패권의 논리를 표출한 것이었다고 할 수 있다. 아시아주의 또한 근대화를 통해서 발전한 인종적으로 다른 서양의 존재와 차이를 대자적(對自的)으로 인정하는 가운데, 서양적 근대화가 동반한 예속성을 비판하고 이를 극복하여, 구미 국가와 같은 열강의 일원으로서 동양의 맹주가 되고자 한 일본의 제국주의적 패권의 논리를 표출한 것이었다고 할 수 있다. 이 점에서 일본의 아시아주의는 서양에 대한 도전의 논리이면서 동시에 아시아에 대한 지배와 패권의 논리였다고 하겠다.

또한 이 점에서 일본 정부와 민간사회는 비록 현실의 외교적 입장의 차이를 표출하기는 하였어도, 총체적으로 그 지향점은 같았다고 할 수 있다. 국가적 발전방략의 모색이, 국가와 민간사회 양쪽에서 모두 서양과의 차이와 격차를 인식하고, 이를 극복하기 위한 실질적인 방안을 구하는 방향으로 향하고 있었던 것이다. 러일전쟁 이후 구미에서 황화론이 고조되는 것에 대해 그 인종주의적 역발상이라고 할 수 있는 아시아주의가 침략의 논리로 전환된 것은, 그러한 의미를 갖는다고 하겠다.

1.2. 일본 육군의 북진대륙정책과 한국 병합

근대적인 국내 정치체제를 정비하고 국가이익과 국력의 관점에서 일본이 국가적 발전을 적극적으로 꾀하기 시작할 무렵, 야마가타는 1890년 주권선–이익선 논리를 주창하여 한국에 대한 배타적인 영향력의 확보를 국책으로 결정하였다. 막부 말 메이지 초의 정한론으로도 알 수 있듯이, 한국 문제에 대한 일본의 의견은 항상 일치하는 것은 아니었다. 그러나 반도(半島) 한국이 섬나라 일본에 대하여 갖는 군사상의 의미에 대해서는 근본적으로 일치하고 있었다. 즉, 동해–쓰시마해협–황해를 합하여 한국과 그 주변이 제3국의 지배 아래 들어가는 것은 일본의 안전상 꼭 피해야 한다는 것이 일본의 기본 입장이었다.23) 이때 일본의 안정은 포괄적인 의미에서 일본 국가의 이익이

---

23) 이리에 아키라(入江昭) 지음/ 이성환 옮김(1993), p.37.

었다.

야마가타의 이익선론을 통해서 "조선의 독립"을 방어하고 "조선을 보호"한다고 한 것은, 전통적으로 영향력을 행사해 온 중국과 새로이 한국으로 침투해 오고 있는 러시아의 영향으로부터 벗어나서, 한국이 독자적인 주권국가로서의 위상을 정립할 수 있도록 함으로써, 주권선 일본의 독립을 안전하게 지켜야 한다는 일본 국방(國防)의 의미를 강조한 것이었다. 반도 한국, 이익선의 보호는 군사상의 의미에서 한국을 주권선 일본의 방위와 직결시킨 것이었다.[24] 이러한 이익선론을 국책으로 결의하고 군비를 확충하며 치룬 청일전쟁으로 일본은 대만을 편입하였다. 그리하여 동아시아에서 유일한 제국주의 국가가 되었다. 그리고 열강에 앞서 제국주의적인 중국 분할의 첫발을 내딛고, 한국의 지배권을 둘러싼 사활이 걸린 대러(對露) 투쟁의 길로 들어서게 되었다.

그러나 러시아가 삼국간섭을 통해서 일본이 군사상의 필요에서 점거한 요동반도를 박탈하고, 명성황후 세력과 결탁하여 본격적으로 한국으로 진출해 왔다. 이는 일본의 한국에 대한 영향력을 위협하는 것이 아닐 수 없었다. 앞에서 언급하였듯이, 중국 본토 진출 구상을 가지고 있던 일본은, 국제체제의 현상유지를 원하는 열강의 제국주의적인 패권으로 인한 '굴욕'과 열강의 장벽을 절감해야 하였다. 그 결과 일본은 한국정책에서도 후퇴해야만 하였다. 그리하여 북쪽으로의 대륙정책을 억제하고 국력 배양에 주력하면서, 서양 열강의 중국 분할시 그

24) 전상숙, 〈러일전쟁 전후 일본의 대륙정책과 데라우치(寺內正毅)〉, 《사회와 역사》 제71집, 2006, p.122.

에 편승하여 남쪽 복건성(福建省)으로 진출할 준비를 해놓는다는 북수남진(北守南進), 중국분할편승론이 형성되었다.25)

그러나 의화단사건과 이를 틈 탄 하문(廈門)출병사건은 일본 내 권력관계와 대륙정책을 전환시키는 계기가 되었다. 의화단사건 당시 일본은 지리적 조건상 북경에 신속히 대규모의 병력을 출병할 수 있었다. 그리하여 일본은 의화단사건 진압에 결정적으로 기여하였다. 이때 일본은 서양 열강의 관심이 북경에 집중해 있는 틈을 타서 복건성을 세력 아래 두고자 하문 점령을 시도하였다. 그러나 영국을 필두로 한 서양 열강은 일본군의 철병을 요구하였다. 결과적으로 일본은 솔선하여 서양 열강의 중국 진출에 첨병이 되었지만, 의도한 바 소기의 목적을 달성할 수 없었다. 오히려 '극동의 헌병', '구미 열강의 주구'라는 불명예만 얻게 되었다.26)

이 경험에서 일본은 큰 교훈을 얻고 대륙정책을 전환하는 계기가 되었다. 일본이 솔선해서 의화단 진압의 주력으로 서양 열강의 일원이 되어 이권을 수호하였음에도, 서양 열강은 일본을 그들과 동등하게 여기지 않았다. 일본이 '극동의 헌병' 정도로 취급되었다는 것은 서양 열강이 일본을 함께 이권분할에 동참할 수 없도록 함으로써 그들과 같은 자격을 인정하지 않았다는 의미였다. 일본에서는 지리적 편의와 군사적 독점만으로는 아직 서양 열강과 겨룰 수 없다는 것을 자각하는 한편으로, 더 이상 극동의 헌병에 만족해야 하는 일은 해서

25) 小林道彦(1996), p.28, pp.95~96.
26) 위의 책, pp.38~39.

는 안 된다는 분위기가 고조되었다.[27]

이 사건으로 북쪽으로는 한국을 놓고 러시아와 타협하고, 남쪽으로는 복건성 방면에 세력권을 확보하여 서양 열강에 편승해서 중국 본토로 일본 국가의 이권을 확장해 가려던 북수남진, 중국분할편승론의 유효성이 급속히 사라지고 있었다. 또한 국권의 보호를 위해서는 서양 열강과 동맹을 해야 한다는 필요성이 고조되었다. 그리하여 영일동맹이 추진되는 한편으로, 이를 놓고 만주와 한국에서 이권과 영향력을 강화하고 있던 러시아에 대한 입장의 차이가 표출되어 갈등하게 되었다.

영국과의 동맹은 러시아와 전쟁을 고려하지 않을 수 없는 것이었다. 그러므로 영일동맹 추진세력은 러시아와 전쟁도 불사하겠다는 입장이었다. 그에 반대하는 측은 일본의 전력을 감안하여 러시아와 전쟁은 피하고, 협상을 통해서 외교적으로 문제를 해결하자는 입장이었다. 이는 곧 의화단사건의 경험을 통해서 서양 열강과의 동맹과 적극적인 북진대륙정책의 필요를 절감한 야마가타 그룹과 이토(伊藤博文) 세력 사이의 대립을 불러왔다. 결국 1902년 영일동맹이 성사되었다. 이로써 이토가 입헌정우회를 창립하면서 시작된 '반(反)정당 세력인 야마가타와 정당세력인 이토의 대립은[28] 야마가타의 승리로 돌아갔다고 할 수 있다.

영일동맹은 이토와 야마가타를 정점으로 한 정당과 군부, 두 세력

---

27) 井上淸, 《日本の軍國主義 III》, 東京: 現代評論社, 1975, pp.54~60.
28) 松下芳南, 《日本軍閥の興亡 1》, 東京: 人物往來社, 1967, pp.331~337.

사이의 논쟁에 종지부를 찍은 것이었다. 영일동맹은 야마가타의 비호 아래 육군대신을 역임한 가츠라(桂太郎) 내각이 들어서면서 급진전되어 체결되었다. 입헌정치의 진전을 수용하려는 이토에 반하여 정당을 혐오하는 야마가타는, 메이지 정부에서 근대적인 일본 육군을 창설하고 초대 육군대신을 역임한, 군부를 대표하는 인물이었다.29) 가츠라는 그의 비호 아래 군제를 개혁하고 네 내각의 육군대신을 역임하며, 야마가타에 이어 두 번째로 군인 수상이 된 인물이었다. 그는 청일전쟁 이후 특히 발언권이 강화된 육군, 조슈벌(長州閥)의 지도자였다. 청일전쟁은 군사적 방위의 차원에서 이익선 논리를 국책으로 정하고 성공적으로 치른 전쟁이었다. 청일전쟁 이후 군벌의 위세는 마치 제국의 운명을 어깨에 진 듯이 높아졌다.30)

대륙 한국에서 치러진 청일전쟁 결과에 따른 논공행상에서 무관이 문관에 비하여 압도적으로 유리하였다. 그 가운데에서도 육군이 해군에 비하여 네 배 이상 많이 수상하였다.31) 그리하여 군벌 가운데에서도 육군의 정치적 발언력이 높아갔다. 그것은 군 통수권(統帥權)의 독립과 대신무관제(大臣武官制)에 의거하여 군부가 정부로부터 독립적으로 행동할 수 있는 배경이 되었다. 하문출병사건은 그러한 군벌이 대만총독부와 함께 주도하여 행한 것이었다.

그러한 가운데 체결된 영일동맹은, 서양 열강과 동맹을 맺는 것이

---

29) 마스미 쥬노스케(升味準之輔) 지음/ 이경의 옮김, 《일본정치사 II》, 서울: 형설출판사, 1992, pp.199~200; 井上淸(1975), pp.45~46.

30) 井上淸(1975), p.50.

31) 松下芳南(1967), pp.239~241.

절실히 필요하다고 느낀 일본이, 대러 견제라는 공동목표를 갖고 있던 영국에 힘입어 적극적으로 북진대륙정책(北進大陸政策)을 추진하기 위한 것이었다. 그 초석을 놓은 것이 야마가타였다. 그리고 그 초석에 입각하여 군부의 의지를 관철시킨 이는 가츠라였다. 그들이 이끈 영일동맹의 체결로 육주해종(陸主海從)의 대륙정책 노선이 확정되었다고 할 수 있다.[32] 영일동맹의 체결은 조슈벌 육군 군부가 국정 운영의 주도권을 확고히 하고 적극적으로 '북진대륙정책'의 의지를 천명한 것이었다고 할 수 있다. 동시에 야마가타 그룹의 정치적 입지를 공고히 하는 기반이 되었다.[33] 그리고 그러한 북진대륙정책은 1902년 가츠라 내각에 가츠라의 뒤를 이어 조슈벌의 데라우치(寺內正毅)가 육군대신으로 입각함으로써 정치와 군사가 일치하며 적극 추진되었다.

데라우치는 만주와 한국 문제를 둘러싸고 러시아와 전운이 감돌던 때 육군대신으로 입각하였다. 그는 의회의 비협조로 재원 마련에 난항을 겪고 있던 군비확충 문제를 해결하며, 1903년 6월 어전회의에서 대러 협상의 원칙, 곧 개전의 결의를[34] 이끌어냈다.[35] 가츠라 내각은 그 기회를 활용하여 한국을 완전히 확보해서 북진 대륙진출의 거점으로 삼고자 하였다. 그 결과 러일전쟁은, 해군을 제외하면, 수상을 비롯

---

32) 小林道彦(1996), p.55.
33) 전상숙(2006), pp.126~127.
34) 당시 대러 개전론자들의 개전결의 활동에 대해서는 松下芳南(1967), pp.351~353 참조.
35) 黑田甲子郎, 《元帥寺內伯爵傳》, 東京: 元帥寺內伯爵傳記編纂所, 1920, pp.238~242.

해서 육군대신, 야마가타 참모총장, 만주군 참모총장 고다마(兒玉源太郞) 등 야마가타 그룹의 조슈벌 육군 군부 중심으로 수행되었다.36) 그리고 그 승리로 육군대신 데라우치를 중심으로 한 조슈벌 육군 군부의 결속력과 정치적 발언력이 한층 고조되었다. 명실 공히 조슈벌 출신 육군 지도자를 수반으로 한 정부가 대륙에 대한 의지를 천명하고, 지도부가 총동원되어 러일전쟁을 승리로 이끎으로써 그들의 정치적 위상과 발언권을 높여간 것이었다. 이후 이들 육군 중심의 적극적인 북진대륙정책이 본격화되었다.

1890년 야마가타가 이익선 논리로 한국 '보호'를 국책으로 결의한 이래, 그것은 조슈벌 육군의 지상과제였다. 대러전쟁 개전 직후부터 전세를 유리하게 이끈 일본은, 1904년 5월 30일 한국의 '보호국화'를 결의한 "대한(對韓)방침"을 결정하였다.37) 7월, 고무라(小村) 외상은 "이 기회에 만주와 한국 및 연해주 방면의 이권을 확장해 국력의 발전을 꾀할 것"이라고 전쟁 강화의 방침을 밝혔다.38) 그리고 1904년 8월 일본은 한국에 '고문정치'를 단행하였고, 러일전쟁에 승리하자 한국을 보호국화 하였다. 이로써 1890년 이래 일본 국가의 적극적 발전을 위하여 결의된 이익선 논리의 지상 목적이었던 '조선의 보호'가 달성되었다. 이는 곧 한국에 대한 일본의 배타적 지배권 확보라는 북진대륙

---

36) 北岡申一, 《日本陸軍と大陸政策》, 東京: 東京大學出版會, 1978, p.61; 松下芳南 (1967), pp.353~356.

37) 〈對韓方針に關する決定〉, 外務省 編, 《日本外交年表竝主要文書》上, 東京: 原書房, 1965, pp.224~228.

38) 〈露日戰爭の講和條約に關する小村外務大臣の意見〉, 外務省 編, 《日本外交年表竝主要文書》上, 東京: 原書房, 1965, pp.228~229.

정책의 일차적인 목적이 이루어진 것이었다.

곧이어 일본은 한국과 중국, 그리고 러시아와 국경을 접하는 삼각지대에 있으면서, 정치적으로 한국과 중국 사이에 영유권이 확정되지 않았던 간도(間島)에 주목하였다. 간도는 일본이 만주를 둘러싼 러시아의 남하정책과 관련하여 관심을 갖게 되면서 중요하게 인식되었다. 일본은 그곳에다 장래 중국 이권을 위한 거점을 마련하고자 하였다. 1906년 3월 간도를 실지(實地) 조사한 한국주차군참모부는 "공세를 취해 북함(北咸) 방면에서 길림 지방으로 진출하려면 우선 간도를 점령해야 이 목적을 달성할 수 있다"는 내용의 보고서를 육군성과 외무성에 제출하였다.39) 그리고 육군은 간도 지역의 확보가 일본의 안보상 필수불가결하다는 점을 강조하며, '1906년도 일본 제국군대 작전계획'을 수립하여 이 지역을 확보한다는 방침을 정하였다. 거기에는 경제적인 면까지 고려한 장춘–길림 간 철도연장까지 포함되어 있었다.40)

그리고 육군대신 데라우치는 1906년 6월 〈남만주철도주식회사설립조령〉을 발포하였다. 7월 데라우치는 직접 남만주철도주식회사의 설립위원장이 되었다. 1907년 1월에 그는 철도회의 의장까지 역임하며 기존의 장춘·길림 사이의 철도부설 계획을 수정해서 한국 북부와 연결시키는 사업을 추진하였다.41) 이어서 러일협약 공포 직후인 8월

---

39) 韓國駐箚軍參謀部, 〈間道二關スル調査槪要〉(1906. 3.).

40) 日本防衛廳防衛硏修所戰史部 編, 《戰史叢書大本營陸軍部 1》, 東京: 朝雲新聞社, 1967, p.162.

41) 黑田甲子郎(1920), pp.442~444.

19일 간도 용정촌에 한인 보호를 명분으로 '통감부간도임시파출소'를 개설하였다.

이는 한국의 보호국화로 독점적인 영향력을 확보하였다고 여긴 일본이 영일동맹을 체결하며 전환한 육군 중심 북진대륙정책의 일환으로써, 만주와 직결된 간도 지역을 확보하여 일본 근대 국가의 성장을 실질적으로 뒷받침할 이권의 팽창을 꾀한 것이었다. 그러한 육군의 북진 대륙진출 계획은 1907년 4월 최고 국책으로 결정된 〈일본제국국방방침〉(日本帝國國防方針)으로 확정되었다. 이 국방방침은 육군 참모본부의 조슈벌 육군대장 다나카(田中義一)가 러일전쟁을 통해서 배운 교훈과, 전후 채택해야 할 정책에 관하여 작성한 보고서에 기초한 것이었다. 데라우치와 야마가타가 다나카의 보고서 내용에 공감하여 야마가타의 수정을 거쳐 결의한 것이었다.[42]

영일동맹의 체결로 영·일 해군세력에 대적할 만한 해군은 극동에는 더 이상 존재하지 않게 되었다. 그러므로 다나카는 육군을 확장시켜야 한다고 주장하였다.[43] 국방방침 입안시 야마가타와 데라우치가 공감하였던 다나카의 보고서에 제시된 다나카의 신조는, 일본이 '섬나라'의 한계를 벗어나 '대륙국가'가 되어 국운을 크게 신장해야 한다는 것이었다.[44] 〈일본제국국방방침〉은 그러한 국가적 발전 방향에 생각을 같이 하고 있던 조슈벌 육군 야마가타 세력이 일본의 북방대

---

42) 北岡申一(1978), p.9; 森山茂德, 《近代日韓關係史研究—朝鮮植民地化と國際關係》, 東京: 東京大學出版會, 1987, pp.228~229.
43) 高倉徹一 編, 《田中義一傳記》, 東京: 原書房(復刻), 1981, pp.211~212.
44) 이리에 아키라(入江昭) 지음/ 이성환 옮김(1993), p.63.

류국가화(北方大陸國家化)를 결정한 것이었다.

이 〈일본제국국방방침〉은, 러일전쟁의 승리로 막부 말 이래 최대 과제였던 국가적 독립을 달성하였다는 판단 위에 수립된 것이었다. 메이지유신의 최고 목적이었던 국가적 독립 목적의 달성으로 이제 새로운 국가 목표를 수립해야 하였다. 〈일본제국국방방침〉은 일본이 그 새로운 국가목표를 위한 국방정책의 기본 방침을 정한 것이었다. 그러므로 그것은 일본의 '전후경영'과 관련하여 중요한 의미를 갖는다. 〈일본제국국방방침〉은, 러일전쟁 이후 러시아 함대의 대패(大敗)로 해군에 유력한 가상(假想)의 적이 없어진 상황에서 수립되었다. 반면에 육군은, 한국과 러시아가 국경을 접하고 있는 만주에서의 권익이 확대됨으로써 그곳에 대한 안보의 중요성이 더욱 확장되었다. 그러한 상황에서 육군이 그 역할을 강조하며 국방방침의 주도권을 확정한 것이 〈일본제국국방방침〉이었다.

다시 말해서, 영일동맹의 체결로 전환된 육주해종(陸主海從)의 북진대륙정책, 육군을 주력으로 하고 해군을 보조자로 한 통일적인 국방정책이 육군의 주도 아래 수립되어 국책으로 결정된 것이었다. 이를 통해서 육군은, 해군이 제창하였던 수세(守勢)국방론과 도제(島帝)국방론을 부정·극복하고, 공세(攻勢)국방론과 대륙제국론(大陸帝國論)을 관철시켰다. 〈일본제국국방방침〉의 결정은, 육군이 만주와 한국에서의 권익을 불가분의 구성요소로 하는 대륙국가 일본 제국(帝國)의 발전과, 이를 위하여 필요한 공세국방정책(攻勢國防政策)의 추진을 결의한 것이었다.45) 이는 곧 일본의 북진 대륙국가화, 대륙국가 제국 일본이, 육군에 의하여 새로운 국가목표로 제창, 결의되었음을 의미한다. 이로써 영일동맹을 통해서 국정 운영의 주도권을 공고히 하고 적극적인 북진대륙정책의 의지를 천명한 조슈벌 육군 군부의 계획도 국책상, 제도상으로 강력하게 보장받게 되었다.46) 여기서 한국은 육군의 대륙국가화, 북진대륙정책의 기축이 되는 만주와 불가분의 밀접한 관계를 갖고 있었고, 그러한 한국의 확보는 일본의 대륙국가화 북진정책의 출발점이었다.

동북아시아, 그 가운데서도 만주를 둘러싼 서양 열강의 이권 개입이 첨예화되던 1907년 8월 15일, 일본은 제1차 러일협약을 체결하였다. 이로써 일본은 간도를 포함한 남만주 이권과 한국에 대한 재량권을 인정받았다. 그리하여 러시아의 남하정책을 저지하고 제2의 러일전쟁의 위기도 해소하였다. 이는 한국에 대한 배타적인 지배권을 확보한 것은 아니었다.47) 그러나 러일전쟁 이후 큰 문제의 하나였던 러시아의 복수전에 대한 대비가 일단락된 것이었다. 그러므로 이후 한국과 만주에 대한 권익을 구체적으로 현실화하는 것이 일본의 최대 당면과제가 되었다.

한국에 대한 일본의 배타적 지배권을 확립하는 것은 일본의 북진 대륙국가화 구상의 첫 단계였다. 그것은 1908년 7월 제2차 가츠라 내각이 들어서면서 본격화되었다. 그 직접적인 계기가 된 것은, 중국이 1909년 3월 22일 간도 문제를 비롯한 일본과의 문제를 헤이그 중재재

---

45) 北岡申一(1978), pp.9~13.
46) 井上清(1975), pp.74~76; 전상숙(2006), pp.135~136.
47) 최문형, 《국제관계로 본 러일전쟁과 일본의 한국 병합》, 서울: 지식산업사. pp.352~365.

판소에 회부한다고 통고한 데 있었다. 중국이 일본과의 문제를 국제 재판에 회부하겠다고 요청한 것은, 일본에게 제2의 삼국간섭과 같은 위기의식을 불러일으켰다. 그것은 청일전쟁 직후 삼국간섭으로 외교적 굴욕과 함께 대한(對韓)정책마저 후퇴해야 했던 떨치고 싶은 외교적 위기의식이었다. 당시 국정 운영의 수장과도 같았던 야마가타는 국제정세가 "열강이 하나같이 적이 되려 한다"고 여겼다. 야마가타는 그러한 정세가 한국에 미치게 될 영향을 중시하였다. 서양 열강이 동아시아의 문제에 개입하게 되면, 아직 완전히 "부용"(附庸)되지 않은 한국을 "또 다시" 포기해야 할 것이라고 우려한 것이다.48) 그리하여 그는 가츠라 수상과 고무라 외상에게 일본이 처한 국제 상황에 대한 위기의식을 촉구하였다. 이는 곧 한국에 대한 독점적 지배권 확보의 위기감과 필요를 역설한 것이었다.49)

당시 초대 한국 통감 이토(伊藤博文)는 자신이 지향하였던 '자치육성정책'이 한국 조야의 강력한 저항에 부딪힌 데 좌절하여 신속한 병합 쪽으로 입장을 바꾼 상태였다. 이토는 헤이그밀사사건을 계기로 고종 황제를 양위시키고 제3차 한일협약(1907. 7. 24)을 체결하여 한국 내정을 실질적으로 식민지화하였다. 그리고 그러한 상황에서 이토는 통감 직 사의를 표명하였다.50) 1909년 4월 가츠라 수상, 외무대신 고무라(小村壽太郎), 이토 통감, 세 사람이 만나 한국의 병합과 이토의

---

48) 山縣有朋, 〈第二對淸政策〉(1909. 4.), 大山梓 編(1966), pp.312~314.

49) 森山茂德, 〈日韓倂合の國際關係〉, 近代日本硏究會, 《日本外交の危機認識》, 東京: 山川出版社, 1985, pp.82~85; 전상숙(2006), pp.136~137.

50) 森山茂德(1985), pp.79~80; 森山茂德, 《日韓關係》, 東京: 吉川弘文館, 1992, p.175.

사직을 결정하였다.51) 그리고 5월 30일 가츠라 수상은 육군대신 데라우치를 제3대 한국 통감으로 발령하였다.52)

이와 동시에 1909년 6월 3일 내각회의에서 병합 후의 한국에 대한 시정방침이 결정되었다. 7월 6일 내각회의에서는 "적당한 시기에 한국 병합을 단행"하기로 한국 병합 방침을 공식 결정한 뒤 천황의 재가를 받았다.53) 7월 8일 한국 병합 조약안이 결정되었다. 한국 병합의 "적당한 시기"는 통감 사임 후 한국 병합을 적극 지원하던 이토의 암살을 계기로 결정되었다. 이토의 암살로 일본 사회에서 한국 병합에 대한 여론이 조성되어 간 것이 한국을 병합할 좋은 구실이 되었다. 한국 병합의 대임을 맡은 것은 데라우치 육군대신이었다. 그는 한국 통감 부임 당시 병합에 관한 전권을 위임받았다.54) 그는 부임에 앞서 한국 문제에 대한 각종 조사·입안을 준비하였다. 그 요체는 헌병과 경찰을 일원화시키면서 한국 병합 이후의 통치방침을 준비한 것이었다.55) 이러한 사전준비를 통해서 데라우치가 수립해 놓은 통치방침은 천황대권에 의한 통치, 천황에 직예한 총독의 정무 통괄, 대권의 위임에 따른 조선총독의 제령권 및 명령권56) 등이었다. 이러한 내용

---

51) 小村壽太郎, 《朝鮮併合之裏面》, 東京: 中外新論社, 1920, pp.8~17; 德富蘇峰, 《公爵桂太郎傳》, 東京: 故桂公爵記念事業會, 1917, p.460.

52) 山本四郎 編, 《寺內正毅日記―1900~1918》, 京都: 京都女子大學, 1980, p.498.

53) 〈朝鮮併合ニ關スル件〉, 外務省(1965), p.340.

54) 黑田甲子郎(1920), p.569.

55) 위의 책, p.569; 釋尾東邦, 《韓國併合史》, 京城: 朝鮮及滿洲社, 1926, pp.539~543.

56) 〈韓國に對する施政方針〉, 外務省(1965), p. 336; 〈合併後半島統治と帝國憲法との關係〉, 山本四郎(1984), pp.63~70.

은 한국 병합 직후 그대로 실시되었다.

이와 같이 한국 병합 이후의 시정방침을 정하여 내각의 결의를 이끌어낸 데라우치는 7월 23일 한국으로 왔다.[57] 8월 22일 데라우치는 이완용과 병합조약을 체결하였다. 데라우치와 이완용 사이에서 조인된 〈한국 병합에 관한 조약〉은 한국 병합의 목적이 "특수하게 친밀한 관계를 생각해 상호 행복을 증진하고 동양의 평화를 영구히 확보"하는 데 있다고 명시하였다.[58] 또한 한국 병합 공포 당일 재가된 일본 천황의 〈병합조서〉에는 '화란(禍亂)의 연원인 한국의 치안이 보호정치로는 안정되지 않아 병합을 단행한다고 하였다.[59] 같은 날 가츠라 수상과 고무라 외상도 각각 기자회견에서 한국이 극동 화근의 근원이기 때문에 병합한다고 밝혔다.[60]

이러한 일본의 한국 병합은 주권선 일본 영토의 방위와 직결시킨 이익선 한국 수호의 논리에 입각하여 이루어진 것이었다. 1890년 야마가타가의 이익선 논리를 국책으로 결의한 이래 한국 병합은 일본 국가가 당면한 과제가 되었다. 그리하여 한국 병합은 삼국간섭 직후 야마가타가 제창한 "동양의 맹주" 일본이라는 목표와 결부되었다. 그리고 야마가타 그룹의 조슈벌 육군 군부가 중심이 되어 체결한 영일동맹을 통해서 확립된 적극적인 북진대륙정책 곧 〈일본제국국방방침〉의 일환이 되었다. 이와 같이 하여, 일본 국가의 발전이라는 입장

---

57) 山邊健太郎(1971), p.3.
58) 〈韓國倂合に關する條約〉, 外務省(1965), p.340.
59) 詔書 〈韓國ヲ帝國ニ倂合ノ件〉(1910. 8. 29.), 朝鮮總督府, 1912, 附錄 1.
60) 釋尾東邦, 《韓國倂合史》, 京城: 朝鮮及滿洲社, 1926, pp.624~627.

에서 한국을 일본 국가의 국방과 직결시킨 이익선 논리는, 결과적으로 청일전쟁과 러일전쟁을 거치면서 일본이 인근 동아시아 대륙에서 제국주의 국가로 나아가는 기본 논리가 되었다. 일본의 한국 병합으로 야마가타 그룹의 유력한 조슈벌 육군 군부가 주력한 북진대륙정책, 대륙국가 일본을 향한 초석이 마련된 것이었다.

이러한 일본의 북진대륙정책은 삼국간섭과 하문사건 직후의 열강의 간섭 위기, 그리고 러일전쟁 이후 고조된 '황화론'을 통해서 알 수 있듯이, 현상유지를 원하는 구미 제국주의 열강의 강력한 견제를 경험하며 더욱 긴요하게 추진되었다. 서양 열강에 대한 열세와 서양 중심주의에 대한 자각이 일본 국가 성장의 필요성을 더욱 절실하게 느끼게 하였던 것이다. 그리하여 상대적으로 서양 열강의 관심이 적은 반도 한국을 기점으로 하여, 가까운 동아시아 대륙으로 일본 국가의 발전을 적극적으로 꾀하였다. 일본의 한국 병합은, 일본이 서양 열강에 대한 약세와 그로 인한 협조의 필요라고 하는 현실적인 이유에서 구미 열강의 견제를 무마하기 위한 구미협조주의 외교를 적극화하면서 동시에 실질적으로 가능한 최선을 다하여 이루어낸, 절실하고 적극적인 것이었다.61)

또한 그것은 야마가타가 제창한 '동아(東亞)의 맹주' 일본론에 입각하여 인종에 대한 인식과 함께 확산되고 있던 아시아주의와 국가 발전의 욕구가 공통분모로 결합될 소지를 내포한 것이었다. 이는 일본을 맹주로 한 아시아의 연대를 정치적으로 강력히 표명하기 시작한

---

61) 전상숙(2006) 참조.

동아동문회의 정당 정치에서 고노 히로나카(河野廣中), 이누카이 쓰요시(犬飼毅), 기요우라 게이고(淸浦圭吾), 고토 신페이(後藤新平) 등과 같은 대표적인 관료의 일부와 우쓰노미야 타로(宇都宮太郞)와 같은 군인이 주요 인물로 참가한[62] 것에서 알 수 있다. 야마가타가 1914년 백인과 유색인의 경쟁을 말하며, 세계대전 이후 경쟁이 급격해져서 백인이 힘을 합쳐 유색인을 적대시하게 될 것임을 깨달아야 한다고[63] 한 것은 그런 의미에서 음미해볼 필요가 있다.

1.3. 일본 대륙국가화의 '교두보', 한반도

한국을 '주권선' 일본과 직결시킨 야마가타의 대륙진출 구상의 출발점은, 한국 병합을 단행함으로써 북진대륙정책을 현재화하는 데 있었다. 그것은 대륙진출과 이를 위한 한국 지배의 필요라고 하는 국가적 요구에 입각한 것이었다. 그리고 그것은 러일전쟁 이후 1907년 〈일본제국국방방침〉에서 일본의 '대륙국가화로 확정되었다고 할 수 있다. 그런데 거기에는 서로 다른 두 입장이 섞여 있었다. 앞에서 말하였듯이, 청일전쟁부터 하문사건에 이르기까지 일본의 대륙정책은 '북수남진'(北守南進) 정책이었다. 이때 한국은 '북수'의 차원에서 섬나라 일본이 인접한 반노 한국에 안정된 거점을 마련하는 정도의 의미를 갖

---

62) 스벤 사아러(2008), p.137.

63) 山縣有朋, 〈對支政策意見書〉 別紙, 大山梓(1966), pp.340~345.

는 것이었다. 당시 일본은 반드시 한국 전토(全土)에 대한 배타적 지배권을 고집한 것은 아니었다. 삼국간섭 이후 야마가타가 러시아에 대하여 북위 38도선 분할을 제안한 것은[64] 그러한 대륙정책의 입장에서였다.

그러나 하문사건 이후 열강이 일본을 '극동의 헌병'과 같이 여기는 처우에 또다시 굴욕을 경험하면서 생각이 바뀌었다. 그것은 국가적 발전의 필요를 더욱 강력하게 모색하게 하였다. 그리하여 일본 육군이 중심이 되어 영일동맹을 맺어 확립한 북진대륙정책에서, 러일전쟁을 치르더라도 한국은 전토를 확보해야 한다는 것이 일차적인 정책목표가 되었다. 러·일 개전 당시 '만한(滿韓)교환론'이 나왔던 것은 그러한 입장의 차이가 반영된 것이었다.

야마가타의 이익선 논리는 청일전쟁 이후 높아진 육군 군벌의 정치적 발언력을 배경으로 적극적인 대륙정책으로 전개되었다. 앞에서 언급한 대륙정책상의 입장 차이는, 섬나라 일본의 해군력을 활용한 북수남진·대륙정책을 병용하며 치룬 청일전쟁 당시까지는 드러나지 않았다. 그러나 삼국간섭의 경험에 더하여 하문사건은 일본의 국가 발전이라는 차원에서 대륙정책의 방향에 의문을 제기하게 하였다. 그것은 러시아와 결전을 고려하지 않을 수 없었던 영일동맹의 체결을 둘러싸고 표출되었다. 그리하여 대러 교전을 염두에 둔 영일동맹을 추진하자는 측과, 러시아와 전쟁은 피하자는 입장에서 영일동맹에 반대하는 측으로 분열하여 대립하였다. 결국 영일동맹의 체결을 주장하

---

64) 森山茂德(1987), p.120; 小林道彦(1996), p.28.

는 세력의 승리로 귀결되었다.

 그것은 야마가타 그룹의 조슈벌 육군 군부가 이끄는 내각과 군부가 하나가 되어 관철시킨 것이었다. 대륙에서 전개된 청일전쟁 이후 위세가 더욱 높아진 육군의 입장이 반영된 것이었다. 영일동맹 체결 이후 일본의 대륙정책은, 일본 육군이 중심이 되어 종래의 '남진'을 유보하고 '북진' 곧 한국에 대한 독점적인 지배권을 확보하여, 중국 만주 방면으로 진출을 추구하는 것이었다.[65] 그러한 적극적인 북진 대륙정책은 러일전쟁의 승리로 공고히 되어 1907년 〈일본제국국방방침〉에서 국책으로 확립되었다. 거기서 북진대륙정책은 일본 국가의 대륙국가화가 전제된 것이었다.

 그리하여 영일동맹 체결 당시와 마찬가지로, 일본의 내각과 북진대륙정책의 추진자인 육군의 이해와 입장이 일치하여 한국 병합을 단행하였다. 한국 병합을 일치단결하여 달성한 조슈벌 일본 육군 중심의 북진대륙정책에서 한국은, 섬나라 일본에 대한 '반도'라고 하는 지리적 특성상 일견 섬나라 일본과 대륙을 연결하는 단순한 연륙교(連陸橋)와 같은 존재로 볼 수 있다. 그러나 러시아에 대한 군사력의 열세가 인정되던 당시, 전쟁을 무릅쓰고 한국에 대한 배타적인 지배권을 확보하고자 한 것은 한국을 일본의 북진정책에서 교두보로 여겼음을 말해준다. 그것은 반도 한국이 인접한 섬나라에 대해서 갖는 전략적 실질적인 의미에서 더 나아가, 반도 한국을 섬나라 일본 국가의 일부로 함으로써 일본이 대륙국가가 되어 대륙진출에 박차를 가하기 위한

---

65) 井上淸(1975), pp.59~60; 전상숙(2006), p.123.

것이었다. 한국이 일본 북진대륙정책의 교두보였다는 것은 이러한 의미를 갖는 것이었다. 북진대륙정책상에서 갖는 반도 한국의 의미와 중요성에 대한 이러한 차이는 '주권선'(일본)과 직결시킨 '이익선'(한국)의 불안정성을 안정화하기 위하여 병합을 단행할 때까지는 드러나지 않았다.

그러나 국가 발전의 방위라고 하는 군사적인 견지에서 '주권선' 일본과 직결시킨 '이익선' 한국 병합의 완료는 그러한 차이를 현재화시키지 않을 수 없었다. 북진대륙정책에서 나타나는 차이는, 무엇보다 일본의 한국 식민지 지배라고 하는 관점에서 볼 때 매우 중요한 것이었다. 그것은 곧 병합 후 한국을 어떻게 지배할 것인가, 곧 한국 식민지 지배정책과 그에 따른 지배체제의 구축이라는 측면에서 식민지 한국의 지배와 직결된 중요한 것이기 때문이다. 여기에 한국 병합의 전권을 위임받아 한국 통감으로 데라우치 육군대신이 부임해 병합을 단행한 후 초대 조선총독이 되어 조선총독정치의 기본 틀을 확립했다는 사실은 중요한 의미를 갖는다.

주지하듯이, 데라우치는 야마가타에서 가츠라로 이어지는 조슈 육군벌의 중심인물이었다. 데라우치의 일련의 행적은 일본이 대륙진출을 적극화하면서 한국을 '이익선'으로 규정하고, 이를 일본의 '주권선'과 직결시켜서 병합하는 데 핵심적인 역할을 한 야마가타 그룹의 조슈벌 육군 군부의 대륙정책 속에 자리하고 있었다. 그것은 육군 조슈벌의 인적 계보의 측면에서뿐만 아니라, 일본 천황에 직예한 군부의 군 통수권 논리와 의식이 '이익선' 한국에 대해서 관철되는 방식을 보면 분명해진다.

1904년 일본 정부가 〈한일협정서〉를 체결하여 고문정치를 단행하면서, 육군 군부는 조슈벌 육군중장 하세가와(長谷川好道)를 한국주차군사령관에 임명하고, 한국주차군사령관은 천황에 직예하도록 하였다. 이것은 일본에서 군권(軍權)이 천황에 직예하는 바와 같이, 식민지 한국의 군권 또한 내각이 아니라 군부를 중심으로 관통될 수 있도록 한 것이었다. 그러므로 한국통감부를 설치할 때 군부는 당연히 무관이 통감이 될 것이라고 예상하였다. 그러나 뜻밖으로 문관 이토 통감 안이 제기되었다. 그렇지만 군부는 이를 받아들일 수밖에 없었다. 나아가 이토는 조선주차군에 대한 지휘권까지 요구하였다. 군부는 이에 반발하였으나, 천황의 중재 형식을 통해 내려진 칙령을 받아들이게 되었다.

이러한 양보와 수용은 사실상 한국의 병합을 계획하고 실현한 군부, 특히 육군 군부로서는 절대 용납할 수 없는 것이었다. 그러나 그 주역이라 할 육군대신 데라우치는 거시적인 육군 군부의 북진대륙정책의 실현이라는 구상 속에서 이를 전략적으로 받아들이는 결정을 하였다. 당시 문관 이토의 조선주차군에 대한 지휘권 요구를 전격 수용한 것은 데라우치 육상이었다. 그는 이토의 요구에 반대하는 동료들에게 군 지휘권은 "법문"(法文)이 아니라 "실행상의 통수권(統帥權) 시행 능력 여하"가 중요하다며 군 지휘권의 실질적인 면을 강조하였다. 그러면서 문관 한국 통감 이토에게 '임기(臨機)군대사용권'이라는 차원에서 조선주차군 지휘권을 허용하였다.66)

66) 大江志乃夫, 〈植民地戰爭と總督府の成立〉, 《岩波講座　近代日本と植民地　2》, 東京: 岩波書店, 1992, p.26.

데라우치가 가진 군 통수권의 실질적인 면에 대한 생각은, 이토 한국 통감이 한국의 의병투쟁을 진압하는 데에 역부족을 느끼고 주차군을 증강해 달라고 요구해 오면서 겉으로 드러났다. 이토의 조선주차군 증강 요구에 데라우치는 헌병대를 중핵으로 투입시켰다. 이는 일본 군 통수권의 통제를 받는 군대를 식민지 한국에 파견함으로써 한국 통감의 조선주차군 통수권의 사용을 제한하려는 것이었다. 일본군 헌병대의 일부를 파견함으로써 육군대신의 군 통수권이 한국에서도 실행되도록 한 것이었다. 문관 이토에게 조선주차군에 대한 지휘권을 허용하기는 하였지만, 사실상 한국 지배의 안정화에 일본 군부의 영향력이 행사되도록 한 것이었다.67) 이와 같이 데라우치는 결국 군부의 통수권이 한국에서도 '실행상의 통수권 시행능력'으로 발휘될 수 있도록 하였다. 그것은 일본의 국방과 직결시킨 '이익선' 한국 지배의 안정성을 군부가 확보하여 북진대륙정책을 주도해야 한다는 기본적인 구상의 일환이었다.68)

그렇게 군 통수권을 통해서 제도적으로 군부가 한국에서도 영향력을 행사할 수 있도록 해놓았음에도, 현직 육군대신이 한국 통감과 조선총독을 겸하며 한국에 체류하였던 것은 무엇 때문인가. 그것이 의미하는 바는 무엇인가. 물론 그것은 앞에서 언급하였듯이, 〈일본제국 국방방침〉에 입각한 일본 국가의 대륙화, 대륙국가 일본의 실현에 있었다. 한국은 1890년 야마가타의 이익선 논리에서 제기된 바와 같이

---

67) 전상숙(2006), pp.134~138.
68) 전상숙, 〈조선총독정치체제와 관료제〉, 《한국정치외교사논총》 제31집 1호, 2009b, pp.17~18.

국방상 중요하였을 뿐만 아니라, 일본이 대륙국가가 되기 위한 최선의, 그리고 최소한의 기본 조건이었다고 할 수 있다.

그런데 거기에는 앞에서 언급하였듯이 메이지 말 이래 궁중·육군·추밀원·귀족원·문관 관료 등에 강력한 기반을 구축하고 있던 야마가타 그룹69) 안에서 조슈 육군부를 중심으로 한 북진대륙정책을 둘러싼 입장 차이가 담겨 있었다. 그것은 야마가타 이래 조슈 육군 군벌의 계보를 잇는 가츠라와 데라우치를 중심으로 긴장관계를 형성하고 있었다. 다시 말해서, 데라우치에 대한 가츠라의 견제와 그와 연동된 일본 국내 정치세력 간의 한국 지배정책, 대륙정책상의 차이가 있었음을 알 수 있다.

데라우치는 러일전쟁 이후 육군을 조슈인(長州人)을 중심으로 "데라우치체제"화하며 장악해 갔다.70) 이에 비해서 일찍부터 입각하여 군정가(軍政家)로서 경력을 쌓고 있던 가츠라의 육군에서의 영향력은 상대적으로 빨리 후퇴하였다.71) 이토와 같은 대정치가가 되고 싶은 정치적 야망을 품고 있던 가츠라는, 자신의 내각에 데라우치를 육군 대신으로 입각시켰다. 그러나 러일전쟁 이후 육군과 함께 그가 급부상하자 긴장하지 않을 수 없었다. 가츠라는 야마가타가 육군을 장악한 데라우치에게 힘을 실어주게 될 것을 염려하였다. 이는 곧 세대교체를 의미하는 것이었기 때문이다. 그렇게 되면 가츠라의 대권 이양

---

69) 季武嘉也, 《大正期の政治構造》, 東京: 吉川弘文館, 1998, pp.27~28.

70) 러일전쟁 이후 일본 육군의 데라우치 체제화에 대해서는 전상숙(2006), pp.125~
131 참조.

71) 北岡申一(1978), p.6, pp.62~64.

의 야망은 좌절될 것이었다.

그리하여 가츠라는 한국 병합에 뜻을 같이한 데라우치가 조선총독부의 체제를 정비한 다음 육군대신으로 귀임하려 하자, '조선 지배의 안정성'을 강조하며 육군대신은 사임하더라도 조선총독으로 유임하여 조선을 안정적으로 지배할 것을 당부하였다.[72] 이는 곧 가츠라가, 같은 야마가타 그룹의 일원이자 조슈 육군벌의 계승자로서 데라우치가 누구보다 '이익선' 한국의 의미를 잘 알고 있다는 사실을 활용하여 일본의 중앙 정계로 복귀하지 못하도록 떼어놓은 것이었다고 할 수 있다.[73]

그리고 가츠라는 다이쇼 데모크라시를 배경으로 사회적으로 커가고 있던 군부에 대한 반감과 정당정치의 약진을 이용하여 '다이쇼 정변'(大正政變)을 이면에서 책동하며 신당(입헌동지회)을 결성하였다. 사실 가츠라는 야마가타의 비호 아래 그의 뒤를 잇는 군정가로 성장하였지만, 대륙정책에서는 야마카타와 입장이 달랐다. 야마가타는 러시아의 위협을 국방의 견지에서 신중하게 고려하여 만주의 경영에는 소극적이었다. 이에 반해서 가츠라는 만주의 경제적 가치를 높이 평가하였다. 그리하여 직면한 경제성장의 원동력으로 대륙정책을 적극 추진하는 입장이었다. 그는 야마가타와 달리 러시아와의 전쟁도 불사하는 적극적인 북진대륙정책을 지향하였다. 가츠라의 이러한 지향은

72) 原奎一郎 編,《原敬日記》第3卷(1911. 6. 1), 東京: 福村出版, 1965; 小林道彦 (1996), p.192, p.290; 마쓰다 도시히코, 〈일본 육군의 중국대륙침략정책과 조선 (1910~1915)〉, 권태억 외,《한국 근대사회와 문화》II, 서울: 서울대학교출판부, 2005, p.103.
73) 전상숙(2009b), p.19.

이미 제2차 가츠라 내각 시기에 군사적인 목적에만 국한하지 않는 철도광역화정책을 결의한 데에도 반영되어 있었다.

그러한 야마가타 그룹 내의 대륙정책에 대한 입장의 차이는 데라우치의 부상을 경계한 가츠라에 의하여 현재화되어 분열을 초래하였다. 가츠라는 그와 같이 만주 중심의 대륙정책을 지향하는 정당정치 세력과 함께 신당을 결성하였다. 뿐만 아니라 그는 신당 세력과 함께 육해군대신문관제(陸海軍大臣文官制) 채용을 결의하였다. 가츠라는 대만총독부의 체제 개혁에 성공한 고토(後藤新平)와 함께 만주를 중심으로 적극적인 대륙정책을 기축으로 하는 체제의 전환을 꾀하였다. 그는 데모크라시 풍조의 정세를 배경으로 정당세력과 함께 번벌 중심의 국내 제도를 개혁하면서 대륙정책을 경제성장의 동력으로 추진하여 국정 운영의 주도권을 장악하고자 하였다.74) 이렇게 가츠라는 야마가타 그룹으로부터 이탈하였다.

일본의 대륙정책에서의 입장 차이는 곧 식민지 경영에 대한 입장 차이와 바로 연결되었다. 대륙정책에서의 차이는 국내 정세 변화와 연동되어 야마가타–데라우치 대 가츠라–고토의 대립을 결정적으로 만들었다.75) 이러한 차이를 식민지 한국 경영(지배)의 측면에서 보면, 다음과 같이 서로 다른 두 세력이 대립한 것과 같았다.

하나는 일본의 대륙국가화와 대륙국가 일본 국가 방위의 차원에서 한국 지배의 안정화를 우선시 하는 세력이었다. 이 세력은 일본 국가

---

74) 小林道彦(1996), pp.277~283.
75) 위의 책, p.43, 139, pp.188~216.

의 일부가 된 한국 영토를 거점으로 하여 북진대륙정책을 추진하려는 '조선 교두보관'을 갖고 있었다고 할 수 있다. 다른 한 세력은 한국보다는 만주의 경제적 가치를 높이 사서, 만주를 중심으로 대륙정책을 추진하려는 세력이었다. 이 세력은 만주를 일본 국가발전을 위한 경제성장의 원동력으로 우선시하여, 만철(滿鐵) 중심의 식민지 경영을 추구하고자 하였다. 이들은 '조선 교두보관'에 대비하여 '조선 연륙교관'을 가지고 있었다 할 수 있다.76) 양쪽 모두 한국의 식민지화가 아닌 대륙국가 일본화를 목적으로 한국의 병합을 단행하는 데 함께 하였다. 그러나 한국 병합 이후 대륙정책과 한국 지배에 대한 생각은 서로 달랐다.

한국 병합 당시 일본은 "조선을 식민지로 하였다"고 하지 않고 "조선 병합"이라든가 "일한 병합"이라 하여 '병합(倂合)'이라는 용어를 사용하였다. 일본은 한국에 대하여 굳이 '식민지'라는 용어를 사용하지 않으려 하였다. 이는 또한 일본의 '한국 병합' 목적을 분명히 나타내고 있다. 한국 병합을 결의한 7월 6일 각의결정 원안 작성시 외무성 정무국장이었던 구라치(倉知鐵吉)에 따르면, 그 이유는 다음과 같다. '병합'이란 용어는 "한국이 완전히 폐멸(廢滅)하여 제국(帝國) 영토의 일부가 된다는 의미를 분명히" 하고자 하는 의도에서 만들어낸 새로운 용어였다. 동시에 "그 어조가 너무 과격하지 않은 문자를 택하고자 고심"한 결과물이기도 하였다. 그리하여 "당시 아직 일반에 사용되지 않던 문자를 선택"해 사용한 것이었다.77)

---

76) 전상숙(2009b), p.20.

이와 같이, 일본이 한국을 '병합'한 것은 한국을 식민지화한 것이
아니라 한국을 일본 국가화한 것이었다. 일본의 한국 병합은 섬나라
일본이 반도 한국의 '병합'을 통해서 대륙국가가 되고자 한 것이었다.
북진대륙정책과 관련해서 이는, 일본 육군 조슈 군벌이 중심이 되어
한국의 병합을 단행함으로써, 한국을 중심으로 대륙국가 일본이 북쪽
대륙으로 국가적 이권을 확장시켜 가는 '조선 교두보관'을 관철시킨
것이었다.

일본 국가의 발전과, 이를 위해 한국과 일본이 대륙으로 연결된 육
지, 곧 반도를 영유해야 한다는 것이 기본적인 입장이었음은 다 알려
진 사실이다. 또한 대륙정책의 측면에서도 일본이 궁극적으로 중국
본토로 이권을 확장하고자 하였다는 것도 널리 알려진 사실이다. 데
라우치–야마가타도 가츠라와 같이 철도광역화정책에 원칙적으로 찬
성하는 입장이었다. 앞에서 언급하였듯이, 데라우치가 제국군대 작전
계획을 수립하고 장춘–길림 철도부설계획을 한국 북부와 연결시킨
것은 그러한 입장에서였다. 그러나 그러한 궁극적인 대륙정책의 목표
를 달성하는 데에서 일차적으로 중요한 한국 병합과 그에 따른 지배
방식을 두고, 북진대륙정책의 추진방식과 우선순위에서 차이가 있었
던 것이다.

데라우치가 한국 통감으로 부임하였을 때 직면한 한국의 상황은,
이토 통감의 조선주차군 증강 요구에 따라 헌병을 파견해서 영향력을
행사할 때에는 예상하지 못하였던 정도로 난감하였다. 데라우치가 병

---

77) 中塚明(1977), pp 101~102

합을 달성하였으므로 초대 총독으로서의 소임은 다하였다 하여 조선 총독을 그만두고자 하였을 정도였다.78) 일본 최고의 한국 지배 통치 권자의 눈에 한국의 상황은, 이토의 예에서 볼 수 있듯이 자신의 지배 방침을 꺾어야 할 만큼, 그리고 데라우치의 사의로도 알 수 있듯이, 더 이상 개입되기를 원치 않을 만큼 불안정하고 난감하였던 것이다. 그러나 일본 국내 정치의 역학관계상 유임하게 된 조선총독 데라우치 는, 그를 유임시킨 가츠라의 유임 명분과 같이, 한국 지배의 안정화에 최우선 순위를 두지 않을 수 없었다. 그것은 단지 일본의 '국방'과 직 결된 것이 아니라 일본 국가, 다시 말해서 대륙국가 일본의 주권을 방위하는 것과 직결되기 때문이었다.

그러므로 데라우치 조선총독에게 가장 절실한 것은, 한국의 치안을 확보하여 한국 지배체제를 안정적으로 정립하는 것이었다. 따라서 데 라우치는 한국을 병합했다고 하여 한국의 불안정한 정세를 방임할 수 없었다. 더욱이 한국 문제가 더 이상 국제적인 쟁점도 되지 않는 상황 에서, 만주 경영에 주력하여 반도 한국을 섬나라 일본과 만주를 연결 하는 연륙교와 같이 취급하는 일본 정부의 중앙집권적 대륙철도광역 화정책과 같은 대륙정책 관리방식은 수용하기 어려웠다. 때문에 그는 한국 지배의 안정화를 이유로 자신의 유임을 권한 가츠라의 의견을 수용하였던 것이다.

한국 지배의 안정화를 도모하는 조선총독에게 무엇보다 필요하였 던 것은, 지배의 안정을 위한 재정을 확보하는 것이었다. 그런데 그가

78) 마쓰다 도시히코(2005), pp.102~103.

일본 정계로부터 멀어져 있는 사이, 일본에서는 데모크라시 풍조의 확산을 배경으로 군벌에 대한 비난이 고조되고 있었다. 그것은 다이쇼 정변으로 사이온지(西園寺) 내각을 무너뜨린 데 대한 저항이었다. 다른 한편으로 육군에서는, 우에하라(上原勇作)의 육군대신 취임을 계기로 우에하라 군벌이 형성되어 조슈벌 단적으로 데라우치 군벌을 교체하고 있었다.[79] 1910년 한국 병합 당시와는 다른 방향으로 정계가 움직이고 있었다.

그러므로 데라우치가 조슈 육군 군벌의 북진대륙정책을 일관되게 추진할 형편이 못 되었다. 결과적으로 가츠라의 권고로 조선총독 직을 유임하고 있던 데라우치는 일본 정계의 일선에서 쫓겨나 있는 형편이 되었다. 그러한 일본의 상황은 데모크라시 풍조를 배경으로 높아진 민중운동에 힘입어 정당세력이 급속히 대두하는 데 반해서, 육군 군부는 안정적이던 게이엔(桂園) 체제를 다이쇼 정변을 일으켜 해체한 주적(主敵)으로 간주되어 정치적으로 큰 타격을 입고 있었다. 그러므로 데라우치는 뒷날을 기대하라는 동료들의 충고를 받으며 한국 지배의 안정화를 위한 조선총독부 정치체제를 구축하는 데 힘을 쏟았다.[80]

일본의 정계는 군벌 가츠라가 정당세력과 제휴하여 정당을 결성한 것으로도 알 수 있듯이, 군부의 발언권이 쇠퇴하고 정계 개편이 이루어지고 있었다. 그러므로 이미 병합한 한국 지배의 안정성과 같은 문

---

79) 松下芳南(1967b), pp.98∼99.
80) 《경성일보》 1911년 6월 4일자 사설; 山本四郎 編(1984), p.587; 赤木格堂, 〈朝鮮總督專任論〉, 《日本及日本人》 第560號, 1911, p.24.

제에 굳이 관심을 두는 사람은 거의 없었다. 아카시(明石元二郎) 조선 주차헌병대 사령관 겸 조선총독부 경무총장이 데라우치의 유임을 적극적으로 권유할 정도로[81] 일본의 정치 상황은 데라우치에게 아주 좋지 않았다.

그러므로 데라우치가 조선총독으로 부임해 올 때하고는 완전히 달라진 일본 정계에서, 한국 지배의 안정화를 위한 재원 지원을 기대하는 것은 불가능하였다. 따라서 데라우치 총독은 한국 지배를 위한 재원을 한국에서 스스로 충당해야만 하였다. 산업이 낙후한 조선의 현실에서 철도는 그 운임 수입으로 조선총독부의 세입 보충을 기대할 수 있는 유력한 재원이자 재정 독립에 필요한 한국 개발 수단이었다.[82] 데라우치의 한국 치안질서 확립의 필요에 대한 위기의식과 해결 의지는 한국 병합으로부터 조선총독부 체제를 구축하는 실무 경험을 통해서 형성되었다고 할 수 있다. 그것은 데라우치가 가츠라의 철도광역화정책에 원칙적으로 동의하면서도 한국의 치안질서 확보와 재정독립을 우선시하여 일원적인 철도광역화정책을 수용할 수 없었던 근본적인 요인이었다.

데라우치는 야마가타의 '주권선·이익선'론에 입각한 일본 국가의 발전, 일본의 대륙국가화라는 입장에서 국방 차원에 입각해 한국 지배의 안정성을 가장 중시한 '조선 교두보관'을 가지고 있었다. 여기서 병합된 한국, 즉 '조선'은 일본 육군 조슈 군벌의 북진대륙정책의 교두

---

81) 山本四郎 編(1984), pp.6~28, p.590.
82) 위의 책, p.70; 小林道彦(1996), p.195, pp.206~207.

보이고, 데라우치는 그 북진대륙정책의 초석을 정비하는 주요 임무를 담당하였다.[83] 데라우치가 구축한 조선총독체제는 일본 육군 조슈 군벌의 북진대륙정책의 교두보로 구축된 것이었다.

<국권상실과 일본의 한반도 정책>, 《동아연구》 59, 2010)

83) 전상숙(2009b), p.21.

2

1910년대 데라우치의
'조선총독정치체제'

2.1. 러일전쟁 이후 일본의 대륙정책과 데라우치

2.1.1. 러일전쟁과 한국

한국은 일본의 대륙국가화 거점으로서 중요한 의미를 가지고 있었다. 러일전쟁은 그러한 한국에 대한 일본의 영향력을 대내외적으로 확정하여, 일본의 대륙국가화를 위한 교두보 확립의 계기가 되었다. 일본은 강제로 한국의 문호를 개방한 이래, 본격적으로 대륙진출을 기도하였다고 할 수 있다. 그것은 일본이 청일전쟁과 러일전쟁을 통해서, 대륙진출의 장애로 적대시해 왔던 중국과 러시아의 한국에 대한 영향력을 퇴각시키고, 한국에 대한 지배력을 독점하면서 구체화되었다.

일본은 청일전쟁에서 승리함으로써 전통적인 동아시아의 중화질서(中華秩序)를 무너뜨리고 동아시아의 제국(帝國)으로 성장하였다. 그리고 러일전쟁을 통해서 동아시아의 제국으로서 서구 열강과 어깨를 나란히 하는 제국주의 열강의 일원으로 인정받게 되었다. 그러므로 청일전쟁에서부터 러일전쟁에 이르는 동안은, 일본이 세계적인 제국주의 열강의 반열에 이르는 도약의 계기였다고 할 수 있다. 동시에 이 기간 동안은 북진 대륙진출과 대륙국가화의 거점으로 한국을 '병합'하기 위해 오랜 기간 준비한 일본의 '대륙국가화 프로젝트의 준비과정'이었다고 할 수 있다. 일본의 대륙국가화 프로젝트는 한국 병합으로 일단락되는 것이었다.

메이지유신 이후 근대 일본의 국가적 과제는, 안으로는 사회적 근대화를 이루고 밖으로는 국가적 독립을 확보하는 것이었다.[1] 동아시아의 후발 산업국가인 일본에서 이 두 개의 대내외적인 과제는, '일본 근대 국가의 성장을 통해서 동전의 양면처럼 상호보완적으로 추진되어야 할 것이었다. 근대 국가 일본의 성장을 위해서는 섬나라의 지리적 열세와 부족한 자원, 그리고 성장에 걸림돌이 되는 과잉인구 문제를 해결하는 것이 무엇보다 우선이었다. 이를 위하여 대륙으로 진출하는 것, 나아가 대륙국가화가 추구되었다.

그러한 북진대륙정책은 1902년 가츠라 내각에 가츠라의 뒤를 잇는 조슈벌 육군대신 데라우치(寺內正毅)가 입각함으로써 정치와 군사가 일체가 되어 적극 추진되었다. 널리 알려져 있듯이, 영일동맹은 일본이 러시아와 전면전을 결의하게 된 저력이 되었을 뿐만 아니라, 한국에 대한 일정 정도의 재량권을 인정받는 계기가 되었다. 그리고 '북진'을 촉진할 수 있게 되었다.[2]

영일동맹은 곧바로 효력을 발휘하여, 1902년 4월 러시아와 중국 사이에 만주철병협정이 조인되었다.[3] 그러나 러시아는 1902년 10월 제

---

1) 藤村道生, 《日本現代史》, 東京: 山川出版社, 1981, p.4.
2) 井上清, 《日本の軍國主義 ― 軍國主義の展開と沒落》, 東京: 現代評論社, 1975, pp.59~60; 신상용, 〈영일동맹과 일본의 한국침략〉, 역사학회 편, 《러일전쟁 전후 일본의 한국침략》, 서울: 일조각, 1986 참조.
3) 최문형, 《국제관계로 본 러일전쟁과 일본의 한국 병합》, 서울: 지식산업사, 2004, pp.148~155 참조.

1차 철병 이후 만주철병을 재고하고 있었다. 그리고 1903년 5월 이른 바 '신정책'(New course)을 결정하였다. 신정책은 러시아가 만주철병계획을 철회하고, 장차 만주를 병합하거나 종속시켜야 한다는 적극적인 러시아의 남하정책이었다.4) 이 신정책에는, 러시아가 만주에서의 영향력을 유지하기 위하여, 만주와 접하고 있는 압록강 우안(右岸)에 러시아의 세력범위를 설정할 것이 포함되어 있었다.5)

이러한 상황에 직면하여 긴박해진 일본은, 1903년 6월 어전회의(御前會議)를 열어 대러 협상의 근간을 결정하였다. 그것은 이 기회를 이용하여 여러 해 동안 해결하지 못한 한국 문제를 일본이 원하는 방식으로 처리한다는 것이었다. 그것은 이미 만주에서 우세한 위치를 차지하고 있는 러시아에게 만주 문제는 다소 양보하고, 그에 대신하여 한국은 어떤 경우에도 그 일부라도 러시아에 양도하지 않는다는 것이었다. 이러한 원칙 아래 일본은 러시아와 협상에 임하는 한편, 육군 군비를 충실히 하는 데 힘을 쏟았다.6)

대러 협상의 원칙에서 알 수 있듯이, 러시아와 협상에 임하는 일본의 목적은, 러시아의 적극적인 남하정책에 대응하여 한국을 방위하는 것이었다. 일본과 러시아는 한국과 만주를 사실상 각각 지배 또는 군사점령하고 있는 상태에서, 상호 배타적인 지배권을 인정하기로 하였

---

4) 위의 책, p.175; 이성환, 〈일본의 간도문제 처리의 정치과정〉, 《주변 열강의 한반도 개입 및 점령정책》(한국정치외교사학회 2006년연례학술회의자료집), 2006. 2. 24., p.2.

5) 田保橋契, 〈明治外交史〉, 《岩波講座 日本歷史》, 東京: 岩波書店, 1962, p.108.

6) 黑田甲子郎, 《元帥寺內伯爵傳》, 東京: 元帥寺內伯爵傳記編纂所, 1920, pp.241〜242.

다. 그러면서 일본은 경의선을 만주철도와 연결시킬 것을 주장하며 만주에서의 권익을 요구하였다. 러시아는 압록강 지역을 위협하며 한국의 중립화를 주장하였다.[7]

한국을 거점으로 한 대륙국가화를 추진하던 일본에게, 만주의 권익은 양보할 수 없는 것이었다. 마찬가지로 적극적인 남하정책을 국책으로 한 러시아도 한국에 대한 이권을 포기하거나 양보할 수 없었다. 두 나라가 서로 각각의 배타적인 지배권을 인정한다고 하면서 부수적으로 제시한 조건은, 결국, 양국이 만주와 한국에 대한 상호 배타적 지배권을 인정할 수 없다는 사실을 역설하는 것이었다. 그러므로 러일협상은 사실상 불가능하였다. 그러한 가운데 전쟁준비를 마무리한 일본은, 1904년 2월 초 어전회의를 개최하여 만장일치로 대러 개전을 결의하였다.[8] 이와 같이 일본이 러일전쟁을 일으킨 동기가 만주 문제에 있었음은 누구도 의심하지 않았다.[9]

그러나 일본은 러시아와 협상을 진행시키는 한편, 다른 한편으로는 전쟁의 동기를 일본 존립의 위기, 곧 안보의 위기로 호도하며 대러 개전을 감행하였다. 만주 문제에서 비롯된 러일전쟁의 동기를 안보의 위기로 연계시킨 매개는, 곧 '주권선' 일본과 직결시킨 '이익선' 한국 문제였다.

대러 전쟁을 준비하고 있던 일본은 러시아의 한국에 대한 영향력의 확대를 곧 "한국의 존망"의 위기로 연결시켰다. 그리고 이를 다시

---

7) 최문형(2004), pp.201~209 참조.
8) 黑田甲子郎(1920), p.256.
9) 위의 책, p.240.

일본 "제국의 안위와 연계"된 것이라 하여, "한국을 보전"해야 한다는 명분을 제시하며 전쟁을 도발하였다. 한국을 이익선으로 규정하고, 이를 일본 주권선과 직결시킨 일본에게 러·일 "개전의 원인은 한반도에 있다"는[10] 것이 공식적으로 표방한 개전의 원인이었다.

그러므로 일본은 전세(戰勢)가 유리해지자 1904년 5월 한국의 보호국화를 결정하였다. 같은 해 8월 22일 '제1차 한일협약'을 강제로 체결하여 '고문정치'를 단행하였다. 러일전쟁에서 승리한 뒤인 1905년 11월 17일, 일본은 한국과 이른바 〈을사보호조약〉을 체결하여 한국의 보호국화를 이루었다.

2.1.2. 러일전쟁 전후 육군의 대륙정책과 데라우치

러시아의 적극적인 남하정책에 직면하여 일본이 1903년 6월 어전회의에서 결정한 대러 정책의 핵심은 한국 문제의 해결이었다. 그것은 한국에 대한 일본의 배타적인 지배권을 확립하는 것이었다. 다시 말해서, 주권선 일본의 안보를 보장하는 것이었다. 앞에서 언급했듯이, 러시아와 협상에 임하면서 일본은 만주에 대한 러시아의 우세한 권익을 인정하면서도 만주에 대한 권익을 요구하며 한국 문제에 대해서는 어떠한 타협과 양보도 하지 않는다는 원칙을 정했다. 이는 결국 러시아의 배타적 지배권은 인정하지 않으면서 일본의 배타적인 지배권은 확립시키겠다는 것이었다. 러시아와 협상할 당시 일본은 사실상 러시아와 전쟁을 각오한다는 결정을 하였던 것이다.[11]

10) 위의 책, pp.262~263.

일본이 러일전쟁을 각오하고 그러한 한국 문제의 해결을 국책으로 결정한 데에는 영일동맹의 힘이 컸다. 영일동맹은, 러시아가 군대를 파견해 만주를 점령하자, 만주와 한국을 놓고 '사활적인 이해'를 가진 일본이 1901년 3, 4월에 감돌았던 '전쟁의 위기'에 대처하기 위하여 추진한 것이었다. 그러나 어떻게든 러시아와 전쟁은 피하고 대러 협상을 통해 외교적으로 해결하고자 하였던 이토(伊藤博文) 내각에서는 별 진전을 보지 못하였다. 이후 고무라(小村壽太郎)를 외상으로 한 가츠라(桂太郎) 내각이 들어서면서(1901. 6. 2) 급진전되어, 1902년 1월 30일 영일동맹이 성사되었다.[12] 영일동맹은, 일본이 아직 러시아와 대결할 만한 전력(戰力)을 제대로 갖추지 못하던 때에, 가츠라 내각이 대러 전쟁에 대비하여 적극 추진한 것이었다. 이 과정에서 가츠라는, 영국과의 동맹이 결국 러시아와의 전쟁을 자극할 위험이 있다고 반대하며 러시아와 협상을 주장한 이토 등과의 대결에서, 야마가타 그룹이 승리하도록 만들었다.

가츠라 내각이 성사시킨 영일동맹은 1897년 전후 '반(反)정당'을 슬로건으로 등장한 야마가타(山縣有朋) 그룹이 정치적 입지를 공고히 하는 기반이 되었다. 앞에서 언급하였듯이, 가츠라는 일본 육군을 창설한 초대 육상 야마가타의 비호 아래 군제(軍制)를 개혁하고, 네 내각의 육상(陸相)을 역임하며 야마가타를 잇는 조슈벌(長州閥)의 지도자가 된 인물이었다. 그는 1901년 6월에 야마가타 그룹의 관료를 망라

---

11) 최문형(2004), p.202 참조.
12) 위의 책, pp.130~148 참조.

한 내각을 조직하고 영일동맹을 체결하였다. 그리하여 메이지 말 무렵 야마가타 그룹은 궁중·육군·추밀원·귀족원·문관 관료 등에 강력한 기반을 구축하고 있었다.13) 그 정치적 입지는 초대 육상 야마가타와 네 번이나 육상을 역임한 가츠라의 위상이 상징하듯이, 특히 조슈(長州) 출신자들을 중심으로 한 육군에서 독보적이었다.

사실 가츠라 내각이 '전쟁의 위기'에 대비하여 영일동맹을 적극 추진한 것은, 러시아와 전쟁을 무릅쓰고라도 한국을 거점으로 만주의 권익, 곧 일본의 대륙국가화를 추진하겠다는 의지를 반영한 것이었다. 이는 영일동맹 체결 이후 결정된 대러 정책의 기본 원칙을 통해서 거듭 확인할 수 있다. 그러한 입장에서 일본은 1903년 11월 한국에 군대를 증파하였다. 이는 러일전쟁이 발발했을 때 한국을 우선 점령하기 위한 준비였다. 그리고 12월에는 개전을 전제로 한 〈대한방침〉(對韓方針)을 논하였다. 이러한 가츠라 내각의 적극적인 대륙정책은, 1902년 3월 27일 가츠라에 이어 조슈벌의 육군대신으로 입각한 데라우치(寺內正毅)와 함께 정(政)·군(軍)이 합동하여 추진한 것이었다.

데라우치가 육군대신으로 가츠라 내각에 입각한 1902년은, 만주와 한국 문제를 둘러싸고 전운이 감돌던 때였다. 그러므로 정부는 군비(軍備)를 충실히 하여 자위(自衛)할 방침을 세우고자 하였다. 그러나 이는 대러 협상론을 지지하는 의회의 비협조로 난항을 겪었다.14) 영일동맹이 체결되자 가츠라 내각으로서는 군비를 확충할 필요성이 더

---

13) 李武嘉也, 《大正期の政治構造》, 東京: 吉川弘文館, 1998, pp.27~28.
14) 黑田甲子郎(1920), pp.238~239.

욱 절실해졌다. 만주와 한국을 둘러싼 러시아와의 권리 분쟁 해결을 놓고 러일협상론과 영일동맹론이 팽팽히 맞섰던 것은, 아직 일본이 러시아와 대결할 만한 전비(戰備)를 갖추지 못하였다는 사실이 가장 큰 요인으로 작용하였다. 그러한 상황에서 정부는 러일협상 세력의 대러 전쟁 위험에 대한 비난을 무릅쓰고 영일동맹을 성사시켰다. 그러므로 영일동맹의 체결로 촉진될지도 모를 대러 전쟁에 대비할 필요가 절실하였다. 또한 영일동맹은 대러 전쟁을 무릅쓰더라도 한국을 거점으로 대륙국가화를 추진하겠다는 의지를 관철시킨 것이었다. 따라서 영일동맹을 체결하여 든든한 외교적 후원자를 얻게 된 일본 정부에게 남은 것은 오직 군비를 충실히 하여 만(滿)·한(韓) 문제를 적극 해결하는 것뿐이었다.

그러나 의회는 예산을 이유로 내각의 군비확충에 비협조적이었다. 그러한 상황에서 데라우치가 육군대신으로 입각하였다. 데라우치는 가츠라 수상의 시정방침을 받들어, 군비확충을 위한 재원을 마련하려고 행정정리와 용지(用地)정리를 단행하였다. 동시에 긴요한 정도에 따라 병기 탄약 조제사업을 조정해 나갔다. 병기와 탄약 조제비조차 사업조정을 해야 하였던 육군대신 데라우치의 최대 고민은, 어떻게 육군의 군비를 충실히 하여 당시의 긴급한 사태에 대처할 것인가였다.[15] 그러한 상황에서 데라우치는 러시아의 '신정책' 결정에 대처하기 위해서 개최된 1903년 6월의 어전회의에 내각 측 대표로 가츠라 수상, 고무라 외상, 야마모토 해상과 함께 참석하였다. 이 회의에서

---

15) 위의 책, pp.240~241.

데라우치는 앞에서 언급한 대러 협상 원칙을 결정하는 데 일조하며, 이 기회를 이용해 군비의 충실을 기하고자 하였다.[16]

1903년 8월 12일 러·일 양국이 정식으로 협상을 시작한 이래 난항이 거듭되었다. 그러자 같은 해 12월, 일본 정부는 "가급적 빨리 자결(自決)하는 이외에는 다른 방법이 없다고 각오"하였다. 그리고 이를 결의하기 위하여 12월 10일 제19회 제국의회가 개최되었다.[17] 그러나 대러 전쟁의 결의를 원하였던 정부는 의회의 강한 반대에 부딪히고 말았다. 일본 정부는 그러한 의회에 대응하여 의회를 해산시켜버렸다. 12월에 의회가 해산된 이후 러시아와의 전쟁을 각오하고 있던 가츠라 정부는, 단독으로 재정상 긴급처분으로 군비충실에 필요한 경비와 경부선 철도 속성공사 보조금 지출을 위하여 일시차입금을 결의하였다. 그리고 이를 위해서 국고 채권을 발행한다는 칙령을 발표하였다.[18] 이는 사실상 대러전쟁 준비에 박차를 가하기 시작한 것이라 할 수 있다.

이와 함께 육군대신 데라우치는 군사상 최고의 기관으로 새로이 군사참의원(軍事參議院)을 개설하였다. 그리고 전시 대본영 조례를 수정하여, 참모총장과 해군 군령부장을 각 막료장(幕僚長)으로 한 육군체제를 정비하였다. 동시에 한창 공사중이던 경부선 철도의 조속한 완공을 독려하여, 러일전쟁 이전에 미리 군로(軍路)가 열릴 수 있도록 대비하였다. 또한 군기(軍紀)·군략(軍略)에 관한 신문·잡지 등 언론

---

16) 위의 책, pp.241~242.
17) 위의 책, p.252.
18) 위의 책, pp.252~253.

의 기사를 취체하기 시작하였다. 정보 유출과 민심의 동요 등에 대비하는 등 전쟁 수행을 위한 만반의 준비를 하였다.[19]

이와 같이 영일동맹 체결 이후 러시아의 '신정책'을 계기로 하여, 가츠라와 데라우치를 중심으로 정·군이 합심하여 적극적으로 대륙정책을 추진하였다. 러일전쟁은, 해군을 제외하면, 가츠라 수상을 비롯하여 육상 데라우치, 야마카타 참모총장, 고다마(兒玉源太郎) 만주군총참모장 등 야마가타 그룹의 유력자가 중심이 되어 치룬 것이라 할 수 있었다.[20] 그 승리로 정치적 비중이 높아진 조슈벌 육군을 중심으로 대륙정책이 본격적으로 추진되었다. 그리고 그 중심에 러일전쟁 직전 육상으로 취임하여 가츠라 수상과 함께 적극적인 대러 정책을 관철시키고 러일전쟁을 승리로 이끄는 데 견인차 역할을 한 데라우치가 있었다.

데라우치는 육상에 취임한 이래 육군체제를 전면 개정하며, 대러 전쟁에 대비한 만반의 준비로 전쟁을 승리로 이끌었다. 그는 승전으로 높아진 정치적 위상[21]을 기반으로 육군의 전권(全權)을 장악해 갔다. 육군을 장악한 데라우치 육상은, 취임 이래 한결같이 육군 인사에서 조슈인(長州人)을 우대하였다. 그리하여 종래부터 존재하였던 육군성(陸軍省)에서 조슈벌 우위 현상이 한층 강화되었다. 그와 함께 실

---

19) 위의 책, p.254.

20) 北岡申一, 《日本陸軍と大陸政策》, 東京: 東京大學出版會, 1978, p.61.

21) 의회정치에 입각한 것이 아니라 여러 원로의 추천으로 조각한 가츠라 내각을 겨누어 당시 세평(世評)은 2류 이하의 각료라 폄하하였다. 따라서 조각 이후 입각한 데라우치 육상에 대해서도 경시하는 경향이 강하였다.[黑田甲子郎(1920), p.235]

무진을 중심으로 한 참모본부의 조슈화(長州化)도 이루어졌다. 이렇게 육군성의 참모본부에 대한 실질적인 우위를 확립시켜 가는 방식으로 데라우치는 육군의 전권을 장악할 수 있었다. 다시 말해서, 군정(軍政)-군령(軍令) 관계 업무를 조슈인이 중심이 되어 장악함으로써 '데라우치 체제'화가 이루어진 것이었다.22)

데라우치는 대러 승전에 힘입어 러일전쟁 직후 육군성과 참모본부 간의 권한 관계를 개혁하였다. 관제 개혁은 육군성을 중심으로 한 육군 전반의 일체화를 시도한 것이었다. 그러나 그 뜻은 성사되지 못하였다. 그렇지만 데라우치는 1908년 말 참모본부조례의 개정([육군성참모본부관계업무담임규정])을 통해서 그 뜻을 달성하였다.23) 참모본부의 조례 개정은, 참모본부의 권한을 축소하고, 축소된 권한을 육군성에서 관장하도록 하여, 육군성의 권한을 확대시킨 것이었다. 그 결과 참모본부가 육군성의 하나의 국(局)과 같이 되어, 데라우치가 수장으로 있는 육군성을 중심으로 한 육군 전반의 일체화가 달성되었던 것이다.24)

러일전쟁 이후 본격적으로 추진된 육군의 데라우치 체제화는, 전쟁의 승리를 계기로 정치적 위상이 높아진 조슈벌 육군 세력의 공고화였다고 할 수 있다. 이는 러일전쟁 이후 육군이 주도적으로 적극적인 대륙정책을 추진하는 기반이 되었다. 다시 말하면, 데라우치를 중심

---

22) 北岡申一(1978), pp.62~64.

23) 위의 책, pp.64~65.

24) 육상 재임 중 데라우치는 육군차관, 군무국장, 군사과장 등 육군성의 주요 직위에 조슈 출신자를 독점 임명하였다.(위의 책, pp.62~65)

으로 한 육군이 적극적으로 대륙정책을 추진하는 기반이 되었다고 할 수 있다.

영일동맹은 일본 외교사상 전례가 없는 논쟁거리가 된 대러 협상론과 대립을 겪으며 관철된 것이었다. 영일동맹 이후 대러 개전에 이르기까지 가츠라-데라우치의 행보는, 러시아와 정면대결을 감행해서라도 한국을 거점으로 한 대륙국가화를 추진하겠다는 적극적인 대륙정책을 시행하기 위한 준비였다고 할 수 있다. 그러한 준비에 힘입어 이룬 러일전쟁에서의 승리는, 조슈벌을 중심으로 육군이 데라우치 체제화되어 한국을 대륙국가화의 거점으로 확보하고 적극적인 대륙정책을 본격화하는 전환점이 되었다.

2.2. 데라우치와 한국 '병합'

2.2.1. 한국 '병합' 방침과 데라우치

1890년에 야마가타가 한국을 '이익선'으로 규정하고 이를 '주권선' 일본의 안보와 직결시켜 한국을 '보호'할 것을 천명한 이래, 그것은 메이지 말 야마가타 그룹의 성장에 힘입은 가츠라 내각의 영일동맹 체결로, 조슈벌을 중심으로 한 일본 육군의 지상과제가 되었다. 앞에서 보았듯이, 가츠라 내각이 의회의 비협조 속에서도 전비를 갖추며 러일전쟁을 도발하여 승리로 이끈 데는 데라우치 육상의 공이 컸다. 1903년 6월 어전회의에서 결정한 대러 협상원칙에서부터, 같은 해 12월 의회 해산 직후 사실상 시작된 대러 전쟁준비, 1904년 1월 군참모관을 겸하며 수립한 전시재정계획, 같은 해 2월 어전회의에서 만장일치로 결의된 대러 개전과 육·해군 총동원 및 전시작전계획에 이르기까지, 데라우치가 러일전쟁에 이르는[25] 일련의 과정을 주도하였다고 해도 지나친 말이 아니었다.

일본은 이러한 데라우치의 적극적이고 주도적인 대러 전쟁 추진 노력에 힘입어 개전 직후부터 전세를 유리하게 이끌 수 있었다. 그러한 전세를 배경으로 일본은 1904년 5월 31일, 〈대한방침〉을 결정하여 한국의 '보호국화'를 결의하였다.[26] 그리고 같은 해 7월에 고무라(小村) 외상은 "이 기회에 만주와 한국 및 연해주 방면의 이권을 확장하여 국력의 발전을 꾀할 것"을 전쟁강화방침으로 밝혔다.[27] 그러한 방침에 따라 1904년 8월 일본은 한국에서 '고문정치'를 단행하였다. 러일전쟁에서 승리한 뒤에는 한국을 보호국화하여, 한국을 거점으로 하여 대륙으로 이권을 확장시켜 가는 초석을 다지게 되었다. 그 결과, 러일전쟁 이후 일본의 이른바 '전후경영'이 직면한 문제는 크게 두 가지였다. 하나는 제2의 러일전쟁, 곧 러시아의 복수전에 대비하는 것이었다. 다른 하나는 포츠머드조약을 통해서 열강으로부터 승인받은 한국과 만주에 대한 권익을 구체적으로 실현해 가는 것이었다. 이 두 가지는 불가분의 관계에 있는 것으로, 일본의 대외정책을 규정하는 근거가 된다.[28]

---

25) 黑田甲子郞(1920), pp.253~256.

26) 〈對韓方針に關する決定〉, 1904. 5. 30, 外務省 編, 《日本外交年表竝主要文書》 上, 東京: 原書房, 1965, pp.224~228.

27) 〈露日戰爭の講和條約に關する小村外務大臣の意見〉, 外務省 編, 《日本外交年表竝主要文書》 上, 東京: 原書房, 1965, pp.228~229.

주지하듯이, 1905년 11월 17일에 체결된 '을사보호조약'에 따라서 한국에 통감부(統監府) 정치가 시행되어, 초대 통감으로 이토(伊藤博文)가 부임하였다. 이토는 메이지 14년(1881) 어전회의에서 군권주의적 입헌정체에 관한 방침을 결정한 '정변'(政變) 이래 번벌(藩閥)을 대표하는 인물이었다. 그러한 이토의 초대 한국 통감 부임은 일본의 대륙정책에서 갖는 한국의 중요성을 의미한다고 할 수 있다. 그러나 다른 한편으로 그것은, 일본 정계에서 이토 세력이 약해지고 그와 비례하여 '반정당'을 슬로건으로 등장한 야마가타 그룹의 비중이 높아졌음을 의미한다. 이토가 한국 통감으로서 일본을 떠난 것은 번벌의 정점을 야마가타에게 내주었다는 것을 의미하기 때문이다.29) 이와 같이 야마가타는 러일전쟁 뒤에 번벌을 대표하는 인물이 되었고, 야마가타 그룹의 정치적 기반은 더욱 견고해졌다.

러일전쟁 이후 메이지국가 건설을 직접 담당하였던 정치 지도자들, 특히 그 상징인 원로(元老)의 정치적 역할은 직접적 적극적 '결단자'(決斷者)에서 간접적 소극적 '인솔자'[率制子]로 바뀌었다. 그러나 그러함에도 여전히 원로는 권력의 상징으로서 정치과정에 미치는 객관적인 영향력이 컸다.30) 그러므로 러일전쟁 이후 육군이 조슈벌을 중심으로 향당벌(鄕黨閥)적 결합을 온존 강화시켜가는 한편으로, 정우회 등 입헌정치 세력이 증대하고 관료가 번벌로부터 독자적인 영역을 형

---

28) 이성환(2006), pp.3~4.

29) 北岡申一(1978), p.61.

30) 三谷太一郎, 《增補 日本政黨政治の形成》, 東京: 東京大學出版會, 1995, pp.86~88.

성해 가고 있었지만, 여전히 원로의 정치적인 영향력은 무시할 수 없었다. 무엇보다도 야마가타는 육군을 비롯하여 궁중과 추밀원, 귀족원, 문관 관료에 이르기까지 다양한 네트워크를 구성하고 있었다. 따라서 그 정치력이 누구보다 광범하였다. 야마가타 그룹은 조슈벌을 중심으로 한 결속력과 광범위하게 포진되어 있는 인적 네트워크를 바탕으로 영향력 면에서 타의 추종을 불허하였다.

이러한 정계에서의 강력한 영향력을 이용하여 조슈벌 육군은 러일전쟁 이후 대륙정책을 순조로이 실현해 갈 수 있었다. 그러나 다른 한편으로 조슈벌 육군의 입장에서 보자면, 다른 정치기구와 협조하는 것을 지나치게 고려하여 육군 고유의 이익을 억제하는 측면도 있었다고 할 수 있었다. 앞에서 언급하였듯이, 데라우치는 러일전쟁 직후 군제 개혁을 시도하였다. 이를 위하여 데라우치는 1906년 8월 독일식 군제를 프랑스식에 가깝게 대폭 변경하는 군제 개정 초안을 야마가타에게 보냈다. 그는 군제 개혁의 목적이 육군성과 참모본부의 '직역'(職域)을 명확히 하여 일치협력(一致協力)하기 위한 것이라고 명시하였다. 그러나 야마가타와 가츠라는 데라우치의 개혁안이 군령기관(참모본부)의 독립성을 약화시키는 것이므로 지나치다고 하여 군제 개혁에 반대하였다.[31]

또한 육군은 1904년 제1차 한일협약(한일협정서)를 강제하여 고문정치를 단행한 직후, 조슈벌 육군중장 하세가와(長谷川好道)를 대장으로 승진시켜서 한국주차군사령관에 임명하였다. 그리고 천황에 직예

---

31) 〈田中文書〉(1930. 5. 1. 談話), p.432와 〈山縣有朋關係文書〉 참조.[北岡申一(1978), p.64 재인용]

(直隸)시켜서 군 통수권이 한국에서도 유지될 수 있도록 하였다. 따라서 육군은 '을사5조약' 체결 이후 통감부이사청관제(統監府理事廳官制)가 논의될 당시, 한국의 방위상 당연히 통감이 무관이 되어야 한다고 생각하였다. 그러나 육군의 무관통감론(武官統監論)은 이토 등 여러 정치세력의 문관통감론(文官統監論)과 대립하였다. 결국 1906년 1월, 천황의 칙어(勅語)로 초대 통감으로 이토가 임명되었다. 그리고 앞에서 보았듯이, 이토가 요구하는 바대로 그에게 필요할 때 한국주차군에 대한 통수권(統帥權)을 인정하는 것으로 마무리되었다.[32] 육군은 문관 통감에게 병력사용권을 주는 것은 헌법에 규정된 천황의 대권인 군 통수권을 침범하는 것이라 하여 반대하였다. 그러나 번벌과 야마가타·가츠라 등의 현실적인 정치적 입장을 고려한 육상 데라우치는, 한국 통치의 실정에 미루어볼 때 임기(臨機)군대사용권을 부여하는 것이 반드시 대권을 침해하는 것은 아니라고 하여, 이토의 병력사용권 요구를 받아들였다.[33] 이는 현실적인 정치적 절충을 한 것으로, 육군의 입장에서는 양보한 것이었다.

이와 같이 러일전쟁을 승리로 이끌어 한국을 보호국화 하는 데 주도적인 역할을 했던 데라우치의 조슈벌을 중심으로 한 육군의 군권 강화와 한국 통치 구상의 원형은, 다른 정치세력과의 협조관계를 고려하며 전략적으로 타협하며 이루어졌다고 할 수 있다.

그러나 1906년 6월 가츠라 내각은 퇴진하였음에도, 러일전쟁 이후

---

32) 海野福壽, 《伊藤博文と韓國併合》, 東京: 靑木書店, 2004, pp.69~70.
33) 黑田甲子郎(1920), p.438.

'전후경영'에서 더욱 긴요해진 대륙정책상 연임하게 된 데라우치 육상은, 본래부터 가지고 있던 구상을 실현해 갔다. 사이온지(西園寺) 내각에서 연임된 육상 데라우치는, 야마가타 그룹의 강력한 정치적 영향력을 배경으로 사이온지 내각의 부수상격을 자임하였다.34) 부수상격을 자임하며 데라우치는 사이온지 내각에서 러일 개전 이래 육군이 추구하던 대륙정책 구상을 하나씩 구체화시켜 갔다.

먼저, 육군은 지리적으로 한·중·러와 국경을 접하는 삼각지대에 있으면서, 정치적으로는 한국과 중국 사이에서 영유권이 확정되지 않은 간도(間島)에 주목하였다. 간도는 러시아의 남하정책과 관련하여 관심을 갖게 된 곳이었다. 그 중요성이 인식된 간도는 〈1906년도 일본제국군대 작전계획〉에서 확보할 방침이 정해졌다.35) 그리고 그 연장선에서 1906년 6월 데라우치 육상은 〈남만주철도주식회사설립조령〉을 발포하고, 그 해 7월 설립위원장을 역임하였다. 데라우치는 1907년 1월 철도회의 의장까지 역임하며 장춘·길림 사이의 철도부설 계획을 수정하여 한국 북부와 연결시키는 사업을 추진하였다.36) 육군은 간도 지역의 확보가 이익선 한국의 방위상, 다시 말해서 일본의 안보

---

34) 北岡申一(1978), p.59.

35) 1906년 3월 간도를 실지 조사한 한국주차군참모부는 "공세를 취해 북함(北咸) 방면에서 길림 지방으로 진출하려면 우선 간도를 점령해야 이 목적을 달성할 수 있다"는 내용의 보고서를 육군성과 외무성에 제출하였다.(韓國駐箚軍參謀部, 〈間道二關スル調査槪要〉, 1906. 3) 이러한 육군의 간도 인식은 '1906년도 일본제국군대 작전계획'에서 구체화되어 경제적인 면까지 고려한 장춘·길림간 철도연장까지 제시되었다.[日本防衛廳防衛硏修所戰史部 編, 《戰史叢書·大本營陸軍部(1)》, 東京: 朝雲新聞社, 1967, p.162; 이성환(2006), pp.4~5 재인용]

36) 黑田甲子郎(1920), pp.442~444.

상 필수불가결하다는 점을 강조하였다. 그러나 실질적으로 간도의 확보는 한국을 거점으로 북진 대륙진출에 박차를 가하는 것이었다.

그러한 데라우치를 중심으로 한 육군의 대륙진출 노력은 1907년 4월의 〈일본제국국방방침〉37)에 반영되어 더욱 강화되었다. 이 국방방침은 러일전쟁의 승리로 막부 말 이래 최대 과제였던 국가적 독립을 달성한 일본이, 새로운 국가목표를 모색하여 그것을 국방정책의 기본방침으로 정한 것이었다. 따라서 그것은 러일전쟁 이후 일본의 '전후경영'과 관련하여 중요한 의미를 갖는다.

〈일본제국국방방침〉은, 해군이 러시아 함대의 대패(大敗)로 유력한 가상(假想)의 적을 가지고 있지 않던 상황에서 제정되었다. 그것은 육군이 러일전쟁 이후 한국과 만주에서 일본 권익의 확대로 안보상의 중요성이 더욱 커진 육군의 역할을 강조하며, 국방방침의 주도권을 확정한 것이었다. 육군을 주력으로 하고 해군을 보조자로 한 통일적 국방정책을 수립한 것이었다. 새로운 국방정책을 통해서 육군은, 해군이 제창하였던 수세(守勢)국방론이나 도제(島帝)국방론을 부정하며 극복하고, 공세(攻勢)국방론과 대륙제국론을 제창해 관철시켰다. 〈일본제국국방방침〉 결정은, 육군이, 일본이 만주와 한국에서의 권익을 불가분의 구성요소로 하는 대륙의 제국으로 발전할 것과, 이를 위하여 필요한 공세국방정책을 결의한 것이었다.38) 그러므로 그것은 육

---

37) 이 국방방침 제정은 참모본부의 조슈벌 출신 육군대장 다나카(田中義一)가 러일전쟁에서 배운 교훈과 전후 채택해야 할 정책에 대해서 작성한 내용에 데라우치와 야마가타가 공감하여 야마가타의 수정을 거쳐 재가되었다.[北岡申一(1978), p.9)；森山茂德,《近代日韓關係史研究 — 朝鮮植民地化と國際關係》, 東京：東京大學出版會, 1987, pp.228～229 참조]

군에 의하여 일본의 대륙국가화·대륙제국이 새로운 국가목표로 제창되고 결의된 것이었다고 할 수 있다.

1907년 8월 15일, 제1차 러일협약이 성립되었다. 이로써 일본은 간도를 포함한 남만주 이권과 한국에 대한 재량권을 인정받게 되었다. 일본은 대륙진출의 관건이었던 러시아의 남하정책을 저지하고, 제2의 러일전쟁 발발 위기도 해소하게 되었다. 그러나 제1차 러일협약은 동북아, 그 가운데서도 만주를 둘러싼 열강의 이권 개입이 첨예화되던 시점에 양국의 열강과의 국제관계상 현실적인 타협을 본 것이었을 뿐이었다. 한국에 대한 일본의 배타적 지배권이 인정된 것은 아니었다.[39] 그렇지만 러일협약으로, 러일전쟁 이후 일본의 전후경영이 직면한 큰 문제였던 러시아의 복수전에 대한 대비가 일단락되었다. 그러므로 이제 남은 문제는 한국과 만주에 대한 권익을 구체적으로 현실화하는 일이었고, 그 첫 단계가 한국에 대한 일본의 배타적 지배권을 확립하는 것이었다.

그것은 1907년의 경제불황과 육·해군의 사업조정을 둘러싼 사업 긴축 반대 등 재정난으로 제1차 사이온지 내각이 퇴진하고 1908년 7월에 제2차 가츠라 내각이 수립되면서 본격화되었다. 가츠라 내각은 출범 직후 이토 통감체제를 유지하였다. 그것은 의병투쟁을 필두로 한 한국인의 저항과, 한국 문제와 결부되어 있는 만주 문제를 둘러싼 국제적인 조건 등과 관련된 외교 문제를 고려한 것이었다. 다시 말해

---

38) 北岡申一(1978), pp.9~13 참조.
39) 최문형(2004), pp.352~365 참조

서, 미·영·러 등 열강으로부터 한국 병합에 대한 승인을 얻는 문제를 고려하지 않을 수 없었던 것이었다. 그러나 1909년에 들어서면서, 앞에서 살펴본 바와 같은 한국 문제에 대한 입장을 구체화하기 시작하였다.[40]

사실 초대 한국 통감 이토는 시정 초기 '문화정치'(文化政治)를 내걸고 시정 개선을 추구한 '자치육성정책'(自治育成政策)을 내세웠다. 이는 육군부와 같이 즉각적인 한국 병합을 지향하지 않는 정책이었다. 그러나 그의 문화정치와 자치육성정책에 대해 한국 조야가 감응하기보다는 오히려 강하게 저항하면서 항일운동은 더욱 심화되어 갔다. 결국 이토 통감은 러일협상을 통해서 신속히 병합을 실현해야 한다는 입장으로 태도를 바꾸었다. 그리하여 이토 통감은 헤이그밀사사건을 빌미로 하여 고종 황제를 양위시켰다. 그리고 러일협약의 성립을 전제로 제3차 한일협약(1907. 7. 24)의 체결을 강행하였다. 이는 종래의 점진적이었던 자치육성정책으로부터 적극적인 병합을 위하여 한국의 내정을 장악하고 실질적인 식민지화를 달성한 것이었다.[41]

그러나 1909년 3월, 한국 병합 방침을 확정한 가츠라 내각은 이토 한국 통감을 경질한다는 구상을 세웠다. 같은 해 4월 초, 일본에 잠시 귀국한 이토는 가츠라와 만나 한국 병합 방침에 동의하는 형식을 취한 뒤, 6월 14일 이토 통감이 경질되었다. 그 뒤를 이어 소네(曾禰荒助)가 후임으로 임명되었다.[42] 7월 6일 내각회의에서는 한국 병합 방침

---

40) 도면회, 〈일제 식민통치기구의 초기 형성과정〉, 한국정신문화연구원 편, 《일제 식민통치연구 1 — 1905~1919》, 서울: 백산서당, 1999, pp.33~38 참조.
41) 森山武德, 《日韓關係》, 東京: 吉川弘文館, 1992, p.175.

을 공식으로 결의하고 천황의 재가를 받았다.[43]

　이토와 같은 문관 출신 후임 통감 소네는 한국 병합 문제에 그다지 적극적이지 않았다. 그러나 다른 한편으로 보면, 문관 통감이 한국의 시정을 적극 주도할 수 있는 상황도 아니었다. 당시 한국에는 이토 통감의 요청으로 한국주차군만으로 역부족인 의병투쟁을 진압하기 위하여 육군 헌병이 증파되어, 이미 일본 군부의 영향력이 행사되고 있었기 때문이다.[44] 사실상 이제 남은 것은 한국 병합의 시기를 결정하는 것뿐이었다. 한국 통감 사임 이후 한국 병합을 적극 지원하던 이토의[45] 암살은, 일본 군부가 그 시기를 결정하는 좋은 빌미가 되었다. 이토의 암살을 계기로 일본 일각에서 한국 병합을 즉각 단행해야 한다는 여론이 조성되기 시작하였기 때문이다. 내각의 병합 방침 결정에 이어 여론까지 조성되어 가자, 가츠라 수상은 1910년 3월 20일

42) 도면회(1999), p.38; 강창일, 〈일제초기 식민통치의 전략과 내용〉, 한국정신문화연구원 편, 《일제식민통치연구 1 — 1905∼1919》, 서울: 백산서당, 1999, pp.70∼71.
43) 〈朝鮮倂合二關スル件 〉, 外務省 編(1965), p.340; 大江志乃夫, 〈植民地戰爭と總督府の成立〉, 《東京—帝國統治の構造》(岩波講座 近代日本と植民地 2), 東京: 岩波書店, 1992, p.27.
44) 이토 통감은 의병 진압을 위한 주차군 증강을 요구하였으나, 데라우치 육상은 아가시(明石元二郎)를 헌병대징으로 한 헌병대를 의병진압의 중핵으로 투입해 이토통감의 통수권 사용을 제한하였다.[도면회(1999), pp.46∼49 참조]
45) 이토가 1909년 4월 10일, 이른바 '레이난고개(靈南坂) 3두밀의'에서 한국 병합에 동의하고 사직한 것에 대해서 모리야마는, 3년 반의 보호정치가 한국인의 심복(心腹)이라는 소기의 목적을 실현하지 못하고 오히려 거센 저항을 더욱 격화시켰을 뿐만 아니라, 본국으로부터도 비판받게 되어 한국 독립을 보증한다고 하는 명분을 지키지 못하게 되자, 한국 통치의 의욕을 상실하고 병합의 책임을 떠맡기려는 생각하였을 것이라고 한다.(森山武德, 《日韓倂合》, 東京: 吉川弘文館, 1992, p.175)

야마가타·데라우치와 회담하여 문관 소네 통감의 해임과 '병합의 단행'을 결정하였다.[46]

4월 5일 가츠라 수상은 데라우치에게 후임 한국 통감 문제를 의논한 뒤, 5월 30일 데라우치를 제3대 한국 통감으로 정식 발령하였다.[47] 가츠라는 데라우치가 외교수완이 있다고 인정하지는 않았다고 한다. 그러나 육군대신으로서 보여준 과단성을 높이 사서 신뢰하였다. 그리하여 데라우치는 한국 병합이라는 일본 국가정책을 실행할 적임자로 평가되었다.[48] 당시 데라우치는 제2차 가츠라 내각에서 사이토 해상과 함께 현직에 유임되어 임시외상을 겸하는 부총리였다. 그는 동아시아의 정세를 잘 알고 있어서, 대중정책이나 만주 경영에 대해서 언제나 각의를 주도하였다. 육군의 북진대륙정책을 사실상 이끌어온 그였기에, 무엇보다 한국 문제에 대해서는 선각자와도 같았다.[49] 그러므로 데라우치가 한국의 병합을 단행할 한국 통감으로서 누구보다도 적임자로 여겨진 것은 당연했다.

천황 등은 육군대신이 한국 통감을 겸임하는 것은 무리가 있다고 생각하였다. 그러나 무리인 줄 알면서도 데라우치에게 한국 통감을 겸임시켜서 한국 병합을 단행하고자 하였다. 그것은 이 기회에 한국 병합을 완료하여 한국을 일본의 일부로 만드는 데 그치지 않고, 나아가 대륙진출의 침략기지로 삼아 대륙진출을 본격화해야 한다는 의지

---

46) 海野福壽(2004), p.199.
47) 山本四郎 編, 《四內正毅日記―1900~1918》, 京都: 京都女子大學, 1980, p.498.
48) 釋尾東邦(1926), p.701.
49) 黑田甲子郞(1920), pp.441~442.

가 강했기 때문이었다.50) 데라우치는 한국 병합을 주도할 한국 통감이었을 뿐만 아니라, 야마가타 그룹의 조슈벌 육군이 도모하는 대륙 정책의 책임자이기도 하였다. 그러한 데라우치를 한국 통감으로 임명하는 일은 1910년 4월과 5월에 각각 러시아와 영국으로부터 한국 병합에 대한 승인을 얻는 것과 병행하여 이루어졌다. 그러므로 데라우치를 한국 통감으로 임명함으로써 일본은 한국 병합에 필요한 국내외적 조건을 모두 갖추었다고 할 수 있다.

2.2.2. 한국 '병합'과 '조선총독정치' 구조의 형성

일본이 한국 병합을 위한 사전준비를 마치고, 제26회 제국의회에서 가츠라 수상이 〈대한방침〉에 대해 연설·언명한 다음, 데라우치를 제3대 한국 통감으로 특임하였다. 따라서 한국 병합을 언제 어떻게 결행할 것인지는 데라우치에게 맡겨졌다.51) 데라우치 육군대신 겸 한국 통감은 한국 병합에 대한 전권을 위임받았다. 데라우치는 한국으로 부임해 오기에 앞서 도쿄에서 한국 문제에 대해 여러 가지 조사와 입안을 시작하였다.

데라우치가 첫 번째로 한 일은, 소네 통감 시대에 한국주차군참모장 전임이 되어 한국주차헌병대장지에서 물러나 있던 아카시(明石元二郎) 소장을 한국주차헌병대사령관으로 임명한 것이었다. 그리고 그를 도쿄로 불러서 한국의 치안유지 방법에 대해 논의하였다.52) 그 결

---

50) 釋尾東邦(1926), p.538; 海野福壽(2004), p.202.
51) 黑田甲子郎(1920), p.569.
52) 釋尾東邦(1926), p.539.

과 한국의 경찰권은 통감부가 가져가서 통제체제를 통일하고, 헌병사령관이 경시총감을 겸임하도록 하여, 헌병과 경찰을 일원화시켰다.[53] 이는 한국의 질서유지를 위함이라는 명목에서 시행되었다. 그리하여 1910년 6월 24일에, 한국 정부가 보호국화 되고난 뒤 마지막으로 가지고 있던 경찰권마저 통감부에 위임하는 각서에 조인하게 하였다. 이로써 일본은 한국의 외교·행정·사법·경찰 등 모든 권한을 갖게 되었다.

1910년 6월 30일에는 한국 경찰관 관제가 폐지되었다. 그리고 칙령(勅令)으로 통감부 경찰관 관제 개정과 한국주차 헌병조례 개정이 이루어졌다. 경시청과 경무국 대신 새로이 경무총감부가 설치되고, 아카시 헌병사령관이 통감부 경무총장을 겸하였다. 한국의 경찰사무는 총감부 직할로 이관되었다. 지방 헌병대장이 지방 경찰부장을 겸하도록 하여 헌병과 경찰이 합병, 통일된 새로운 경찰기관이 조직되었다.[54] 치안유지를 위하여 헌병사령관을 정점으로 치안기관이 일원적으로 통일되는 한편으로, 통감부의 행정권에서 독립시켜서 통감 직속 기관으로 제도화되었다. 데라우치는 치안유지를 명목으로 군(軍)과 경(警)을 일원화시켜 제도적으로 통감이 군 통수권까지 장악하여 실질적으로 그 권한을 행사할 수 있도록 한 것이다.

이렇게 병합의 결행을 앞두고 한국 치안유지를 위한 준비를 마친 데라우치는, 1910년 6월 말에서 7월에 걸쳐서 비밀리에 '한국병합준

---

53) 黑田甲子郎(1920), p.569; 釋尾東邦(1926), p.539.
54) 釋尾東邦(1926), p.543.

비위원회'를 설치하였다. 그것은 외무성 정부국장, 내각 서기관, 법제국장, 척식국 서기관, 척식국 부총재, 통감부 외사국장과 회계과장 및 참사관을 위원으로 구성되었다. 이 준비위원회는 각종 제도와 법령의 입안, 한국 황실 대우 문제 등을 심의 연구하며, 한국 병합 이후의 통치방침을 준비하였다.55) 데라우치 통감의 사전준비는 준비와 동시에 일본 정부의 결의를 이끌어내며 이루어졌다. 그리하여 6월 3일 내각 회의에서 병합 직후 한국 시정방침이 결정되었고, 7월 8일에는 병합 조약안이 결정되었다.

이러한 사전준비를 통해서 데라우치가 한국 통감으로 부임하기에 앞서 세워놓은 통치의 방침은 다음과 같다. 첫째, 당분간 한국에서는 일본 헌법을 시행하지 않고 천황대권으로 통치한다. 둘째, 조선총독은 천황에 직예하며 일체의 정무를 통괄한다. 셋째, 조선총독은 대권의 위임으로 법률사항에 관한 명령을 발하는 권한을 갖는다. 넷째, 조선총독은 명령으로 〈조선총독부관제〉를 발포하여 조선반도의 법률 및 회계사항은 모두 명령으로 규정한다.56)

이는 첫째, 한국은 제국헌법의 영역 밖에 있는 '법역외'(法域外)의 지역으로, 천황이 직접 통치하는 곳이라는 의미였다. 둘째, 이는 곧 천황에 직예하여 일체의 정무를 통괄하는 조선총독이 통치한다는 것, 다시 말해서, 조선총독이 최고 행정 책임자라는 것이었다. 셋째, 조선

---

55) 위의 책, p.700.
56) 〈韓國に對する施政方針〉, 外務省 編(1965), p.336; 〈合併後半島統治と帝國憲法との關係〉, 山本四郎 編, 《寺內正毅關係文書—首相以前》, 京都: 京都女子大學, 1984, pp.63∼70.

총독은 행정권뿐만 아니라 법률제정권도 갖고, 넷째, 조선총독은 행정·입법권뿐만 아니라 사법권까지 갖는다는 의미였다. 이러한 내용들은 결국 한국은 일본에 병합되지만, 한국인, 다시 말해서, 병합으로 공식적으로 일본인이 되는 한국인에게는 일본인에게 주어지는 일본 헌법상의 권리가 부여되지 않는다는 것이었다. 데라우치가 한국 통감으로 부임하기 전에 세워놓은 시정방침은, 한마디로, 한·일 차별을 전제로 조선총독이 한국 통치에 관한 한 입법·사법·행정권을 모두 갖고, 초법적인 전제정치를 시행하는 것이었다.

한국 통감으로 임명된 이후 육군대신으로 일본에 있으면서 이러한 시정방침을 구상하여 내각의 결의를 받은 데라우치는, 1910년 7월 23일 한국에 들어왔다.57) 그리고 8월 16일 이완용을 만나 병합조약안을 제시하고 8월 22일 병합을 성립시켰다. 데라우치가 한국 정부와 병합조약을 성사시킨 8월 22일, 일본 추밀원에서는 천황 임석 아래 병합조약, 〈조선총독부 설치에 관한 건〉 및 〈조선에서 시행할 법령에 관한 건〉을 가결시켰다.58) 그리고 병합조약을 공시한 8월 29일, 칙령으로 한국이라는 국가는 소멸하고 한국은 조선이라는 지역명(地域名)으로 개칭되었다. 한국통감부에 대신하여 '조선총독부'(朝鮮總督府)가 설치되었다. 데라우치는 같은 날 긴급칙령 제324호 〈조선에서 시행할 법령에 관한 법률〉을 공포·시행하였다. 9월 30일 칙령 제354호로 〈조선총독부관제〉를 공포한 뒤 10월 1일 초대 조선총독으로 데라우치가

---

57) 山邊健太郎, 《日本統治下の朝鮮》, 東京: 岩波書店, 1971, p.3.
58) 大江志乃夫(1992), p.30.

취임하였다.

〈조선총독부관제〉의 주요 내용을 보면 다음과 같다.

조선총독부관제

제1조 조선총독부에 조선총독을 둔다.

　　　총독은 조선을 관할한다.

제2조 총독은 친임으로 하고 육해군 대장으로서 충원한다.

제3조 총독은 천황에 직예하고 위임의 범위 내에서 육해군을 통솔하
　　　며, 조선방비를 담당한다. 총독은 제반의 정부를 통괄하여 내각
　　　총리대신을 경유해 상주, 재가를 받는다.

제4조 총독은 그 직권 또는 별도의 위임에 의해 조선총독부령을 발하
　　　고, 이로써 1년 이하의 징역 또는 금고, 구류, 200엔 이하의 벌금
　　　또는 과료의 벌칙을 부과할 수 있다.

제5조 총독은 소속관청의 명령 또는 처분으로 제규(諸規)에 위반하
　　　여 공익을 해하거나 권한을 범하였다고 인정될 때 그 명령 또는
　　　처분을 취소 또는 정지할 수 있다.

제6조 총독은 각 부의 관리를 통독하여 주임문관의 퇴진은 내각총리
　　　대신을 경유해 이를 상주(上奏)하고, 판임문관 이하의 진퇴는
　　　전행(專行)한다.

제7조 총독은 내각총리대신을 경유해 소속 부 문관의 시위서훈을 상
　　　주한다.

제8조 총독부에 정무총감을 둔다.

　　　정무총감은 친임으로 한다.

　　　정무총감은 총독을 보좌하여 각 부·국의 사무를 감독한다.

제9조 총독부에 관방과 다음의 5부를 둔다.

......

제21조 총독부에 총독부 무관 2인과 전속 부관 1인을 둔다.

여기서 눈에 띄는 것은, 조선총독은 현역 무관 친임관으로 천황에 직예하며 군 통수권을 갖는다는 것이다. 이는 초대 한국 통감 임명 당시 일본 군부가 무관 통감 구상을 관철시키지 못하였던 것을 조선총독부 설치와 함께 관철해 낸 것이었다. 무관 조선총독 규정은 야마가타 수상이 이익선 조선과 직결시킨 주권선 일본 안보의 중요성과 그 맥을 같이 하며, 군부 특히 육군의 정치적 위상과 대륙정책 구상을 반영한 것이었다. 조선총독의 현역 무관제는 일본 조야에서 〈조선총독부관제〉 가운데 가장 문제시되었지만, 군벌의 강대한 정치세력을 배경으로 관철될 수 있었다.59) 이와 함께 조선총독이 천황에 직예한다는 것은 무제한의 권력을 갖는 절대자인 천황에 대한 규정만이 식민지 조선에 적용되고, 나머지는 전적으로 조선총독의 자의에 맡겨진다는 의미였다. 조선총독은 내각에 대해서 어떠한 책임도 지지 않는 '독재권력'임을 뜻한다.60) 이러한 무관 조선총독의 권한은, 그것이 행사되는 한국이 조선총독(군벌)의 독자적인 영향력이 행사되는 지배지역임을 규정한 것이었다고 할 수 있다.

조선총독은 〈조선총독부관제〉 제4조에 명시된 바와 같이, 법률에 의거하지 않고도 〈총독부령〉이라는 것으로 사법적 기능(처벌)까지 가

---

59) 〈朝鮮新官制に對する名士の意見〉, 《日本及日本人》; 강동진, 《일제언론계의 한국관》, 서울: 일지사, 1982, p.91 재인용.
60) 정긍식, 《한국근대법제사고》, 서울: 박영사, 2002, p.191.

지고 있었다. 게다가 군 통수권도 갖추고 있었다. 〈조선총독부관제〉 제21조는, 조선총독이 한국에서 군사상의 권력을 가지고 있기 때문에 설치한 것이었다. 그것은 조선총독부 무관은 육·해군의 소장 또는 좌관(佐官)이고, 그 직무는 참모라는 것이었다.[61] 조선총독의 군 통수권은, 앞에서 보았듯이, 데라우치가 통감 발령 직후 치안유지를 명목으로 군·경을 일원화시켜 통감이 제도적으로 군 통수권까지 장악하게 한 것을 병합 후 칙령으로 그대로 바꾼 것이었다.[62] 실질적으로 이는 곧 주차헌병대, 군이 치안경찰의 임무까지 행하는 것이었다. 이른바 '헌병경찰'제도의 시행을 의미하는 것이었다.

〈조선총독부관제〉 제4조의 〈총독부령〉은 1910년 12월 제령 제10호 〈범죄즉결령〉으로 구류(拘留) 또는 태형(笞刑)이나 3개월 이하의 징역 또는 100엔 이하의 벌금이나 과료(過料)에 해당하는 범죄에 대해서, 해당 지역의 경찰서장 또는 그와 동일한 직무를 취급하는 헌병분대가 재판소의 재판에 의하지 않고 즉결(卽決)할 수 있는 권한을 갖도록 하였다. 이로써 조선총독을 정점으로 하는 이른바 헌병경찰제도의 체계가 갖추어졌다.

〈조선에서 시행할 법령에 관한 법률〉을 보면 다음과 같이 조선총독은 제령공포권과 입법권까지 갖는다.

제1조 조선에서 법률을 필요로 하는 사항은 조선총독의 명령으로서

---

61) 山邊健太郞(1971), p.10.
62) 메이지43년 칙령 제358호 〈통감부경찰관서관제 중 개정 발췌〉와 메이지43년 칙령 제343호 〈조선주차헌병조령〉

규정할 수 있다.

제2조 전 조항의 명령은 내각총리대신을 경유해 칙재를 청한다.

제3조 임시긴급을 요하는 경우 조선총독은 바로 제1조의 명령을 발할 수 있다. ……

제4조 법률의 전부 또는 일부를 조선에서 시행할 필요가 있는 것은 칙령으로서 이를 정한다.

제5조 제1조의 명령은 제4조에 의해 조선에서 시행할 법률 특히 조선에서 시행할 목적으로 제정된 법률과 칙령에 위배할 수 없다.

제6조 제1조의 명령은 제령(制令)이라 한다.

부칙

본 법은 공포한 날로부터 시행한다.

데라우치는 한국 병합 공포 당일 조선총독에게 입법권을 위임하는 것을 규정한 〈조선에서 시행할 법령에 관한 법률〉을 공포하고 시행하였다. 일본 정부도 같은 날 이를 결의하여 조선총독에게 입법권을 위임하고자 하였다. 그러나 제27회 제국의회에서, 조선총독에게 입법권을 부여하는 것이 문제가 되었다. 그 결과 제국의회에서 조선총독에게 입법권을 부여하는 안이 승인되지 못하였다. 이후 논란 끝에 다음 해 1911년 같은 의회에서 법률로 제출되어 가결되었고, 이것은 법률 제30호로 공포되었다.[63]

결국 일본 의회는 조선총독의 입법권을 사실상 사후에 승인한 것

---

63) 山邊健太郎(1971), p.10; 大江志乃夫(1992), p.30; 최석영, 《일제의 동화이데올로기의 창출》, 서울: 서경문화사, 1997, pp.21~29 참조.

이었다. 그러므로 조선총독부 출범 이래 시행된 조선총독의 입법권은 실질적으로는 일본 정부의 승인을 받지 않은 임의적인 것이나 다름없었다. 비록 조선총독이 천황에 직예하기는 하나, 그 권한의 시행은 공식적으로 내각 수반을 거치도록 되어 있었기 때문이다. 조선총독부는 그러한 형식상의 절차를 무시하고 한국 병합 구상을 관철시켜 간 것이었다. 이는 그만큼 당시 한국 병합에 대해서 천황과 일본 군부를 비롯한 야마가타-가츠라-데라우치로 이어지는 일본 정계 주류의 추진 의지가 북진대륙정책과 맞물려 강력하였다고 할 수 있다.

그러므로 제국의회 역시 이를 문제 삼지 않기 위하여, 제27회 제국의회에서 형식을 달리한 법률의 형태로 제출하여 가결시켰다. 어찌되었건, 조선총독에 대한 일본 정부의 사후 제령(制令)공포권이 승인됨으로써 조선총독은 명실 공히 한국을 지배하기 위한 입법·사법·행정의 3권을 한 손에 장악하고, 무소불위의 '조선총독정치'를 확립할 수 있었다.

이러한 조선총독정치는 앞에서 본 것처럼, 데라우치가 육상으로서 내각과 함께 한국 병합을 국책으로 결의한 다음, 한국 병합의 임무를 갖는 통감 직을 겸하며, 직무 수행에 앞서 주도적으로 준비해 결의해 놓은 시정방침을 그대로 이행한 것이었다. 병합을 공포한 8월 29일, 고무라 외상은 제3대 한국 통감으로 특임하며, 한국 병합에 대한 전권을 위임받은 데라우치가 준비한 시정방침을 가지고 한국으로 왔다. 그는 "한국의 상황이 하루도 병합의 실행을 늦출 수 없다고 보아" 즉시병합 빙침을 정하고, 이를 단행하였다고 발표하였다.64)

그러나 1909년 가츠라 내각이 한국 병합 방침을 국책으로 결의한 이래, 데라우치 통감이 한국 병합을 단행하는 과정을 고찰해 보면, 육상 데라우치의 한국 통감 직 겸임은 곧 즉시병합을 결의한 것이었음을 알 수 있다. 그리고 데라우치의 조선총독통치 구상은, 한국 통감으로 임명된 직후 치안유지를 이유로 실질적인 통수권의 내용을 제도화시키면서 이미 준비된 것이었다고 할 수 있다. 그것은 한국 병합과 동시에 공포한 칙령과 제령 제10호를 통해서 무관 조선총독을 정점으로 한 사실상의 사법체계로 기능하게 된 헌병경찰제도, 곧 '무단통치' 구조를 만들어냄으로써 실현되었다. 데라우치가 긴급칙령으로 시행한 조선총독정치 구상은 일본 정계에서 거대한 영향력을 가지고 있던 야마가타 그룹의 가츠라 내각과 긴밀한 협조 관계 속에서 이루어졌다. 그러므로 제국의회는 조선총독의 현역 무관제와 입법권 등에 반발하였지만, 결국 사후에라도 승인하여 협력하지 않을 수 없었다.[65]

한국 통감을 겸임하기로 한 데라우치는, 가장 먼저 군·경을 제도적으로 일원화하여 통감에게 직속시켰다. 그것은 러일전쟁 이후 한국을 보호국화할 당시, 다른 정치기구와 협조를 고려하여 무관 통감에게 인정할 수밖에 없었던 병력사용권의 실질적인 권한을 군이 다시 확보한 것이었다.[66] 이는 병합 때 발생할지도 모를 치안불안에 대비

---

64) 釋尾東邦(1926), pp.624~627 참조.

65) 黑田甲子郎(1920), p.649.

66) 문관 통감에게 한국주차군에 대한 통수권을 인정할 당시 데라우치가 우려한 것은 "법문"(法文)이 아니라 "실행상의 통수권 시행 능력 여하"였다.[大江志乃夫 (1992), p.26] 때문에 데라우치는 이토 통감의 주차군 증강 요구에 아카시를 헌병대장으로 한 헌병대를 투입해 헌병 중심의 치안체제를 갖추도록 함으로써 이토 통감의 통수권이 사실상 제 기능을 다하지 못하도록 하였던 것이다.

한 치안유지체제를 확립한 것이기도 하였다. 한국주차군에 대한 군통수권을 실질적으로 장악한 데라우치는, 그 통수권이 행사되는 지역을 헌법이 적용되지 않는 '법역외'의 천황이 직접 통치하는 곳으로 하였다. 천황의 친임(親任)으로 그 대권을 위임받은 조선총독이 입법·사법·행정의 전권을 장악하여 통치하도록 하기 위함이었다고 할 수 있다. 이는 조선총독의 현역 무관제를 관철시킨 이유이기도 할 것이다. 이러한 데라우치의 조선총독정치는 조선총독의 임의적인 자율통치체제였다고 할 수 있다.

2.3. 데라우치의 '조선총독정치'

2.3.1. 데라우치의 조선통치관

1910년 8월 22일, 데라우치와 이완용 사이에서 〈한국 병합에 관한 조약〉이 체결되었다. 이에 따르면, 양국 병합의 목적은 양국의 "특수하게 친밀한 관계를 생각하여 상호 행복을 증진하고 동양의 평화를 영구히 확보"하는 데 있다고 하였다.67) 또한 일본이 한국 병합 공포 당일 재가된 천황의 '병합조서'에는, '화란(禍亂)의 연원인 한국의 치안이 보호정치로는 안정되지 않아 일본의 안전이 불안하므로, 병합을 단행하여 한국의 치안유지와 공공의 안녕을 유지하여 동양의 평화와 제국의 안전을 보장해야 한다고 되어 있다.68)

---

67) 〈韓國併合に關する條約〉, 外務省 編(1965), p.340.

결국 일본의 한국 병합의 목적은 '일본의 안보'에 있다는 것이었다. 한국이 '화란의 연원이 되어 일본의 안보가 한국으로 인하여 위협받는다고 한 것은, 이른바 "특수하게 친밀한 관계"에 있는 양국 관계 때문이라고 하였다. 이는, 재론할 것도 없이, 주권선 일본과 직결시킨 이익선 한국을 의미하는 것이었다. 이것은 병합조약에서 '일본의 안보' 곧 '제국의 안전'으로 성명되었다. 그러므로 "한국의 치안유지와 공공의 안녕을 유지하여 동양의 평화와 제국의 안전을 보장해야" 하는 한국 병합의 목적은, 포괄적인 '일본의 안보'에 있었다. 여기서 포괄적인 의미의 '일본의 안보'란 장기적으로 일본 국가의 성장을 추구하여 궁극적으로 일본이 '동양의 평화'를 주도하는 제국으로 성장할 것을 선언한 것이라고 할 수 있다.

이를 일본은, 한국 병합은 하나로 통합된 양국, 곧 "상호 행복을 증진"하는 것이라고 호도하였다. 일본이 한·일 양국의 상호 치안을 안정화시키는 것이라고 한 것은, 정확히 말하자면 일본의 성장을 담보하여 제국으로 성장할 '안전', 곧 일본 국가 성장의 안정성을 담보하기 위한 것이었다. 그러한 일본의 안보는 또한 동아시아의 유일한 '제국' 일본이 이른바 '동양의 치안'을 서양의 제국에 대하여 확보함으로써 보장되는 것이었다. 이와 같이 일본이 한국을 병합한 목적은 '제국의 안전'을 확보하여 제국 일본이 '동양의 평화'를 유지, 곧 장악할 수 있

---

68) 〈韓國ヲ帝國ニ倂合ノ件〉(詔書, 1910. 8. 29), 朝鮮總督府, 《朝鮮總督府施政年報》, 京城: 朝鮮總督府, 1912, 附錄, p.1; 같은 날 가츠라 수상과 고무라 외상도 각각의 기자회견에서 병합의 이유를 조선이 극동 화근의 근원이기 때문이라고 밝히고 있다.[釋尾東邦(1926), pp.624~627 참조]

도록 하는 데 있었다. 다시 말하면, 그것은 한국을 거점으로 한 일본의 대륙국가화에 있었다. 그러므로, 앞에서 언급하였듯이, 한국 병합은 일본의 대륙국가화를 위한 첫 단계로서, 대륙국가 일본의 기본 조건이자 필수조건이 되는 것이었다.

일본 대륙국가화의 초석이자 거점으로서의 한국, 이것은 일본의 한국에 대한 기본적인 인식, 다시 말해서, 일본이 한국 문제를 다루는 기본적인 관점이라고 할 수 있다. 동시에 그것은, 육군대신으로서 그러한 한국의 병합을 추진해 성사시킨 데라우치의 한국관을 대변한다고도 할 수 있다. 데라우치가 한국에 부임해 와서 처음으로 한국인에게 한 훈시는, 병합조약의 발표와 동시에 병합의 목적 및 시정요강을 알린 것이었다.[69] 데라우치는 우선, 5년의 보호제도로는 도저히 한국의 시정을 개선하여 안정화시킬 수 없었기 때문에 병합을 실행하기에 이르렀다고 하였다. 그리고 병합조약에 제시된 병합의 이유를 설명하였다. “이는 하나의 수단이지 종국의 목적이 아니다. 이로써 복잡한 구제도를 개선하여 통일된 조직을 만들어 치적을 이루려는 것”이라고 하였다. 이는 조약과 조서에서 드러난 ‘일본의 대륙국가화의 거점으로서의 한국관’을 그대로 표출한 것이었다고 할 수 있다. 이것이 곧 데라우치의 한국관이었다.

그러한 한국관에 입각하여 데라우치는, “지금 제국은 바다를 건너 동아시아 대륙으로 나아가, 새로이 천여만의 인구를 더하고 조선의 개선을 도모하고 있다. 즉 제국 전반의 안녕과 동양의 평화를 기하고

---

69) 〈併合二關スル統監ノ告諭〉, 朝鮮總督府(1912), p.23; 黑田甲子郞(1920), pp.19~21, 616~621; 釋尾東邦(1926), pp.583~588.

있어, 이 시정의 성공은 나아가 국위(國威)의 소장(消長)에 영향을 미치는 것"이라고 하였다. 한국의 통치가 곧 동아시아 제국 일본 국가의 성장에 관건이 되는 것으로, 매우 중요하다는 점을 강조한 것이었다. 그리고 "목하 급무는 신영토의 질서를 유지하고, 부원(富源)을 개발하여, 신부(新附)의 인민을 잘 다스려 치평의 혜택을 입도록 하는 데 있다"고 하였다. 한국 통치의 기본 방침, 곧 자신의 한국 통치관을 제시한 것이었다.

그러나 데라우치는 급격한 변혁을 추진하려 하지 않았다. 그것은 인심의 동요를 불러올 것이기 때문이었다. 따라서 급진적인 변혁은 "확실한 성공을 바라는 방법"이 아니라고 생각하였다. 이와 함께 그는, "구관(舊慣) 폐습(弊習)의 교정이 필요함과 동시에, 양속(良俗) 조장 역시 필요"하다고 역설하였다. 이는 한국인들이 가지고 있던 오래된 관습을 "폐습"이라 하여 바로잡아야 할 대상으로 삼은 것이었다. 동시에 추진해야 할 좋은 습관의 조장은, 곧 일본의 통치방침에 맞추어 일본적으로 바꾸어가는 것을 의미하였다. 이를 데라우치는 점진적으로 실시하여 확실히 성공될 수 있도록 함으로써 한국인의 일본인화, 궁극적으로는 한국의 일본화를 지향하였다. 이를 데라우치는 점진적인 한국의 시정(施政)을 통해서 한국 사회를 바꾸어갈 것이라고 밝힌 것이다.

또한 이러한 시정방침을 밝힌 날, 데라우치는 각 이사청(理事廳) 이사관에게 한국 병합의 취지가 "양국 상합일체(相合一體)로, 차별을 없애고 상호 전반의 안녕과 행복을 증진시키는 것"이라고 하였다. 그리하여 한국에 있는 일본 거류민에게는, "우리가 동포라는 것을 유념해 동정을 가지고 조선인을 대해서, 우호적으로 서로 제휴하여 국가의 융창(隆昌)에 공헌하도록 노력할 필요"가 있다는 내용의 훈시를 내렸다.[70]

한국 병합과 동시에 데라우치가 처음으로 훈시한 내용은 이후 7년 동안 한국을 통치하는 데 근간이 된 것으로,[71] 그의 한국 통치관을 집약적으로 드러낸다고 할 수 있다.

> 데라우치가 총독부의 설치가 하나의 수단이고 궁극적인 목적이 아니라는 말은 극히 심원한 의미를 포함하여 먼 장래의 동치(同治) 방침을 암시한다. 단 목하 급무는 질서를 유지하고 부원을 개발하여 선민을 잘 다스려서 치평(治平)의 혜택을 입도록 하는 데 있다고 분명히 하여 급격한 변혁을 경계하고…… 치적이 차제에 국민의 여망을 저버리지 않고 열국의 비난을 초래하지 않고 능히 병합의 목적을 달성할 수 있도록 하자는 것이었다.[72]

조선총독부의 설치가 하나의 수단이고 궁극적인 목적이 아니라고 한 것은, 앞서 지적한 한국관에 입각한 것으로, 한국의 식민통치를 발판으로 하여 대륙으로 진출할 것임을 말한다. 이것이 바로 조선총독 데라우치의 한국 통치에 대한 기본 인식이었다. 그러자면 먼저 병합

---

70) 〈倂合條約二依リ各理事官二訓令〉, 朝鮮總督府(1912), pp.20~21; 黑田甲子郎(1920), pp.18~19; 釋尾東邦(1926), pp.588~590.
71) 데라우치는 "시정 7년의 긴 기간 언제나 이 초심 하나로 유지"하였으며[黑田甲子郎(1920), p.21], 이는 곧 데라우치가 "7년간의 치적을 이룬 원동력"이었다(같은 책, p.619).
72) 위의 책, p.21.

된 한국의 질서를 유지하는 것이 급선무였다. 이를 위하여 부원을 개발해 대륙진출을 도모하는 것이 필요하였다. 특히 치안 질서의 유지가 무엇보다 중요하였다. 이는 식민통치의 안정과 효율성이라는 측면에서 긴요한 것이었다. 그것은 기본적으로 일본이 궁극적으로 지향하는 '일본의 안보'와 직결되는 것이기도 하였다.

데라우치가 통감에 임명된 직후 제일 먼저 헌병경찰제도를 개정한 것도 그러한 이유에서였다. 데라우치는 헌병경찰제도를 통해서 무관 조선총독으로서 무관 본래의 군 통수권을 실질적으로 회복하였다. 그리고 경무총감을 정무총감과 같은 위상으로 격상시켜서 조선총독에 직속시킴으로써, 일원적인 명령의 집행이 가능하도록 하였다. 조선총독 휘하에 군·경이 일원적인 명령체계를 이루도록 제도화한 것이었다. 이로써 일본 안보의 관건이 된다고 강조한 한국의 대내적 치안질서의 유지와, 경우에 따라서 대비해야 할 대외적인 방비의 효율성을 높였다.

데라우치는 그러한 안보체계를 갖추어놓고 급격한 변혁으로 인한 불안정을 경계하며 점진적인 개혁을 실시하고자 하였다. 그것은 한국인들이 조선총독부의 시정개선을 통해서 일본의 통치와 일본적 양식에 익숙해지도록 조장하기 위해서였다. 동시에 한국인의 일본인으로의 동화(同化)에 불리한 '구관의 폐습'을 교정하여 점진적으로 일본인화를 도모하겠다는 것이기도 하였다. 이는 일본의 병합으로 불안정해진 한국인 민심의 동요를 최소화하는 동시에, 전략적으로 시정해 가기 위한 시책이었다고 할 수 있다. 치안의 안정과 통치의 효율성을 도모하기 위한 것이다.

급격한 변혁이 "확실한 성공을 바라는 방법이 아니"라는 것은, 그렇지 않아도 병합으로 불안정해진 민심이 조선총독부의 주도 아래 급격한 변혁이 이루어질 경우 더욱 불안정해져서 어떤 위기상황이 발생할지도 모르기 때문이었다. 한국 치안의 불안정은 곧 일본 제국의 위기였다. 일본의 안정, 안보와 직결된다는 것이 병합을 주도한 일본 주도세력의 일반적인 생각이었다. 그러므로 데라우치가 이토의 '문화정치'가 내건 '자치육성정책'의 비효율성에 불만을 품고 즉각적인 한국의 병합을 고집하였을지라도, 급격한 시정의 변화를 꾀하기보다는 현실적인 점진적 개혁을 기본 방침으로 삼았던 것이다.

그러한 데라우치의 점진적인 한국 시정개선방침은 당시 '시세'(時勢)와 '민도'(民度)에 적합해야 한다는 말로 대변되었다. 이른바 시세와 민도에 적합한 시정개선방침이라는 용어는, 데라우치의 한국관에 입각한 한국 지배정책을 합리화하며, 데라우치 조선총독정치의 시정 전반을 규정하였다. 시정이 "시세와 민도에 적합하도록 해야 한다"는 말은, 한국 병합 직후 조선총독부의 총무부 학무국장으로 9년 동안 한국인 교육정책을 담당하였던 세키야(關屋貞三郎)로부터 나온 것이었다. 그는 부임 직후 데라우치의 명령으로 교육제도 연구에 착수하였다. 세키야는 그가 작성한 조선교육령 의견서에서 "조신의 교육은 시세와 민도에 적합하도록 해야 한다"고 기술하였다.[73] 세키야 자신도 말하였듯이, 교육으로 민도를 높이는 것이 당연하였다. 그런데 오히려 교육을 시세와 민도에 따라서 한다고 한 것은, "법률 조문으로서

---

73) 關屋貞三郎, 〈倂合直後に於ける學制の改革〉, 朝野諸名士 執筆, 《朝鮮統治の回顧と批判》, 京城: 朝鮮新聞社, 1936, pp.15~19 참조.

는 꽤 이상한 문언(文言)"이었다.74) 뿐만 아니라 교육의 취지에도 기본적으로 맞지 않은 것이었다.

당시 세키야는 그 말을, "교육으로 민도를 높이는 것은 물론 꽤 필요한 일이지만, 민중의 생활 정도, 부의 정도를 살펴 실행에 옮겨야 할 것이므로, 그에 맞지 않는 월등한 시설은 외관상으로는 좋아보여도, 조선동포에게는 별로 친절한 조치는 아니다"라는 의미로 사용하였다고 한다. 교육시설의 향상과 정비에는 상당히 많은 비용을 필요로 한다. 그런데 이를 위하여 한국인에게 거액의 부담을 주는 것은 생활수준이 열악한 상황에서 아직 적합하지 않다는 판단에 따른 것이었다. 또한 교육이 외형만 번듯하면 미풍양속을 파괴하고 경박한 풍조가 퍼지게 되므로 신중해야 한다는 의미에서, "조선에서 시행할 교육은 능히 조선의 민도에 적합하지 않으면 안 된다"고 하였다고 한다. 세키야가 제안하였던 '시세'와 '민도'에 적합한 교육의 내용은 그러하였다.75)

이와 같이 조선교육령 의견서에서 조선총독부 관료가 시세와 민도에 적합한 교육을 시행해야 한다고 한 것은, 당시 조선총독부의 조선인에 대한 교육의 목적과 의미를 분명하게 나타낸다고 할 수 있다. 그것은 한국의 교육, 한국인에 대한 교육의 최우선 목표가 한국인의 인지 계발과 이를 통한 '충량한 신민'의 양성이라기보다는, 그에 앞서 '순량(順良)한 신민'을 양성하는 데 있었다는 것을 의미한다.76)

---

74) 關屋貞三郎(1936), p.15.
75) 위와 같음.
76) 駒込 武, 《植民地帝國日本の文化統合》, 東京: 岩波書店, 1996, p.13.

데라우치는 세키야의 의견서에 제시된 '시세'와 '민도' 이 두 용어가 의미하는 바를 매우 마음에 들어하였다고 한다. 그리하여 조선교육령 법령 어구에 십입하도록 지시하고, 기타 한국의 시정과 통치가 모두 이 방침에 준거해야 한다고 강조하였다. 그는 도장관회의나 기타 회의 등에서도 시세와 민도라는 용어를 사용하며, 그에 따른 시정의 집행을 강조하였다. 데라우치는 이른바 선진 제국 일본의 시정이 궁극적으로 지향한다고 하는 "문명화"나 "근대적인 법률·훈련" 등을 표방하며, 조선인에 대하여 제국의 은혜를 과시하곤 하였다. 그러나 시세와 민도를 활용한 그의 시정방침의 실상은, 그러한 문명화나 근대적인 것들을 기능하게 하는 교육을 통한 한국인의 계층이동이나 시민의식의 성장 등은 오히려 제한하고 억제하려는 것이었다.[77] 시세와 민도에 따른 교육과 시정은 실질적인 문명화나 근대적인 법률, 훈련 등과는 오히려 역행하는 것이었다. 이것이 곧 '시세'와 '민도'에 적합한 데라우치 조선총독의 시정방침이었다.

데라우치는 한국 통감으로 부임하기 전에, 일본에서 한국 병합과 병합 이후의 통치방침을 구상하고 있을 무렵, '한국병합준비위원회'와는 별도로 도쿄(東京)제국대학 교수 야마다(山田三良)에게 병합 이후 한국인의 국적 문제와 법제 등에 대하여 자문을 구하였다.[78] 그리고 야마다 교수 등의 의견을 참고하여 내린 한국 통치의 기본 방침은 다

---

77) 위의 책, p.123.

78) 山田三良, 〈併合後二於ケル韓國人ノ國籍問題〉, 山本四郎 編, 《寺內正毅關係文書 — 首相以前》, 京都: 京都女子大學, 1984, pp.61~63; 山邊健太郎(1971), pp. 4·5.

음과 같다. 즉, 한국을 병합하여 일본 제국 영토의 일부로 하더라도, 한반도의 사정이 제국 일본과 동일하지 않으므로, 제국의 모든 법률 규칙을 병합과 동시에 한국에 적용할 수 없는 것은 물론이라는 것이 었다.

따라서 그 민정 풍속 및 관습 등에 비추어 문화 정도에 따라 주민의 행복을 증진하고 지식을 개발하여, 점차 내국민(內國民)으로 동화시키는 데 적절한 법제를 공포하며 내지와 동화하는 데 이르기까지는 "제국 내지와는 특수한 통치를 할 필요가 있다"는 것이었다. 이때 일본과는 다른 특수한 통치라는 것은, 한국 통치에는 일본 제국의 헌법을 적용하지 않고 한국인의 생활을 안정시키고 행복을 증진하는 데 "적절한 시정을 할 필요"에 근거하여 "대권으로 직접 통치한다는 취지를 조서에 언명할 필요가" 있다는 것이었다.[79) 앞에서 본 바와 같이, 데라우치가 통감 부임 이전에 세워놓은 한국 통치방침도 그러한 자문의 내용과 시정방침이 반영된 것이었다.

그러한 데라우치의 한국 통치의 기본 의도와 방침을 정확하게 지적해 드러낸 것이 곧 세키야의 조선교육령 의견서에 제시된 "시세와 민도에 적합하도록 해야 한다"는 것이었다. 데라우치가 한국의 시정과 통치가 모두 시세와 민도에 준거해야 한다고 하여, 이를 한국 시정의 기준으로 삼은 것은 그로서는 본래부터 당연한 것이었다고 할 수 있다.

그러므로 데라우치는 신영토의 질서 유지와 함께 "목하 급무"라 하

---

79) 〈倂合後半島統治と帝國憲法との關係〉, 山本四郎 編(1984), pp.63~70.

여 강조한 "부원개발"(富源開發) 역시 시세와 민도에 적합한 방식으로 계획하였다. 그것은 먼저, 그가 보기에 공리공론에 익숙하여 무위도식하고 나태한 한국인80)의 생활상에 필요한 조치를 계획하고, 그 다음으로 산업의 발달을 추진하며, 마지막으로 제반 시설의 개선을 추구한다는 것이었다. 이에 따라 가장 먼저 취해진 "생활상에 필요한 조치"는, 한국인들이 각기 안정적으로 직업을 갖도록 하는 것, 일하도록 하는 것이었다. 그것이 "제1의 목적"이 되었다.

부원을 개발하기 위해서 시급한 일은 "먼저 인민에게 직업을 주어 생활할 수 있도록 해서 점차 나아가도록 하는 것이 적실한 방침"이라는 것이었다. 그에 따라 데라우치는 양반·유생 등 항산(恒産)이 없는 자들이 일하게 하고, 다음으로 일반인에게도 이 취지를 보급하여 항산을 통한 생활의 안정을 기하고 부원의 개발을 도모해야 한다고 강조하였다.81) 이것이 곧 일하지 않는 자를 일하게 하도록 하여, 구관의 폐습을 철폐함과 동시에 양속을 조장하는 방법이었다. 조선 초대 총독 데라우치는, 넓은 의미에서 전통적인 지배세력의 일원을 구성하고 있던 유교 지식인 일반에 대한 통제를 이러한 방식으로 기하였다고 하겠다.

부원 개발의 내용은 농업을 개량하고 "간단한 산업을 장려"하는 것이었다. 이때 산업이란 새로운 근대적인 개발을 추구하는 것이 아니라, 기존에 다양하게 존재하였던 양잠·제지와 같은 가내 간이사업을

---

80) 〈朝鮮施政方針及施設經營〉, 山本四郎 編(1984), p.231.
81) 黑田甲子郎(1920), pp.619~621.

의미하였다.82) "많은 자본을 필요로 하는 고상한 기업은 사정(시세와 민도)에 적절하지 않다"고 하여 배제되었다. 조선교육령 계획 의견서에서 제시된 바와 같이, 시세와 민도에 적합한 교육, 생활 개선을 해야 한다는 방침에 따른 것이었다.

세키야가 처음 그 말을 언급하였을 때, 시세와 민도에 적합하도록 해야 한다는 발상은 "민중의 생활 정도, 부의 정도를 살펴 실행에 옮겨야 한다"는 지극히 현실적인 정책적인 의미를 갖고 있었다. 그러나 데라우치에 의하여 시정방침 일반의 근간으로 활용되었을 때, 그것은 식민지의 이질적인 민족적 지배-피지배 세력 관계를 전제로 한 것이 되었다. 그러한 관계를 차이와 차별로 확인시켜 힘의 우위를 깨닫게 하는 또 다른 의미의 현실적인 정치적 의미를 갖는 것으로 변용된 것이다. 그것은 피지배자를 지도하고 계몽하고 교육하여 전반적인 수준을 이끌어 올려야 할 지배자·통치자가 취해야 할 시정방침의 역발상이었다고 할 수 있다.

다시 말해서, 지배자의 판단에 의거하여 피지배자의 수준에 맞는 적절한 수준에서 필요로 하는 만큼 시정을 개선하여 지배-피지배 관계를 유지하겠다는 것이었다. 시세와 민도에 적합한 시정 방침의 그러한 의도는 치안유지와 함께 당장 시급한 일로 지적한 부원 개발 문제에서 더욱 명확하게 드러났다고 할 수 있다.

일반적으로 부원의 개발은 곧 산업 개발을 목적으로 한다. 그러므로 "민중의 생활 정도와 부의 정도를 살펴 실행에 옮겨야" 할 것이

82) 위의 책, p.621.

아니라, 투자를 동반한 장기적인 산업개발 전략을 세워서 민중의 생활 정도와 수준을 이끌어 올려야 할 것이었다. 그러나 데라우치는 많은 자본을 필요로 하는 "고상한" 기업은 사정(시세와 민도)에 적절하지 않다고 하여 배제하였다. 자본 투자가 필요한 근대적 기업 설비를 마련하여 새로운 경제개발의 기반을 구축하기보다는, 기존에 다양하게 존재하던 가사노동과 부업을 적극적으로 활용할 것을 강조하였다. 이것이 그가 말하는 시세와 민도에 적합한 생활의 개선책이었다. 그리고 이제까지 실질적인 생산에 참가하지 않았던 유생(儒生)들에게도 이의 실천을 요구하였다. 그것은 구관의 폐습을 교정하는 작업의 일환으로 행해졌다.

이러한 전반적인 내용이 "나태한" 한국인들을 교정하여 항산의 기본적인 조건을 갖추는 것이라고 역설되었다. 한국인은 직업도 없으면서 공리공론에 빠져 무위도식하거나 나태하기 때문에, 먼저 일할 조건을 스스로 갖출 필요가 있다는 것이었다. 이는 "생활상 필요한 조치"라 하여 정당화되었다. 또한 외형만 번듯하면 미풍양속을 파괴하고 '경박한 풍조'가 퍼지게 되므로 신중히 수준에 맞는 개선이 필요하다고 강조되었다.

더욱 중요한 것은, "월등한 시설"은 그 "향상과 정비에 상당한 비용을 필요로 하는데, 이를 위하여 조선인에게 거액의 부담을 주는 것은 아직 적합하지 않기 때문"이라고 하여 정당화하였다. 마치 혁신적인 시정개선이 한국인에게 줄 부담을 우려하여 유보하는 듯한 인상을 풍기며 부정하였다. 그러한 조치는 "조선동포"에게는 별로 "친절한 조치는 아니다"는 것이었다.

이와 같이 시세와 민도라는 말은 그것이 사용될 때 마치 한국인을 배려하기 위한 것인 듯이 사용되었다. 그러나 그 실상은, 병합으로 제국의 일부가 된 "신영토"를 '법역외'의 지역으로 하고, 그에 따라 "신부(新附)의 인민"으로 간주된 한국과 한국인에 대한 차별과 배제의 의식을 전제로 한 것이었다. 곧 한국인은 일본에 병합됨으로써 공식적으로는 일본인이 되었으나, 일본인과 같은 권리를 누리기에는 아직 미흡하고 또한 여건도 마련되지 않았다는 것이 기본 전제가 되었다. 그러므로 한국인은 오직 조선총독정치의 피지배대상으로서 통제 교화될 대상일 뿐이었다. 이는 최소의 비용으로 최대의 통치 효과를 거두고자 한 조선총독 데라우치와 일본의 한국 시정방침을 대변하는 것이었다.

이미 언급하였듯이, 그러한 데라우치의 한국 시정관은 병합과 함께 천황의 이름으로 수여한 은사금(恩賜金)을 처리하는 방식에서 상징적으로 드러났다. 병합된 한국인에게 천황이 수여한 은사금의 혜택에 대해서는 널리 선전하였지만, 이를 받은 한국 민중은 없었다. 데라우치는 은사금을 각 개인에게 나누어주면 모두 소비해 버릴 것이므로, 그렇게 해서는 안 된다고 하였다. 은사금을 주되, 한국인의 생활상에 필요한 조치가 이루어져서 유용하게 사용되도록 해야 한다고 강조하였다. 천황의 은사금은 현재의 무직자가 장래에 천황의 은혜로 생활의 안전을 기할 수 있도록 하는 데 사용되어야 한다는 것이었다. 그러한 은사금의 집행에 대한 실상은, 은사금을 명목으로 천황의 시혜를 강조하면서, 실제로 그 활용은 조선총독정치 체제를 통해서 필요에 따라 사용되게 하는 것이었다. 그것은 은사금을 조선총독부가 영구히 소지하여, 조선총독의 시정의 필요에 따라 한국의 '산업개발'에 사용하는 것이었다.83) 그러나 이 역시 시세와 민도에 맞는 산업개발의 내용으로 볼 때, 빈말에 지나지 않는 생색내기였다고 할 수 있다.

시세와 민도에 적합한 시정방침의 실체는 이와 같았다. 교육 또한 마찬가지였다. 데라우치는 시세와 민도에 입각하여 교육 역시 한국의 발달을 위해 "공론을 피하고 실제로 응용할 수 있는, 교육받은 인민이 자기 생활 상태와 지위를 높일 수 있는 기초를 수립"할 수 있는 교육을 해야 한다고 강조하였다. 여기서 근대 과학이나 학문적 발달을 꾀하는 교육은 시세와 민도에 적합하지 않은 허황된 것으로 간주되었다. 따라서 실생활에 도움이 되는 초보적인 실업교육에 중점을 두어야 한다고 강조하였다.84)

그런데 이 또한 시세와 민도에 적합하도록 해야 한다는 방침에 기초하여 설비와 시설투자를 최소화하는 정책으로 시행되도록 하였다. 그나마 조선총독부로서는 "상당히 곤란한 문제"를 무릅쓰고 시행하는 것이라고 생색을 내었다. 그리하여 실행된 실업교육조차 새로운 투자와 설비를 전제로 하지 않은 가운데 진행되었다. 초보적인 실업교육조차도 "각지에 있는 보통학교와 같은 곳은 결국 수업 연한을 단축해 주로 농업 기타 실과 과목을 가미하고, 지방에 있는 농업학교에서는 필히 실습지를 갖추어" 하는 방식으로 이루어졌다. 이러한 최소한의 준비에 드는 비용조차 조선총독부로서는 "상당히 곤란한 문제"

---

83) 위의 책, pp.620~621.
84) 위의 책, p.631.

를 굳이 한국인을 위하여 애써 추진한다는 것이었다. 그래서 한꺼번에 설비를 증설하려면 각 지방의 부담이 가중될 것이므로, "그 요망이 있어도 급격한 증설은 도저히 불가능"하다고 하여, 점진적인 교육 실시가 불가피한 점을 강조하였다. 이것이 시세와 민도에 맞는 교육의 실상이자, 데라우치 총독시기 교육의 기본 방침이었다.85)

앞에서 말한 바와 같이, 시세와 민도에 적합한 통치방침은 곧 지배자의 입장에서 피지배자의 수준에 맞는 적절한 시책을 하겠다는 것으로, 통치자가 필요로 하는 만큼 시정을 개선하겠다는 것에 다름 아니었다. 그것은 최소의 비용으로 지배의 최대 효과를 거두겠다는 의지의 표현이었다. 이때 최소의 비용은, 곧 투자는 하지 않고 결실은 활용하겠다는 의미였다고 할 수 있다. 데라우치가 조선교육령 계획 의견서에 제시된 '시세와 민도에 적합한' 시정방침을 자신이 의도하는 바 한국 통치방침을 상징적으로 대변한다고 여긴 것은 이러한 이유에서였다고 할 수 있다.

그러한 시세와 민도에 적합한 시정방침도 실업교육 문제에서도 알 수 있는 바와 같이, 그나마도 때맞추어 제때에 계획적으로 시행되었다고는 할 수 없었다. 그러한 데라우치의 조선총독정치는, 병합으로 한국을 일본 국가의 일부로 만들었지만 한국이 일본과 같을 수 없고, 한국인 또한 일본인과 같지 않으며, 한국과 한국인은 단지 조선총독정치의 피지배지역이며 피지배대상일 뿐이었음을 증명한다고 할 수 있다.

---

85) 關屋貞三郎(1936), p.16.

데라우치는 한국 병합을 공포한 당일, 병합의 취지가 "양국 상합일체(相合一體)로 차별을 없애고 상호 전반의 안녕과 행복을 증진시키는 것"이라고 공포하였다. 그러므로 일본인들이 "우리가 동포라는 것을 유념해 동정을 가지고 조선인을 대해, 우호적으로 서로 제휴하여 국가의 융창(隆昌)에 공헌하도록 노력할"[86] 것을 훈시하며, 일시동인주의(一視同人主義)를 표방하였다. 그러나 그것은 조선총독부의 설치로 "먼 장래의 동치(同治)방침을 암시"[87]한 것일 뿐이었다. 데라우치가 '상합일체', '동포'로서의 한국에 대한 '동치'관을 가졌다는 것을 의미하는 것은 아니었다. 조선총독부와 일본 정부가 말하는 동치의 방침, 곧 동화정치의 실상 또한 마찬가지였다고 하겠다.

2.3.2. 데라우치의 '조선총독정치'의 특질

조선총독 데라우치는, 일본의 대륙국가화의 거점이라는 한국관을 가지고 시세와 민도에 적합한 통치를 시행하고자 하였다. 그것은 최소의 비용으로 최대의 통치 효과를 누리기 위하여, 통치자의 자의적인 판단에 따라 피지배자의 수준에 적합하다고 여긴 정도만큼, 필요한 정도의 시정을 개선하겠다는 것을 의미하였다. 그러면 데라우치가 최소의 비용으로 최대로 누리고자 한 통치 효과와 자의적으로 판단하는 피지배자의 수준에 적합한 시정의 기준이 곧 데라우치 조선총독정치의 핵심이라고 할 수 있다. 그 기준은 곧 그의 한국관, 일본 대륙국

---

86) 〈併合條約二依リ各理事官二訓令〉, 朝鮮總督府(1912), pp.20~21; 黑田甲子郎(1920), pp.18~19; 釋尾東邦(1926), pp.588~590.
87) 黑田甲子郎(1920), p.21.

가화의 거점으로서의 한국이었다. 그러한 한국관에 입각하여 한국을 일본 국가의 대륙진출 거점으로서 충실하게 개발하는 것이 바로 데라우치 조선총독의 기본적인 통치관이었다고 할 수 있다.

일본이 육군대신 데라우치에게 한국의 통감까지 겸임시키는 것은 무리라는 것을 알면서도 데라우치를 제3대 통감으로 임명한 것은, 그러한 한국의 병합을 단행하기 위해서였다. 데라우치가 무리인 줄 알면서도 육군대신으로서 한국 통감 겸직을 받아들인 것 역시 한국의 병합을 전제로 해서였다.[88]

앞에서 언급하였듯이, 가츠라 내각은 데라우치의 외교적 능력이 아니라, 영일동맹 체결 직후 육상으로 임명된 이래 러일전쟁을 거치면서 데라우치가 보여준 과단성을 높이 샀던 것이다. 같은 이유로 가츠라 내각은 데라우치 육상에게 한국 통감을 겸임시켜서 병합을 단행하고자 하였다. 데라우치 역시 한국 병합을 전제로 통감 겸임을 받아들였다. 이는 모두, 이번 기회에 한국 병합을 완료해 식민지화하자는 데 국한하여 의견이 일치하여서라기보다는, 한국을 일본 대륙국가화의 기반으로 삼고, 나아가 대륙으로의 진출을 본격화하고자 하는 목적이 일치하였기 때문이었다.

가츠라 내각은, 만주 문제에서 비롯된 러일전쟁을 안보의 위기로 전환시켜서, 그 원인이 한반도에 있는 것으로 규정하고 러일전쟁을 감행하여 한국을 보호국화 하였다. 그리하여 실질적으로 한국을 지배하게 되었음에도 거기서 그치지 않고, 한국이 동양의 평화를 확보해

---

88) 黑龍會, 《日韓合邦秘史》 下, 東京: 黑龍會出版部, 1932, pp.623~624[강창일 (1999), p.74 재인용]; 釋尾東邦(1926), p.626, p.700~701.

야 할 일본의 안보를 위협하는 존재로서, 극동의 화근(禍根)이라 하여 근원적인 시정의 필요에서 한국을 병합하였다. 러일전쟁의 원인을 한국으로 전환한 것은, 바로 제국으로서 일본의 성장을 꾀할 의도가 있었기 때문이었다.[89] 데라우치는 그러한 가츠라 내각의 대한(對韓)정책·대륙정책을 실질적으로 추진하고 주도한 인물이었다. 따라서 한국 통감으로 임명되어 한국 병합에 대한 전권을 사실상 위임받은 데라우치 육군대신이 병합을 단행하며 수립한 조선총독정치는 장기적인 대륙정책, 곧 일본 국가의 대륙국가화라는 구상 속에서 이루어진 한국 지배체제였다고 할 수 있다. 이것이 데라우치 조선총독정치의 기본적인 특질을 규정하였다.

한국 병합은, 일본 제국의 "군비상 중요한 지점으로서 제국의 국방상 조선을 병합하지 않으면 제국 백년의 장기계획을 세울 수 없었기 때문"에 단행된 것이었다.[90] 이것은 데라우치를 비롯한 조슈벌 육군 군부의 생각이기도 하였다. 그러므로 데라우치의 조선총독정치는 군사적 방비("군사적 정리")에 중점을 두고, "산업의 개발과 경제적 이익은 제2위"일 수밖에 없었다. 데라우치는 국방군비를 제1로 하여, 부산을 기점으로 한 조선종단철도를 개설하여 만주로 연결되도록 하였다. 그리고 한국 내의 철도교통을 3등급으로, 구분하여 제1·2등급 도로는 행정·군사용[行軍]으로 사용되도록 하였다.[91] 군 제19사단과 제

---

89) 이것은 조선총독부가 처음으로 한국 병합의 타당성을 이론화한 문서에서도 확인할 수 있다.[〈朝鮮施政方針及施設經營〉, 山本四郎 編(1984), p.178]
90) 靑柳綱太郎(1928), p.63; 정연태(2005), p.85.
91) 黑田甲子郎(1920), pp.424~427 참조.

20사단을 설치한 용산과 나남(羅南)뿐만 아니라, 대구와 평택에도 연대를 주둔시켰다. 또한 만일의 사태에 대비하여 곧바로 바다를 건너 남만주와 압록강변까지 갈 수 있도록 진해에 요새를 설치하였다.92) 데라우치의 조선총독정치는 대륙으로 진출할 일본 안보, 곧 "국방설치경영"(國防設置經營)에 중점을 둔 것이었다. 그로부터 데라우치 조선총독정치 체제의 특질이 형성되었다고 할 수 있다.

데라우치의 '국방설치경영'은 한국의 식민통치에 국한하는 것이 아니라, 대(對)중국·대륙정책을 염두에 둔 것이었다.93) 때문에 데라우치는 철도건설·도로개통·항만구축과 같이, 비용이 많이 드는 대륙침략을 위한 식민통치의 기반을 구축하는 데 예산의 절반 이상을 쏟아 부었다.94) 그러므로 그 밖의 시책들에는 최소한의 비용을 사용하지 않으면 안 되었다. 이른바 '시세와 민도'에 따른 시정개선방침은 그러한 시책을 정당화하며, 최대의 통치 효과를 꾀하는 최선의 정치적인 언설이었다고 할 수 있다.

데라우치 조선총독정치의 중점이라 할 '국방설치경영', 곧 '군사적 방비'의 기초는 한국의 치안질서 확립에 있었다. 따라서 데라우치는 한국 통치의 요체로 치안제일주의를 설정하여, 재임기간 내내 치안

---

92) 靑柳綱太郎(1928), pp.64~65.

93) 대중국정책·대륙정책을 염두에 두면서 데라우치 조선총독이 추진한 조선 '국방설치경영'에 대해서는, 마쓰다 도시히코(松田利彦), 〈일본 육군의 중국대륙침략정책과 조선(1910~1915)〉, 권태억 외, 《한국사회와 문화 II》, 서울: 서울대학교출판부, 2005 참조.

94) 정연태, 〈조선총독 데라우치(寺內正毅)의 한국관과 식민통치〉, 권태억 외, 《한국사회와 문화 II》, 서울: 서울대학교출판부, 2005, p.78.

확보에 가장 역점을 두었다.95) 데라우치는 한국인의 산업 개발을 제한했던 것과는 대조적으로, 거류 일본인에 대하여는 산업활동을 적극 장려하였다.96) 그러나 조선총독정치에 대한 비판이나 반감을 야기할 수 있는 일본인들에 대한 단속과 통제는 한국인에 대한 것과 마찬가지로 엄격히 하였다. 그리하여 한국인들뿐만 아니라 일본인들로부터도 무단주의, 전제주의라는 비난을 감수해야만 하였다.97)

군사적 방비에 중점을 두고 치안제일주의를 요체로 한 데라우치 조선총독정치의 특질은 데라우치가 조선총독의 현역무관제와 군 통수권의 실제화를 단행하였을 때 이미 예정된 것이었다. 그것은 조선총독부가 처음으로 한국 병합의 타당성을 이론화한 문서로 평가되는 1915년에 작성된 〈조선시정방침과 시설경영〉(朝鮮施政方針及施設經營)을98) 통해서 확인할 수 있다.

이 문서의 '총설'에는, 조선총독을 현역 육해군 대장으로 충원하도록 한 것이 방비(防備)의 필요상 주둔군을 지휘해야 하기 때문이라고 되어 있다. 조선총독이 문관이더라도 주둔군 사용에 대한 별도의 규정을 두어서 병력을 사용하도록 하거나 군이 협력하도록 하는 방법도 있음에도, 조선총독이 무관이어야 주둔군 병력을 직접 사용할 수 있어서 방비를 철저히 할 수 있나고 한 것이었다. 한국의 통치가 아니라 무관 조선총독을 중심으로 한 역발상이라고 할 수 있다.99) 데라우치

---

95) 정연태(2005), p.75.
96) 黑田甲子郎(1920), pp.623~624.
97) 靑柳綱太郎, 《總督政治史論》, 京城: 京城新聞社, 1928, p.25.
98) 〈朝鮮施政方針及施設經營〉, 山本四郎 編(1984), pp.177~352.
99) 〈寺內正毅關係文書解題〉, 山本四郎 編, 《寺內正毅關係文書 — 首相以前》, 京

는 일본의 대륙국가화라고 하는 일본 육군 군벌의 장기적인 대륙정책 구상을 염두에 두고, 그 밖의 지엽적인 문제를 중심으로 끌어들여서 조선총독 현역무관제를 관철시키고, 이를 역설적으로 합리화하였던 것이다.

무관 조선총독제는, 앞에서 본 바와 같이, 〈조선총독부관제〉에 밝혀져 있는 조선총독의 권한과 직결되어, 조선총독, 실질적으로는 육군 군벌이 한국에서 전권·독재권력을 자의적으로 행사할 수 있다는 것을 의미한다. 데라우치가 무관 조선총독제를 관철시킨 것은 그 때문이었다. 또한 데라우치가 조선총독의 자리를 지키고 있는 것은, 조슈벌의 데라우치체제화 되어 있는 일본 육군의 정치력을 온존시키고, 대륙정책의 거점을 확실하게 장악해 두는 것을 의미하였다.

그러므로 데라우치의 조선총독정치는 육군이 추구하는 대륙진출의 거점으로 한국을 육군의 아성으로 구축하려 한 것이었다고 할 수 있다. 때문에 데라우치는 한국 통치를 일본 본국의 자문이나 관여 없이, 조선총독을 중심으로 한 조선총독부 "관헌의 힘만으로 경륜하고자" 하였다.100) 따라서 1911년 8월 이래 데라우치가 육군대신을 사임하고 조선총독으로 전임하게 되었어도, 조선총독 데라우치는 자신의 아성인 한국에서 육군 장로(長老)로서의 권위와 영향력을 기본적으로 유지하며, 조슈벌을 중심으로 한 한국 지배와 대륙 진출의 핵심이 되었던 것이다.101)

都: 京都女子大學, 1984, p.10.
100) 靑柳綱太郎(1928), p.50.
101) 마쓰다 도시히코(2005), p.106.

　그러므로 '대륙으로 진출하기 위한 방비'를 충실히 하는 것이 데라우치 조선총독정치의 핵심이자 특질로서, 데라우치 조선총독정치의 시정방침을 규정하였다고 할 수 있다. '대륙으로 진출하기 위한 방비'는 두 가지 의미를 갖는다. 두 가지 모두 대륙국가로 나아갈 일본의 '안보'라는 점에서 직결된다. 그 하나는, 데라우치 조선총독정치가 직접 당면한 실제상의 안보를 의미한다. 병합으로 불안해진 한국 민심의 동요에 대처할 조선총독부의 치안 질서를 유지하는 것이 그것이다. 중국·러시아와 국경을 접하고 있는 한국의 치안을 유지하는 것은 일본 식민지 지배의 안정에 관건이 되는 것으로, 일본 국가의 성장과 안보와도 직결되는 것이었다.

　일본 육군대신으로서 일본의 군정–군령 관계를 조슈인을 중심으로 데라우치체제화 하면서 〈일본제국국방방침〉을 통해서 일본의 대륙국가화를 새로운 국가목표로 설정한 데라우치가, 한국 통감으로서 가장 먼저 군 통수권의 실제화를 단행한 것도 그러한 이유에서였다. 〈조선총독부관제〉에서 규정된 조선총독의 군 통수권은 한국뿐만 아니라 멀리 대륙까지 미치는 것이었다. 그러므로 그것을 실질화하는 것은 매우 중요하였다. 때문에 데라우치는 조선주차군·조선주차헌병대를 중심으로 신임하는 부하나 혈연 관계자를 배치하여 한국 통치의 기반을 장악하고자 하였다.102)

---

102) 大江志乃夫, 〈山縣系と植民地武斷統治〉, 大江志乃夫 外 編, 《近代日本と植民地》 4, 東京: 岩波書店, 1993, pp.15～19; 신주백, 〈1910년대 일제의 조선통치와 조선주둔 일본군〉, 《한국사연구》 제109호, 2000, pp.138～139; 마쓰다 도시히코 (2005), pp.99～100.

다른 하나는, 앞의 한국 치안질서가 유지되어야 효과적으로 가능한 것이었다. 그것은 곧 한국이, 일본이 대륙으로 진출할 거점으로서 지리적으로뿐만 아니라 실질적으로도 그 내용을 충실히 해야 하는 것이었다. 이것은 한국이 일본의 대륙진출을 위한 인적·물적 기반을 제공할 수 있도록 해야 한다는 것을 의미한다. 한국 병합 당시 일본은 만성적인 적자에 시달리는 상황이었다. 따라서 한국 식민통치에 활용할 수 있는 재정능력 역시 제한적이었다. 부족한 재정 속에서도 데라우치는 대륙침략을 위한 식민통치의 기반을 구축하는 데 절반 이상을 쏟아 부었다. 따라서 기타 교육이나 산업 등에는 최소한의 비용을 들이면서, 다른 한편으로는 자체적으로 경비를 조달할 수 있는 방책을 강구해야만 하였다.103) 그것이 바로 시세와 민도에 적합한 시정이었던 것이다.

이 두 가지는 모두 데라우치의 '일본 대륙국가화의 거점으로서 한국'이라는 관점에서 일본의 '안보'와 직결되는 것이었다. 따라서 그러한 관점을 가진 데라우치가 한국 병합의 전권을 위임받아 병합 준비에 착수하였을 때, 이미 데라우치 조선총독정치의 특질은 예정된 것이나 다름없었다. 장기적인 대륙정책 구상, 곧 일본의 대륙국가화라는 구상 속에서 이루어진 한국 지배체제, 이것이 곧 데라우치 '조선총독정치'의 기본적인 특질을 규정한다고 할 수 있다. 데라우치의 조선총독정치는 일반적으로 헌병경찰통치 또는 무단통치로 평가된다. 그

---

103) 데라우치의 총독부 재정 독립 계획에 대해서는, 이윤상·김상태, 〈1910년대 조선총독부의 재정정책―세입·세출 예산의 분석을 중심으로〉, 권태억 외, 《한국사회와 문화 II》, 서울: 서울대학교출판부, 2005 참조.

리고 그것이 또한 데라우치 조선총독정치의 특질을 대변하는 것으로 여겨진다. 이는 모두 데라우치의 조선총독정치가 육군의 적극적인 대륙진출이라는 구상 속에서 수립된 조선 지배체제라는 데서 연유하는 것이었다. 〈러일전쟁 전후 일본의 대륙정책과 데라우치〉,《사회와 역사》 71, 2006)

3

1920년대 사이토의
'내지연장주의'

3.1. 하라(原敬) 수상의 '내지연장주의'와 사이토

제1차세계대전이 종료되기 직전인 1918년 9월, '거국일치'를 내걸고 출범한 '비입헌' 데라우치(寺內正毅) 내각이 쌀소동으로 무너졌다. 후계 내각을 구성한 것은 정우회의 하라 다카시(原敬)였다. 최초의 평민 수상인 하라의 신내각은 육·해군과 외무대신 말고는 모두 다수당인 정우회원으로 구성되었다. 그리하여 이름 그대로 일본 최초의 정당내각이라고 평가된다.

하라는 제4차 이토 내각에서 입각하였다. 그러나 이후 제7회 총선거에서 중의원 의원으로 당선된 이래 재선되며, 제1차 야마모토(山本權兵衛) 내각의 내무대신이 되었다. 그는 내무대신으로서 지방제도 개혁과 지방 개발 등을 통해서 정당세력의 확장을 도모하며, 번벌·관료세력과 대항하던 순 정당인이었다. 하라는 그러한 업무 수행을 통해서 정우회 총재로서 강력한 리더십을 가지고 수상이 되었다.

하라 수상은 당시 정당 지도자들 가운데에서는 특이하게 '식민지' 문제에 지속적인 관심을 가지고 "식민지 통치의 '정치적 이미지'를 분명하게 가지고 있던" 정치가로 평가된다. 그는 일본이 처음으로 식민지 대만을 영유할 당시 외무차관으로서, 대만사무국위원의 일원이기도 하였다. 잘 알려진 바와 같이 그는 '내지연장주의' 식민통치관을 가지고 있었다. 그리고 그의 '내지연장주의' 식민지통치론이 한국에도 그대로 적용될 수 있다고 확신하고 있었다.[1]

그러나 군벌이 다이쇼 정변(大正政變)과 시베리아 출병을 강행할 만큼 위세가 높았던 치하에서 자신의 생각을 유보하였다. 그렇지만 수상이 된 하라는, 자신의 식민통치론에 입각한 식민지 통치체제개혁에 착수하였다. 시베리아 출병의 실패와 쌀소동으로 군벌의 위세가 절정에 이르렀던 데라우치 내각이 실각하고, 정당이 내각을 구성할 만큼 데모크라시 풍조가 고양되어 군벌의 위상이 낮아져 있었다.

그러나 여전히 정당 이외의 세 대신(육군, 해군, 외무), 그 가운데서도 육·해군 대신은 권력의 중추였다. 민주주의 풍조가 확산되어 정당내각이 수립될 정도였지만, 천황에 직예한 군 통수권으로 육·해군에 손가락 하나 건드릴 수 없다는 것만으로도, '정당내각도 일본의 절대주의적 한계 속에 있었다고 할 수 있다.[2] 그러나 정우회는 육군 대신 후임 추천을 거부하여 제2차 사이온지(西園寺) 내각을 붕괴시킨 군벌에 대한 반군 감정이 컸다. 군벌 또한 군부대신 현역무관제 개정을 추진하였던 정당에 대한 반정당 감정이 컸다. 양쪽의 대립은 하라 내각의 조각에 큰 장애가 되었다. 그러나 교섭능력이 뛰어나다고 평가받는 하라는, 야마가타·데라우치 등 번벌 지도자에 대해서도 탁월

1) 春山明哲, 〈近代日本の植民地統治と原敬〉, 春山明哲·若林正丈, 《日本植民地主義の展開, 1895～1934年》, 東京: 財團法人アジア政經學會, 1980, pp.23～28, p.49; 김동명, 《지배와 저항, 그리고 협력》, 서울: 경인문화사, 2006, pp.54～55.
2) 井上淸, 《新版 日本の軍國主義 II — 軍國主義と帝國主義》, 東京: 現代評論社, 1975, p.252.

한 교섭능력을 발휘하였다.3)

그는 한편으로는 군벌이 가장 우선시하는 국방의 충실을 표방하였다. 그러면서 다른 한편으로는 군벌의 수장인 야마가타(山縣有朋)에게 원조를 요청하여, 육군대신에 야마가타의 직계인 다나카(田中義一), 해군대신에 가토(加藤友三郞)의 유임을 승낙 받을 수 있었다. 그의 조각은 이러한 노력으로 가능하였다.4)

비록 정당정치가 본격적으로 전개되고 있었다고 해도, 일본 정치의 현실은 군벌의 영향력을 무시할 수 없었다. 그러므로 정당내각을 수립하여 국내 정치의 지배권을 획득한 상황에서 그 지배를 공고히 하기 위해서는 군부가 독자적인 통치영역을 형성하고 있는 식민지의 통치를 개혁할 필요가 있었다. 그러나 이것 또한 군부의 협조 없이는 불가능한 일이었다.

하라가 내각을 조직한 지 보름 정도 지났을 때, 조선총독부 정무총감 야마가타 이사부로(山縣伊三郞)가 찾아왔다. 그는 군벌의 수장인 야마가타의 양자였다. 그는 데라우치가 한국 통감으로 취임할 당시 부통감이 되어, 한국 병합 이후 조선총독부 정무총감으로 복무하고 있었다. 야마가타(伊)는 정부의 식민지 문관총독 개정의 의지를 이용하여 자신을 조선총독부의 문관총독으로 추천해줄 것을 요청하였다. 그는 당시 한국의 정세를 보았을 때 무인(武人)은 전혀 도움이 되지 않을 것으로 판단된다고 하였다. 그런데 마침 하세가와(長谷川) 조선

---

3) 春山明哲(1980), p.49.
4) 松下芳南, 《日本軍閥の興亡》 2, 東京: 人物往來社, 1967, pp.163~165.

총독이 사임한다고 하니, 이 기회에 문관인 자신이 조선총독이 된다고 해서 문제될 것은 전혀 없다고 하였다.5)

야마가타(伊)가 정당내각의 하라 수상을 찾아와 그러한 요청을 한 것은 두 가지 맥락에서였다. 첫째는 다이쇼정변과 제1차 호헌운동 시기에 군부대신 현역무관제에 대한 비판이 있었다. 그것은 식민지 총독의 무관전임제를 문제시하여 대륙의 식민지가 육군벌 지배의 방벽화된 것에 대한 비판이 제기된 것이었다. 또 다른 하나는, 하라가 그 비판의 중추인 정당의 수반으로서 줄곧 군벌의 식민지 무단통치와 대립하는 내지연장주의의 주창자라는 점이었다. 야마가타는 다이쇼 데모크라시의 풍조 속에 정당내각이 출범하자, 이러한 점들에 주목하여 하라 수상을 찾아와 조선총독부의 총독이 되고자 협조를 구하였던 것이다.

한편, 육군대신 다나카는 하세가와 조선총독의 사의를 알고 나서 야마가타(山縣)와 상의하였다. 그리고 하라 수상에게 현 조선총독을 그만두게 하고, 야마가타 정무총감도 이참에 해직시키는 문제를 의논하였다. 당시 하라 수상은 이미 야마가타(伊)와 손잡고 군벌의 수장 야마가타를 설득하여 조선총독 무관전임제 개정계획을 구상하고 있었다. 하라 수상에게는 여전히 일본 정계에서 영향력을 행사하고 있는 야마가타(山縣)의 양자가 찾아와 같은 정치적 지향을 역설하며 협조를 구한 것은, 자신에게 부족한 번벌의 협조를 얻을 수 있는 좋은 기회가 아닐 수 없었다. 따라서 다나카 육군대신의 의론에 하라 수상

---

5)《原敬日記》第五卷(1918. 10. 13.), 東京: 福村出版社, 1965, p.25.

은 식민지 총독을 문무병용으로 하여 군정(軍政)을 분리하고, 군대의 지휘는 육군 직할로 하며, 야마가타(伊)를 후임 조선총독으로 할 것을 건의하였다.6) 이렇게 식민지 총독 무관전임제를 매개로 하여 하라와 다나카는 내밀히 협의하기 시작하였다.

그 결과 식민지 총독 무관전임제 개정이 서둘러졌다. 1919년 1월 15일 다나카가 작성한 조선총독 문무병용제 개혁안이 만들어졌다.7) 하라는 조선뿐만 아니라 대만과 관동주의 관제도 개정할 것을 제안하였다. 이에 뜻을 같이한 다나카는 야마가타와 데라우치를 비롯한 군벌을 적극적으로 설득해 갔다.

다나카는 육군 군벌의 계보 속에서 야마가타–가츠라–데라우치의 계보를 잇는 인물이었다. 그러나 그는 가츠라와 마찬가지로, 대륙경영과 관련하여 데라우치의 선만(鮮滿) 경제일체화보다 하라와 같은 만주경제 자체의 발전과 만철(滿鐵)의 광범한 기능에 주목하고 있었다. 그러한 다나카는 하라 내각의 식민지 체제개혁이 내외의 정세상 불가피하다고 생각하였다. 그렇다면 육군이 어쩔 수 없이 정당정치에 굴복하였다는 인상을 피하고자, 하라의 식민지 통치개혁을 적극적 자주적으로 수용하고자 하였다.8) 하라는 다나카와 야마가타(伊)의 협조와 지지를 얻게 되자 군벌의 수장인 야마가타의 동의를 얻었다고 생각하였다. 그리하여 그는 먼저 관동주와 만철의 개혁을 단행하였다. 그리고 1919년 2월 5일에는, 육군대신 다나카가 각의에서 관동도독의

---

6) 《原敬日記》第五卷(1918. 11. 23.), p.42; 春山明哲(1980), p.51.
7) 《原敬日記》第五卷(1919. 1. 15.), p.61.
8) 北岡伸一, 《日本陸軍と大陸政策》, 東京: 東京大學出版會, 1978, pp.270~273.

문무병용제를 발의하기에 이르렀다.9)

이러한 과정에서 한국에서 3·1독립운동이 발생하였다. 3·1운동은 일본의 정계와 여론에 큰 충격을 주었다. 제1차세계대전 이후 대조적으로 고양되고 있던 데모크라시와 반군국주의 분위기 속에서 접하게 된 3·1독립운동은, 조선총독의 무단통치에 대한 비판을 대대적으로 불러일으켰다. 무단통치에 대한 비난은 자연히 무관총독 문제와 결부되어 식민지 총독무관전임제를 중심으로 한 식민지 문제가 전례없이 대규모로 논의되었다. 여기에는 미국을 중심으로 한 국제 여론의 반향도 크게 작용하였다. 군부대신 현역무관제 비판이라는 맥락에서 이미 문제시되었던 식민지 총독 무관전임제는 하라와 데라우치의 절충으로 정부 수준의 정치 문제로 정리되었었다.10)

그러나 3·1운동의 발발로 무단통치와 무관총독은 개혁되어야 할 식민지정책의 상징이 되었다. 일본 국내외에서 이의 시정을 요구하는 여론이 들끓었다. 이 문제는 일본 정부 내부의 범위를 넘어 대내외적으로 근본적인 식민지통치정책의 개혁을 요구하는 문제로 전화(轉化)하였다. 다른 한편으로 3·1운동은, 일찍이 하라가 〈대만문제2안〉에서 일시적인 편의를 위하여 식민지 총독에게 문무 제반(文武諸般)의 직권을 주게 되면 국가는 결국 그 폐를 견디지 못하게 될 것이라고 지적하였던 점이 적중하는 결과가 되었다. 그리하여 하라 수상이 조선총독 문무병용제 개혁과 내지연장주의 식민통치론을 실현할 절호

---

9) 春山明哲(1980), p.52.
10) 위의 글, pp.29~46.

의 기회가 제공되었다.11)

3·1독립운동으로 한국 식민통치체제를 개혁할 호기를 맞은 하라 수상과 다나카 육군대신은 조선총독부 관제개혁을 서둘렀다. 수상 하라에게 자신의 조선총독 취임 운동을 하였던 야마가타 조선총독부 정무총감을 비롯한 조선총독부 문관 관료들은, 3·1독립운동을 "(무관)총독 측의 실정의 결과"라고 비난하였다. 그들은 3·1운동이 발생한 상황에 조응하여 일본 하라 내각과 협력을 추진하며 선후책을 준비하고자 하였다. 그러나 일본 국내에서는 고다마(兒玉秀雄) 상훈국(賞勳局) 총재가 데라우치의 대리격으로 활동하고 있었다. 그는 3·1독립운동에 대한 정보를 수집하며 무관총독제의 견제와 하세가와 총독의 사표 저지를 위하여 각 방면에서 움직였다. 그리고 5월이 되자 일본 육군의 수뇌부도 문관총독제 개정에 대한 선후책을 모색하기 시작하였다.12) 조선총독부 정무총감의 양부인 야마가타와 육군 참모본부는 문관안(案)에 반대하였다.

한국 통치개혁에 관하여 일본 육군 내부에서 이론(異論)이 분분해졌다. 그러자 다나카는 용단을 내려 5월 20일 하라 수상에게 '자신의 개혁안을 각의에 제출할 것을 약속하였다. 그리고 번벌의 수장인 야마가타를 방문하여 한국 문제에 관하여 의논하였다. 야마가타는 문관안과 문무총독 병용에 반대하며, 책임지고 이에 대처할 것을 언명하

---

11) 최석영, 《일제의 동화이데올로기의 창출》, 서울: 서경문화사, 1997, p.47; 《原敬日記》 第五卷, p.82.

12) 《原敬日記》 第五卷(1919. 4. 26.), p.87; 李炯植, 〈'文化統治'初期における朝鮮總督府官僚の通治構想〉, 《史學雜誌》 第115編 第4號, 2004, pp.70~72.

였다. 그는 다나카에게 그의 육군대신 임용에 힘을 썼던 데라우치도 다나카의 개혁안에 "반대라고 알려져" 있다고 전하였다.13) 다나카는 문관총독에 대한 육군벌의 반대가 예상보다 심하자, 문무가 의견을 통일하지 않으면 통치의 실을 거두는 것이 어렵다고 판단하였다. 그 결과 다나카는 육군이 아닌 해군의 사이토 마코토(齋藤實)를 추천하였다. 다나카는 제도상으로는 문관안으로 하고, 실질적으로는 해군대장이었던 사이토를 신임 조선총독으로 하는 절충안을 양쪽에 제시하였다. 이 절충안은 군벌의 반대를 달래는 한편, 정당내각의 수상 하라의 양해도 구하여 양쪽의 동의를 이끌어낼 수 있었다.14) 사이토는 행정 경험이 부족하다는 것을 이유로 조선총독 직을 고사하였다. 그러나 하라 내각의 육군대신, 그 뒤를 이은 가토(加藤友三郎) 해군대신, 그리고 내각 총리 하라의 삼고초려 끝에 조선총독 제의를 수락하였다.15) 그리하여 6월 13일 각의에서 육군대신의 발의로 조선·대만 총독부 관제개정안이 통과되었다.16)

후임 조선총독과 식민지 총독부 관제개정 문제가 해결되자 실질적

---

13) 《原敬日記》 第五卷(1919. 5. 20.), pp.97~98; 같은 책(1919. 5. 23.), p.99.

14) 《原敬日記》 第五卷(1919. 5. 23.), p.99; 井上淸(1975), pp.130~31; 이 상황 아래서도, 고다마는 문무 총독 병용제의 반대 공작을 계속하였다. 그는 스스로 사이토를 다나카에게 추천하였지만 사이토가 예비역이라서 부적하다는 것을 야마가타에게 환기시켜 야마가타의 동요를 유도하고자 하였으며, 총독부 관제의 개정안 심의에 간섭을 가하고자 노력하였다.[李炯植(2004), p.73]

15) 財團法人齋藤實子爵紀念會, 《子爵齋藤實傳》 第2卷, 東京: 共同印刷株式會社, 1941, pp.352~353; 有竹修二, 《齋藤實》, 東京: 時事通信社, 1958, p.63; 村上貞一, 《巨人齋藤實》, 東京: 新潮社, 1937, 御廚貴 監修, 《齋藤實 歷代總理大臣傳記叢書》 第21卷, 東京: ゆまに書房, 2006 再刊, pp.137~138.

16) 《原敬日記》 第五卷(1919. 6. 13.), p.106.

으로 조선총독부 행정을 이끌어 나갈 정무총감 인사가 논의되었다. 사이토는 내무행정의 일인자로 알려진 미즈노(水野鍊太郎)를 정무총감으로 추천하였다.17) 이를 하라 수상이 기꺼이 받아들여 미즈노가 정무총감으로서 사이토와 함께 새로운 조선총독부 행정을 책임지게 되었다. 미즈노는 문관총독의 취임을 기대하였기 때문에 처음에 무관총독 아래의 정무총감 직을 거절한 바 있었다. 그러나 하라 수상이 그에게 사이토 전 해상을 조선총독으로 인선한 사유를 설명하며 설득하였다. 사실, 하라 수상은 사이토의 추천을 기꺼이 받아들인 듯하였지만, 사전에 미리 미즈노를 불러서 직접 정무총감 자리를 수락하도록 의견을 조율해 놓았다.

미즈노는 하라 수상의 심복 가운데 한 명이었다. 그는 군벌세력과 식민지의 유착을 혐오하던 내무행정의 베테랑이었다. 자타 모두에게 행정적 수완 면에서 제1인자라고 인정받는 인물이었다. 하라는 미즈노에게 조선총독부 관제를 개정하여 한국의 통치를 개혁하고자 한다는 구상을 그에게 전하며 협조를 구하였다. 수상은 새 총독으로 사이토 해군대장을 교섭해 놓았는데, 그것이 유쾌하지는 않겠지만 다른 적임자가 없으므로 국가를 위하여 미즈노가 조선총독부 정무총감으로서 실질적인 조선총독부의 개혁에 힘써줄 것을 요청하였다. 처음에 미즈노는 사이토를 알지도 못하고, 함께 일해본 적도 없고, 또한 문관과 군인은 사상 면에서도 맞지 않는다고 거절하였다. 하라 수상은 군벌과의 관계를 고려하여 무관이면서도 문관 같은 무관, 즉 육군이 아

---

17) 財團法人齋藤實子爵紀念會(1941), pp.364~365; 有竹修二(1958), p.63; 村上貞一(1937), pp.136~138.

니면서 군인인 해군 출신의 사이토를 총독으로 추천하게 된 경위를 설명하며 거듭 요청하였다. 결국 미즈노는 수상 하라와의 긴밀한 관계를 고려하여 조선총독부 정무총감 직을 받아들였다. 그는, 식민지 통치개혁을 추진하려면 조선총독부 내의 인사를 일신해야 하는데, 그러기 위하여 자신이 신임할 수 있는 사람들을 조선에 데려가야 할 필요가 있다고 말하며, 인선권 일체를 일임해 달라고 요구하였다. 이 제안을 하라가 흔쾌히 수락함으로써 조선총독부 정무총감으로 하라 수상의 심복인 문관 미즈노의 인선이 마무리되었다.[18]

그러므로 1919년 8월 8일에 조선총독부 관제개정안이 일본 추밀원을 통과할 때, 야마가타와 하라·다나카 사이에서는 조선총독 관제개정의 방향과 사이토의 후임 조선총독 취임 및 미즈노의 정무총감 취임에 대한 합의가 이루어져 있었다. 조선총독부 관제개정안은 8월 20일에 실시되었다.[19] 이와 같이 사이토의 조선총독 취임은, 다이쇼 데모크라시의 풍조 속에서 정권을 잡은 정당내각의 하라 수상이 식민지 통치체제개혁을 추진하기 위한 구상 속에서 이루어졌다. 하라 수상의 그러한 식민지 지배체제 개혁 구상은 당시 한국에서 발발한 3·1독립운동을 계기로 박차가 가해졌다. 그것은 이미 군부가 독자적인 지배영역화한 한국을 군벌세력과의 절충 속에서 실현시킨 타협의 산물이자 조선총독 문무병용제 개혁의 결과였다.

---

18) 《原敬日記》 第五卷(1919. 6. 27.), p.114; 財團法人齋藤實子爵紀念會(1941), pp.365~368; 木村健二, 〈朝鮮總督府經濟官僚の人事と政策〉, 波形昭一·堀越芳昭, 《近代日本の經濟官僚》, 東京: 日本經濟評論社, 2000, p.272.

19) 李炯植(2004), p.73; 春山明哲(1980), pp.55~56.

3. 2. 사이토와 내지연장주의 '문화정치'

1919년 9월 2일, 사이토 마코토가 제3대 조선총독으로 취임하였다. 다음날 첫 등청한 조선총독은 '훈시'를 통하여 새로운 시정방침을 밝혔다. 사이토 총독은 '일시동인'(一視同人)의 취지를 언급한 천황의 〈총독부관제개혁 조서〉에 기초하여 기본 시정방침을 공포하였다. 그것은 한마디로 "문화적 제도의 혁신을 통해서 조선인을 가르치고 이끌어 그 행복과 이익을 증진하고, 장래 문화의 발달과 민력(民力)의 충실에 따라 궁극적으로 정치상·사회상의 대우도 내지인과 동일하게 하는 것을 목적으로 한다"는 것이었다.[20] 잘 알려진 바와 같이, 여기서 제시된 '문화적 제도의 혁신', '문화의 발달과 민력의 충실', 그리고 다른 부분에서 '조선 문화와 구관(舊慣)'의 인정, '문명적 정치의 기초' 확립을 주장한 것이 이른바 '문화정치'라고 불리는 근거였다.[21]

9월 10일에 '유고'가 발표되었다. 그 주요 내용은 조선총독부 기구개혁의 2대 핵심인 조선총독부 관제와 헌병경찰정치의 폐지를 비롯하여, 한국인의 처우개선과 시정쇄신 등 문화정치 시행 방침을 성명한 것이었다. 그리고 9월 15일 중추원회의 소집을 필두로 하여, 이른바 문화정치의 내용으로 잘 알려진 제시책이 실시되었다.[22]

---

20) 《朝鮮總督府官報》, 1919. 9. 4.
21) 糟谷憲一, 〈朝鮮總督府の文化政治〉, 《近代日本と植民地》 2, 東京: 岩波書店, 1992, p.122.
22) 齋藤實, 〈朝鮮施政ノ改善〉, 《齋藤實文書》 2, 서울: 고려서림, 1999, pp.73~110; 齋藤實, 〈新總督施政〉, 《齋藤實文書》 2, 서울: 고려서림, 1999, pp.111~

사이토는 뜻밖에 조선총독이 되었다. 그러나 한국과 한국 통치에 대한 여러 방면의 의견을 수렴하여 나름의 구상을 가지고 조선총독으로 부임하였다. 그가 한국에 왔을 때 몇 년 정도 있을 예정이냐는 비서관의 물음에, "조선에 온 이상 45년 정도 있지 않으면 아무것도 할 수 없다"고 답하였다. 그는 한국이 "오랜 관습을 존중하는 곳이어서 하루아침에 개혁될 수 있는 곳이 아니다"는 생각을 가지고 있었다. 또한 사이토는 "실제로 일을 하려면 확실히 허리를 숙여야 한다"는 현실적인 생각을 가지고 있는 사람이었다.[23]

조선총독이 된 사이토는 통감부 시기를 거쳐서 10여 년 동안 조선총독부의 지배를 받았음에도, 거국적인 3·1독립운동을 일으켜 결국 일본의 식민지 통치방침을 변경시킨 한국을 보았다. 그리고 한국의 오랜 역사와 관습은 물론, 그것이 한국인들 속에서 작용하는 한국인으로서의 정체성을 보았다고 할 수 있다. 따라서 오랜 역사와 관습을 가지고 있는 한국에서 급격한 개혁은 어렵다고 판단한 것이었다. 이는 곧 사이토가 장기적인 전망 속에서 점진적으로 한국인의 의식과 관습을 바꾸어가는 방식으로 통치할 구상을 가지고 있었다고 하겠다. 그러므로 사이토의 한국 통치, 곧 문화정치는 장기적인 전망 아래 점진적으로, 현실적으로 실시될 것이었다.

3·1독립운동으로 사이토가 조선총독으로 부임한 1919년은, 일본이 메이지유신 이후 일본을 지배해 온 번벌체제가 무너지고 재편성되

118; 長田彰文, 《日本の朝鮮統治と國際關契—朝鮮獨立運動とアメリカ　1910~1922》, 東京: 平凡社, 2005, pp.37~42.
23) 讀賣新聞政治部 編著, 《思ひ出を語る》, 東京: 千倉書房版, 1934, p.89.

던 시기였다. 정당세력은 데모크라시 풍조 속에서 정권을 장악할 수 있었다. 정당세력은 군벌세력이 시베리아 출병을 감행한 데 대한 반작용으로 중시되던 구미열강과의 협조외교, 특히 국제정치를 주도하게 된 미국과의 협조를 중시하며 군벌의 외교 간섭을 견제하였다. 군부가 열세에 몰린 시기였다. 러일전쟁 이후 생성된 영·미와의 대립은 기본적으로 중국과 한국을 비롯한 아시아 여러 나라에 대한 제국주의적 경쟁에서 비롯되었다.

따라서 영·미 세력과 협조관계 속에서 식민지·종속지역 여러 민족과의 관계를 조율하는 것이 일본의 제국적 팽창에는 매우 중요하였다.[24] 그런데 일본 국가의 대륙진출 관문이자 '안보의 방벽'인 한국[25]에서 3·1독립운동이 대대적으로 발생하였다. 그리고 그것은 일본에 대한 항일민족독립투쟁이 새로운 단계로 발전하는 계기가 되었다. 한국의 치안회복과 독립운동의 재발방지가 무엇보다 급선무가 아닐 수 없었다.

사이토 전 해군대신이 정당내각과 군벌 사이의 타협으로 조선총독으로 부임하게 된 것은 그러한 때였다. 사이토는, 청일전쟁 이후 일본 해군을 주재한 야마모토(山本)를 보필하여 러일전쟁을 승리로 이끌고 해군을 이어받았던 인물이었다. 그는 동양의 해군을 세계의 해군으로 만들었다는 평가를 받는 인물이었다. 사이토는 해군벌(薩) 최후의 아

---

24) 中塚明,〈日本帝國主義と植民地〉,《岩波講座 日本歷史 近代 6》19, 東京: 岩波書店, 1976, p.232.
25) 전상숙,〈러일전쟁 전후 일본의 대륙정책과 데라우치(寺內正毅)〉,《사회와 역사》제71집, 2006년 가을.

성으로서 5대에 걸쳐서 해군대신을 역임하였다. 그는 해군충실계획을 세워서 일본 해군을 증강시켰다. 당시 사이토는 일찍이 한국의 중요성을 인지하고 러일전쟁에 대비한 한국 연안 조사를 지시할 정도로 주도면밀하고, 군인으로서 사명감이 투철한 사람이었다고 한다. 그는 스스로 말하였듯이 "국가본위의 사람"이었다.26)

그러한 인물이었으므로 사이토 조선총독은 조선 치안확보의 중요성을 누구보다 잘 알고 그것을 실질적으로 실천하고자 하였다. 게다가 사이토가 조선총독으로 부임해서 접한 한국의 정세는, 생각보다도 "뜻밖으로 험악해서, 지난 관제개혁에도 불구하고 완화될 조짐이 엿보이지 않고 빈부귀천 남녀노소를 막론하고 모두 독립을 꿈꾸고" 있을 정도였다. 따라서 치안질서 확립이 무엇보다 "다급"한 상황이었다.27) 그러므로 신임 사이토 조선총독이 신시정의 우선순위를 치안유지에 둘 수밖에 없었다. 앞에서 언급하였듯이 사이토는 일시동인의 문화정치를 표방하며 헌병경찰을 보통경찰로 바꾸는 조치를 취하며 한국인에 대한 우호적인 시정을 표방하였다.

그러나 알려져 있듯이, 이면에서 그는 일본 정부에 육군병력의 증가를 요구하였다. 그리고 부장회의에서는 헌병과 군대가 상호 충분히 의사소통하여 유감없이 치안을 유지하는 데 진력해줄 것을 당부하였다. 문화정치 이면에서 사이토는 실질적인 경찰력의 강화에 주의를

---

26) 有竹修二(1958), pp.51~56; 松下芳男, 《日本軍閥の興亡》 2, 東京: 人物往來社, 1967, p.204; 讀賣新聞政治部 編著(1934), pp.80~82, p.116.

27) 齋藤總督, 〈最近二於ケル朝鮮ノ情勢〉(1919. 9. 19.), 《韓國二於ケル統監政治及 同國倂合後帝國ノ統治策二スル論評關係雜纂》, pp.406~441; 김동명(2006), p.67 과 강동진, 《일제의 한국침략정책사》, 서울: 한길사, 1980, p.21 재인용.

기울였던 것이다.28) 문화정치를 내건 그러한 사이토의 시정은 "점차 무단군경 이상의 위력을 새 경찰력에서 발견"하게 되어, 데라우치보다 사이토가 "조선의 치안을 유지하는 데 훌륭한 수완이 있음을 보였다"고 평가될 정도였다.29)

조선총독 직을 수락한 뒤 사이토는 바로 각계의 의견을 들으며 한국에 대한 정세파악과 통치방침을 구상하기 시작하였다. 그리고 조선총독으로 부임해서는 일본에 호의적인 각계각층의 한국인들과 만나 통치책에 대한 의견을 들으며 자신의 정세 인식과 통치 구상을 정리하였다.30) 1920년에 만들어진 〈조선민족운동에 관한 대책〉이 그것이다.31) 이것은 친일세력 육성·이용을 통한 민족운동 분열정책을 뼈대로 하는 민족운동 억압 총노선이라고 할 만한 구상이었다.32) 사이토 조선총독은 친일세력의 확보에 한국 통치의 성패가 달려 있다고 여겼다. 문화정치를 표방하며 유화 국면을 조성하는 한편으로, 친일세력을 육성하여 그들을 광범위하게 활용해서 한국 민족을 분열시키는 방식으로 식민지 한국 지배체제를 안정시키고 강화하려 한 것이었다. 따라서 문화정치를 표방한 사이토 총독에 의해 민족분열정책이 본격화되었다. 식민지 지배체제 확립을 위한 친일세력의 적극적인 육

---

28) 〈朝鮮二陸軍兵力增加ヲ要スル件〉, 《齋藤實文書》 2; 〈第三部長會意に於ける總督訓示〉, 《朝鮮近代史料研究―友邦シリーズ》 第五卷, 東京: クレス出版, 2001, p.353.

29) 朝鮮行政編輯總局, 《朝鮮統治秘話》, 京城: 帝國地方行政學會, 1937. 9., p.25; 박경식(1986), p.206 재인용.

30) 財團法人齋藤實子爵紀念會(1941), pp.539~540; 강동진(1980), pp.168~171.

31) 〈朝鮮民族運動二關スル對策〉, 《齋藤實文書》 9, 1920, pp.143~157.

32) 강동진(1980), p.167.

성과 활용이 사이토 조선총독 신시정의 또 다른 주안점이었다고 할 수 있다.

해군에서 성장한 사이토는 조선총독으로 부임할 당시, 조선총독정 치와 조선총독부의 통치체제에 대해서 알지 못하였다. 그러므로 초기 의 구체적인 시정에 대해서는 그를 정치의 장으로 이끌어낸 정치적 스승이라고 할 수 있는 하라 총리에 의지하였다. 실제로 그것은 하라 총리의 심복으로 조선총독부의 살림을 책임지는 미즈노 정무총감이 그의 안내역이 되었다. 사이토 조선총독은 이렇게 미즈노 조선총독부 정무총감에 의지하며 조선총독의 시정에 임하였다. 그러나 그는 1년 도 지나지 않아 나름의 통치방침을 구축해 가기 시작하였다.[33]

사이토의 문화정치는 일본 정부의 식민지 통치체제 개혁의 기본 방침에 입각하여 하라 수상의 뜻을 받은 초대 정무총감 미즈노를 통 해서 구체화되어 실시되기 시작하였다. 물론 사이토 총독의 양해 아 래 이루어진 것이었다. 미즈노는 사이토의 조선총독 부임에 앞서서 조선총독의 유고와 훈시 준비를 비롯하여, 부임 뒤의 조선총독부 통 치개혁을 위한 인사개선에 이르기까지, 사이토 총독 초기 시정 일반 을 통솔하였다. 때문에 당시 세간에서는 정무총감은 있어도 총독은 없다고 할 정도였다.[34]

---

33) 사이토는 해군 안에 자신의 존재를 알린 유명한 〈사이토 대위 보고서〉(齋藤大 尉報告書)로 입증된 바와 같이, 탁월한 정보수집·분석 능력과 관계(官界) 방면 과의 원만한 관계개선 능력 덕분에 중앙으로 발탁되어 대성할 수 있었다. 따라서 비록 부임 당시에는 잘 알지 못하였다고 할지라도, 곧 나름의 정세파악을 통해서 총독통치의 실질적인 방안을 구상해 갔다.[村上貞一(1937), p.184, pp.226~242]

34) 財團法人齋藤實子爵紀念會(1941), pp.368~370, 451~462.

그러한 미즈노 정무총감은, 하라 수상으로부터 위임받은 조선총독부의 인사권을 활용하여, 그가 데려온 일본 내무성 출신 관료들을 중심으로 대대적인 조선총독부 인사를 단행하였다. 그것은 통감부 시기 이래 조선총독부에서 근무해 온 이른바 '하에누키'(生え抜き) 관료들의 반발을 초래하였다. 기존에 조선총독부에서 근무해 온 일본인 관료들(하에누키 관료)의 반발은 1920년 2월 동맹사직이 언급될 정도로 심각하였다. 하에누키와 내무성 출신 신임 관료들 사이의 갈등과 대립은 이후 조선총독정치를 둘러싼 조선총독부 내부 권력투쟁으로 전개되었다.[35]

다른 한편으로, 하라 수상의 적극적인 식민지 통치개선 정책을 도입하여, 조선총독부의 제도와 법률 등을 개혁하는 데는 막대한 비용을 필요로 하였다. 그 비용을 충당하기 위하여 미즈노 정무총감은 종래의 조선총독부 재정독립방침을 변경하여 일본 정부로부터 보조금의 지원을 받고 공채(公債)도 모집하도록 하였다. 이러한 재원조달 방식은 미즈노 정무총감이 일본 하라 수상의 한국 식민지 통치개혁 구상을 실현시키기 위하여 발탁된 내무행정의 베테랑으로서 수상의 전격적인 후원을 받기에 가능한 일이었다. 따라서 계획한 조선총독정치 체제의 개혁정책을 안정적으로 실행하는 데에는 문제가 없었다.

그러나 그것은 일본 내각의 이해와 이를 구하는 조선총독부의 실무행정을 담당하는 조선총독부 정무총감의 일본 정부에 대한 교섭능력에 의하여 좌우되는 것이었다. 그러므로 정무총감의 교섭능력 여하

---

35) 李炳植(2004), pp.75~77.

에 따라 정책 집행의 안정성이 흔들리는 것이었다. 또한 조선총독부가 독자적으로 정책을 입안하거나 집행할 수 있는 것도 결코 아니었다. 때문에 일본 내부성 출신 관료들의 전횡에 불만을 품은 조선총독부의 내무국장을 비롯한 하에누키 관료들 사이에서 일본 본국의 지원을 받지 않고도 조선총독부 독자적으로 안정적인 식민통치를 할 수 있는 정책적 전환이 모색되기 시작하였다. 1923년 그들이 제시한 '조선의회 설치' 구상은 그 귀결이었다.

조선총독부 하에누키 관료들의 조선의회 설치 구상은, 한국 안팎의 불안정한 정세 속에서 종래의 조선총독 통치체제를 유지하기 위한 것이었다고 할 수 있다. 일본 내무성 출신 가운데에서 조선총독부 실무 행정을 담당할 책임자를 충원하여 실시한 문화정치로의 정책 전환은, 하에누키 관료의 관료생활에 큰 위협이 되었다. 그런데 하라 수상의 적극 정책에 기초한 내지연장주의 시책, 곧 문화정치 시책은 그다지 효과적이지 않았다. 오히려 한국인의 강한 저항과 저항세력의 연대를 촉진하고 있었다. 그리하여 1923년부터는 사회주의를 비롯한 각종 항일사회운동이 '실제화'되고 있었다.[36] 이에 대한 대책 수립이 절실하였다.

또한 1920년 3월부터 시작된 전후 공황으로 인하여 일본은 긴축정책을 실시하고 있었다. 이는 미즈노 정무총감의 재원조달 방식상 크게 의존하고 있던 본국 정부의 지원을 대폭 감축시켰다. 결국 미즈노의 본국 정부에 의존하는 재원조달 방식은 조선총독부의 행정정리를

---

36) 전상숙, 《일제시기 한국 사회주의 지식인 연구》, 서울: 지식산업사, 2004, pp.55~67.

중심으로 한 긴축정책과 증세를 동반하지 않을 수 없었다. 그리고 이러한 조치들은 한국 식민지 내부의 모순을 심화시켰다. 게다가 미즈노는 1922년 가토(加藤友三郞) 내각의 내무대신으로 취임하게 되어 본국으로 떠나버렸다. 이로 인하여 조선총독부는 정부 여당인 정당과의 교섭라인을 잃게 되었다. 그리하여 조선총독부는 예산획득과 정책협조 면에서 어려움을 겪게 되었다. 그러므로 하에누키 관료들은 사회주의적 항일독립운동에 대한 대책과 동시에 자신들이 통치행정을 주도하여 조선총독정치를 안정화시키고 조선총독부 관료로서의 입지도 견고히 할 수 있는 대책을 마련하고자 하였다.

일본 내무대신으로 귀임한 미즈노의 뒤를 이어, 아리요시(有吉忠一)가 조선총독부 정무총감으로 부임하였다. 그는 효고현(兵庫縣) 지사 출신이었다. 아리요시 정무총감은 대신급이었던 전임자에 필적할 만한 권위도 일본 정부와 정책적 협조를 이끌어낼 만한 교섭망도 갖고 있지 못하였다. 때문에 조선총독부의 내무성 출신 관료들과 하에누키 관료들 사이의 갈등도 깊어졌다. 이는 조선총독부 관료기구가 원활하게 기능하지 않게 되는 측면으로 작용하였다.37)

아리요시 정무총감은 전임 미즈노 정무총감이 일본 내각의 내무대신으로 건재해 있었으므로, 이를 배경으로 영향력을 발휘하고자 하였다. 그는 행정정리에 따른 대규모 인사이동을 단행하며 재래의 하에누키 관료들 상당수를 의원면직시키고, 미즈노가 데려왔던 내무성 출

---

37) 松田利彦, 〈朝鮮總督秘書官と'文化政治' — 守屋榮夫日記を讀む〉, 《日本の朝鮮・臺灣支配と植民地官僚》(國際日本文化硏究センター第30回國際硏究會集會), 2007, pp.13~15.

신 관료들을 승진시켰다.

그러나 그는 다른 한편으로 부족한 부분을 조선총독부 재래 관료인 하에누키 관료들을 복귀시켰다. 한국의 실정과 조선총독정치에 대해서 잘 알고 있는 그들과의 업무 협조를 꾀하지 않을 수 없었기 때문이다. 그것은 매우 성공적이었다. 하에누키 관료의 중추인 오츠카(大塚) 내무국장이[38] 1923년 1월 내대신비서관장 취임 의뢰를 받자, 아리요시 정무총감이 부임한 이래 조선총독부의 분위기가 바뀌어 정무총감의 양해로 기분 좋게 일할 수 있는 상황이 되었다고 할 정도였다. 오츠카 내무국장은 그러한 상황이므로 15년 동안의 조선총독부 근무를 마무리하는 의미에서, 조금이라도 아리요시 정무총감을 도와 국가에 공헌하고 싶다고 하였다. 결국 그는 그의 관료 경력의 대부분을 할애한 조선총독부 근무를 위하여 일본 내대신비서관장 자리를 거절하였다.

오츠카 내무국장의 경우는 대표적인 예라고 할 수 있지만, 일본의 초기 한국 지배 당시부터 근무해온 대부분의 하에누키 관료들의 정서를 대변하는 것이라고도 할 수 있었다. 식민지로 발령받았다는 것은 애당초 중앙 정부의 주류에 들지 못하였음을 의미한다. 그런데 식민지 한국은 데라우치 조선총독의 지배 아래에서 천황에 직예한 조선총

---

38) 미즈노는 1919년 8월 20일 총독부 인사개혁을 단행하면서 경무국장뿐만 아니라 내무국장도 내무성 관료 출신(赤池濃)으로 충원하였지만 초대경무국장 노구치(野口淳吉)가 급서하자 1919년 9월 20일, 아카이케(赤池濃)를 경무국장으로 발령하고 한국의 실정과 총독부 행정에 대해서 잘 아는 하에누키 관료 총독부 참사관 오츠카(大塚常三郎)를 내무국장으로 임명하였다. 이후에도 내무국장은 하에누키 출신으로 계속 충원되어 내무부는 하에누키 관료들의 중추가 되었다.

독의 상대적 자율권에 의거하여 본국인 일본 정부로부터 자유로운 자치통치체제를 구축하였다. 이는 식민지 종주국 출신 식민지 관료에게는 새로운 신세계와 다름없는 것이었다. 조선총독정치체제의 안정성이야말로 그들의 관료로서의 생활은 물론 생활 전반을 보장하는 것이었다. 그러므로 그들 대부분은 본국으로 돌아가기보다는 계속해서 조선에서 근무하였다. 그리하여 그들 대부분은 장기간 조선총독부에서 근무한 자들로서 조선총독부는 그들 경력의 대부분을 차지하고 있었다. 따라서 그들은 누구보다도 한국의 실정과 조선총독정치체제에 대해서 잘 알고 있었다. 이들에게 조선총독부 내외에서 강력한 영향력을 갖는 미즈노 정무총감의 부임과, 그가 데려온 일본 내무성 출신 신임 관료들의 전횡은 큰 위협이 아닐 수 없었다.

오츠카를 중심으로 한 하에누키 관료들은, 한국의 식민지 특수사정에 기초하여 사실상의 민족적 차이에 대응하는 현실적인 제도와 정책을 실시해야 한다는 생각을 가지고 있었다. 그러므로 일본 정부와의 교감 속에서 추진된 미즈노 정무총감의 내지연장주의 시책에 대하여 비판적이었다.39) 이는 하에누키 관료들 사이에서 공통적이었다. 그들은 식민통치의 안정을 도모하면서 동시에 자신들의 관료지배의 안정성도 도모할 수 있는 실질적인 통치정책의 전환을 모색하여 그 대안을 제시하고자 하였다.

1923년 오츠카 내무국장은 사이토 총독에게 사회주의의 침투를 경계하고 사회운동과 독립운동이 고조되는 것에 대한 근본 대책을 수

---

39) 李炳植(2004), pp.82~84.

립해야 한다고 제언하였다. 그것은 그가 제출한 〈적화방지에 관한 의견서〉와 〈조선의회(참의원)요강〉에 담겨 있었다.40) 다른 한편에서는 모치지(持地六三郎)와 가다(賀田直治) 등 한국 사회의 본질과 식민통치를 직접 체험한 일본인 유력자 일각에서도 사이토 총독에게 자치주의로의 통치체제 전환을 제안하는 건의가 있었다.41) 이러한 상황에서 조선총독부 안에서 통치정책의 전환이 본격적으로 검토되기 시작하였다. 1924년 시모오카(下岡忠治) 신임 정무총감의 부임이 그 전환점이 되었다. 조선총독부의 통치정책 전환의 내용에는 한국인의 정치 참여 문제도 포함되어 있었다.

이러한 변화는 일본 본국에서 1924년 가토(加藤高明) 호헌 3파 내각이 들어서면서 그때까지 식민지 통치방침이었던 내지연장주의가 재검토되기 시작한 것과 보조를 같이하며 전개되었다. 이렇게 1923년 무렵부터 한국 안에서 '실제화'되고 있던 사회운동에 대한 대책의 일환으로 조선총독부의 정책 전환이 모색되고 있었다. 아리요시 정무총감과 달리, 호헌 3파 내각의 헌정회 출신 시모오카 정무총감은 정당내각과 직접 연계되어 있었다. 따라서 시모오카 정무총감은 미즈노 시기와 마찬가지로 조선총독부의 인사는 물론, 통치정책과 행정정리를 주도하였다.42)

---

40) 大塚常三郎, 〈赤化防止二關スル意見書〉, 《齋藤實文書》 14, pp.463~485; 大塚常三郎, 〈朝鮮議會(參議院)要綱〉, 《齋藤實文書》 2, pp.729~767; 松田利彦, 〈植民地期における參政權要求運動團體〉, 淺野風美・松田利彦 編, 《植民地帝國日本の法的構造》, 東京: 信山社, 2004, 각주 61.

41) 持地六三郎, 〈朝鮮統治論〉(1920. 10.), 《齋藤實文書》 13, pp.705~780; 賀田直治, 〈朝鮮二關スル植民政策的考察〉, 《齋藤實文書》 8, pp.577~670.

그런데 일본 정부의 긴축방침은 관동대진재(關東大震災)로 인하여 더욱 강화되었다. 1924년도 예산에서 조선총독부의 공채(公債)가 전폐(全廢)되고, 사업비 차임금도 1천만 엔으로 축소되었다. 내지연장주의에 입각한 적극정책의 전제가 되었던 공채자금 조달이 불가능해졌다. 이에 조선총독부는 재정개혁을 꾀하였다. 그리하여 하에누키 관료가 주류를 이루고 있던 조선총독부 재무국과 내무국 사이의 협의로 조선총독부 재정안정화 기획이 수립되었다. 그것은 세무기관을 설치하여 조선에 일반소득세를 도입한다는 것이었다. 이는 조선총독부의 재정을 건전화시켜서 예산 면에서 일본 대장성의 간섭을 받지 않고 조선총독부 독자의 정책을 시행하도록 하는 제도설계안을 작성한 것이었다.

그러한 제도설계안은 사이토 총독이 일본 정부와의 네트워크가 거의 없던 아리요시 정무총감기에 대내외 관계를 직접 통솔하면서 하에누키 관료들과 협력하여 수립한 것이었다. 그러나 사이토 총독이 추진한 조선총독부 재정독립안은 미즈노에 이어 또 다시 정당내각과 직결된 시모오카 정무총감이 부임하면서 중단되고 말았다. 시모오카 정무총감이 미즈노와 마찬가지로 일본 정부와의 네트워크를 활용하여 조선총독부의 통치 행정 전반을 주도하였기 때문이다.

이후 조선총독부의 세제정리와 재정정책은 일본 대장성과 대장성 출신 관료의 주도 아래 이루어졌다. 그 결과, 증세로 인한 한국 사회의

---

42) 松田利彦(2004), pp.388~390; 李炳植, 〈政黨內閣期(1924~1932)の朝鮮總督府 官僚の統治構想〉, 《東京大學日本史學研究室紀要》 第11號, 2007, p.375, pp.380~ 382.

피폐가 더욱 악화되었다. 또한 식민지 모순도 한층 심화되어 정치 참여에 대한 요구가 높아졌다. 이러한 상황이 조선총독부 안에서 통치 정책의 전환을 적극 모색하는 계기로 작용하였다.[43]

1925년 일본에서 보통선거가 실시되자 한국 안에서도 참정권 문제가 거듭 제기되었다. 그러한 상황은 조선총독부가 일본보다 앞서 국가보안법을 실시해야 할 정도로 한국의 치안상황에 위기의식을 느끼게 하였다. 지하조직 조선공산당사건과 공산주의자들과의 연계 속에 기획된, 제2의 3·1운동이라고 불린 6·10만세사건 등, 반일독립운동이 이전과는 다른 국면으로 접어들고 있었다. 특히 6·10만세사건은 3·1운동 이후의 '문화정치'를 총체적으로 비판하는 성격을 가지고 있었다.[44] 1927년 2월에는 좌익과 민족운동 진영이 합작하여 민족단일당 신간회를 결성하는 등 이전과 다른 성격을 띠고 항일독립운동이 전개되었다.

1927년 2월 사이토 총독은 관방문서과장 나카무라(中村寅之助)를 불러 '조선인의 참정권'에 관한 안을 만들라고 지시하였다. 사이토 총독은 나카무라가 작성한 요항에 추가사항과 수정사항을 지시하여 개인적인 복안으로 수상에게 전할 의견서를 작성하게 하였다.[45] 사이토 총독은 이 의견서를 제네바군축회담에 참석하러 가기 전 도쿄에 들러 정무총감에게도 알리지 않고 일본 원로와 수상에게 사적 복안으

---

43) 李炯植(2007), pp.376~380.

44) 강동진(1980), p.346.

45) 財團法人齋藤實子爵紀念會(1941), pp.665~667; 中村寅之助, 〈重要な仕事の命じ方の一例〉, 《子爵齋藤實傳》 第4卷, pp.348~351.

로 제안하였다. 그 주요 내용은 조선총독부의 한국 지배 실적을 적극적으로 평가하고, 내지연장주의 시책에서 보류되었던 한국인의 참정권 부여를 요구하는 것이었다.46)

이것은 3·1운동 이후 일본 정부의 한국 식민통치의 기본방침이었던 내지연장주의나 그 대안으로 조선총독부에서 모색되던 조선의회 설치 구상과도 다른 것이었다. 그것은 천황의 이름으로 발표된 '조선총독부관제개혁조서'에 입각하여 문화정치를 실시하면서 한국인의 반응과 그에 따른 한국의 정세, 그리고 조선총독부의 행정을 예의 주시하면서 사이토 총독이 자신의 통치구상을 정립한 것이었다고 할 수 있다.

사이토 총독은 재래의 하에누키 관료와 신임 정무총감이 데려오는 내무성 출신 신임관료 사이의 갈등과 반목, 그리고 예산확보의 불안정성으로 인한 조선총독부 행정의 불안정 및 정무총감의 교체와 맞물려 행사되는 일본 내각의 영향력에 의한 조선총독정치의 자율성 침해 등을 경험하였다. 그리고 안정적으로 식민통치방침을 실행할 수 있는 통치구상을 모색하였다. 그것이 곧 사이토의 참정권 구상이었다. 그러나 사이토 조선총독의 참정권 정책 구상은 사이토가 제네바군축회담에 참석한 이후 진행된 일본의 내각교체와 맞물려 더 이상 전개되지 못하였다. 사이토가 제네바군축회담 이후 조선총독 직을 사퇴하였기 때문이었다.

그러나 사이토의 한국인 참정권 정책 구상은 그가 조선총독으로

---

46) 〈中村寅之助葉書〉(1927. 5. 12.), 《子爵齋藤實傳》 第4卷, p.352; 〈朝鮮在住者の國政竝地方行政參與に關する意見〉, 《齋藤實文書》 2, pp.429~460.

재임하면서 새로운 전기(轉機)를 맞게 되었다. 1929년 하마구치(濱口雄幸) 내각은 전임 다나카 외교의 실패로 중국혁명이 진전된 반면에, 만주에서 일본을 편드는 군벌이 없어진 새로운 상황에서 해군벌[隆摩派]에 대한 배려로 식민지 인사에 사이토를 조선총독으로 임명하였다.[47] 그리하여 조선총독으로 재임하게 된 사이토는 사직으로 인하여 더 이상 발전시킬 수 없었던 자신의 참정권 통치 구상을 본격적으로 구체화하기 시작하였다. 그는 조선총독 직의 재임 건의를 수락할 때, 자신의 참정권 문제를 해결할 의지를 일본 정부에 밝혔다. 그리고 재임 직후 사이토 조선총독은 고다마 정무총감과 함께 한국인의 참정권 문제를 구체화하기 시작하였다.

고다마 정무총감은 1919년 조선총독부 관제 개정 당시에도 정당에 의한 한국 지배를 경계하여 육군의 독자적인 지배영역이었던 한국을[48] 정당세력으로부터 초연한 영역으로 남겨두려 하였다. 그러한 고다마가 정무총감이 된 것은 사이토의 추천에 의해서였다. 그는 사이토의 조선총독 재부임에 앞서 먼저 조선총독부의 정무총감 직을 수행하였다. 고다마 정무총감은 한국 통치를 다소라도 침식하는 것이 있으면 단호히 대응하겠다는 의욕을 드러내며, 한국인의 민족운동뿐만 아니라 일본의 정당세력이 조선총독정치에 침투하는 것에 대해서도 단호한 입장을 가지고 있었다.[49] 이러한 고다마의 입장은 사이토의 필요에 적합한 것이었다.

---

47) 伊藤隆, 《昭和初期政治史研究》, 東京: 東京大學出版會, 1969, pp.81~86.
48) 전상숙(2006) 참조.
49) 李炯植(2007), pp.392~393.

사이토는 조선총독 재직시 정당내각의 영향력 행사로 총독정치의 자율성이 흔들려 안정성을 확보하지 못하는 데 대하여 문제의식을 갖지 않을 수 없었다. 또한 그는 본국의 정당세력 행태를 혐오하였다. 그러므로 고다마의 입장은 사이토 총독의 반정당 감정과 부합하는 것이었다. 사이토 총독과 고다마 정무총감은 조선총독정치의 지배의 안정성을 확보하기 위해서는 일본 정당세력의 영향력이 한국에서 행사되지 못하게 해야 한다는 점에서 일치한 것이다. 이는 곧 천황에 직예한 조선총독정치의 자율성이 확보될 수 있는 정치체제를 구축해야 하는 것이었다. 그러한 통치체제를 구축하기 위하여 조선총독부의 두 수뇌인 사이토 총독과 고다마 정무총감은 상호 적극적 협력관계를 유지하며, 조선총독부 재래의 하에누키 관료를 중심으로 조선총독부 행정체제를 정비해 갔다.

조선총독으로 재임한 사이토는 하에누키 관료인 내무국장 이쿠타(生田淸三郎)에게 '조선민족이 최종적으로 도달해야 할 이상적인 정치조직과 그에 다다르게 될 때까지의 과정적 단계' 이 두 가지에 관하여 자신의 소신과 희망을 제시하였다. 그리고 이를 구체적인 안으로 연구해 작성하라고 지시하였다. 이쿠타 내무국장은 조선총독부의 재무국장을 비롯한 하에누키 관료들을 중심으로 소위원회를 구성해서 본격적으로 한국인 참정권 부여 방법에 대하여 연구하였다. 그 가운데는 1927년 사이토의 명령으로 한국인의 참정에 관한 의견서를 작성하였던 나카무라도 포함되어 있었다. 그리하여 작성된 것이 〈조선에서의 참정권 제도 방책〉이었다.[50]

이 안의 특징은 사이토 총독의 요구로 일본 제국주의 식민통치자의 입장에서 생각하는 '이상적인 정치조직'과, 거기에 이르는 '과정적 단계'를 고려한 '현실적인 안으로 만들어졌다는 점에 있었다. 다시 말해서 그것은, 사이토 총독의 조선총독정치에 대한 소신과 바람, 그리고 조선총독부 하에누키 관료들의 통치구상이 절충된 실질적인 한국 식민지 통치체제 구상이었다고 할 수 있다.

그 주요 내용은, 비록 제한적이기는 하였지만 한국인을 귀족원 의원으로 칙임할 것과, 직접세를 재원으로 하는 '조선지방의회'를 설치하는 것이었다.51) 이것은 기본적으로 1927년 2월에 작성된 안(案)에서 제시되었던 한국인의 참정권 부여 구상을 견지하면서 '조선지방의회'를 설치하여 증세를 합리화함으로써 조선총독 통치의 비용을 안정적으로 확보하고자 한 것이었다. 그러나 다른 한편으로, 이 안은 한국인에 대한 참정권 부여의 범위를 '칙임'에 의한 극소수의 귀족원 참여로 대폭 축소시키기는 하였지만, 한국인에게 참정권을 부여하는 문제를 현실화시킨 것이었다. 이 점에서 이 안은 일본의 한국 식민지 통치사상 획기적인 것이었다고 할 수 있다.

그것은 사이토가 조선총독으로 부임하기 전에 행한 사전조사와 재임 경험을 통해서 습득된 조선총독정치의 실상을 절충하여, 조선총독정치 체제의 안정성을 도모하기 위한 것이었다고 할 수 있다. 앞에서 언급한 바와 같이, 문화정치를 표방한 사이토의 무단적 통제의 강화와 한국인에 대한 회유를 통한 현실적 점진적인 안정적 조선총독정치

---

50) 김동명(2006), pp.442~445; 李炯植(2007), pp.393~398.
51) 〈朝鮮ニ於ケル參政ニ關スル方策〉, 《齋藤實文書》 2, pp.487~662.

체제 구축 방안이었다고 할 수 있다.

물론 사이토의 참정권 방안은 한국인의 입장에서 보면 보통선거도 실시하지 않으면서 칙임으로 한국인 몇 명을 참의원에 참여시켜서 생색을 내겠다는 회유책일 뿐이었다. 그 자체가 조선총독부가 한국인의 참정권 요구를 받아들이는 듯 생색을 내며 한국을 회유하기 위한 형식적 상징적인 것일 뿐이었다. 그러한 사이토의 참정권 안을 받아들이는 것은 조선총독부의 형식적이고 상징적인 참정권 부여에 명분을 세워주는 것이 될 것이었다. 이는 결국 조선총독부와 타협하는 것이 될 것이었다.

그러나 다른 한편으로, 그러한 참정권 안을 구상하여 정립시킨 사이토 총독의 입장에서 보면, 그것은 분명히 한국인을 일본 제국의회에 참석시키는 것이었다. 또한 문화정치를 내건 내지연장주의 동화정책을 점진적으로 현실적인 방식으로 실현하기 위한 방식의 일환이었다. 한국인의 참정권 문제를 현실적이고 점진적으로 실시하여 내지연장주의의 동화정책을 실현해 가려 하였다고 할 수 있다. 종래 명실공히 언설로만 표방해 오던 내지연장주의의 참정권 부여 문제를 실질적으로 현실화시킨 전환적인 것이었다고 할 수 있다.

일부 지방 자문기관과 도평의회를 의결기관으로 바꾸는 것도 마찬가지였다. 사이토 총독의 입장에서 그것은, 현실적으로 참정권 부여 방안을 시험하기 위한 과도적인 것이었다고 할 수 있다. 비록 10년여의 유보기한을 두었고, 한국인이 많이 거주하는 면 일반에서는 시행하지 않는다 하더라도 그러한 의미가 없지는 않았다. 조선총독 사이토의 입장에서 그것은, 기본적으로 자신이 표방한 문화정치의 틀을 견지하면서, 그에 대한 저항과 반발을 회유하여 식민통치를 안정화시킬 수 있는 방안이었다. 그러나 그것은 다른 한편으로는, 실제로 중앙 수준의 참정권 부여를 전망하면서 자치주의로의 식민통치정책의 전환을 지향하는 조선총독부 관료들과 타협해서 이루어낸 결과물이기도 하였다. 이러한 측면에서 사이토 총독은, 현실적으로 실현 가능한 점진적인 참정권 부여 방안을 구상하여 실시하고자 하였다고 볼 수 있다.

물론 '조선지방의회' 설치안은 한국을 일본의 부·현(府·縣) 지방의회와 같은 지위로 격하한 것이라고도 볼 수 있다. 그렇지만 사이토 총독의 입장에서 그것은, 문화정치 실시 이래 한국인의 '민도'(民度)가 진보하였다고 함으로써 문화통치의 가치와 자신의 치적을 부각시키면서 일본과 같은 지방자치제도를 실시하기 위한 기초작업의 일환일 수 있었다. 이는 조선총독부 내외의 통치정책의 전환 요구를 받아들이면서, 다른 한편으로 종래의 내지연장주의에 입각한 동화정책이라고 하는 문화정치의 기본 틀을 유지해 가기 위한 실리적인 타협책이었다고 볼 수 있다.

사이토는 조선총독으로 부임해 올 당초부터 한국이 오랜 역사와 관습을 가지고 있다는 한국의 특성을 인지하고 있었다. 그로 인하여 급격히 한국 사회를 개혁하기는 어렵다는 것 또한 인식하고 있었다. 따라서 장기적인 전망 속에서 점진적으로 식민지 한국을 일본의 한 부분으로 만들고자 하였다. 그러한 사이토 총독의 생각이 직접 식민지통치를 실시하고 한국 사회의 본질을 체험하면서 조선총독정치의 통치구상으로 수립된 것이 곧 '조선에서의 참정권 제도 방책'이었다.

그 핵심은, 비록 매우 제한적이기는 하지만, 한국인에게 참정권을 부여하는 데 있었다고 할 수 있다.

3.3. 사이토의 한국관과 지배정책의 실상

'문화정치'로 통칭되는 사이토 총독기에 제기되었던 참정권 청원이나 '조선지방의회' 설치론은, 조선총독부가 단지 친일파를 회유하기 위하여 취한 기만정책의 일환으로 여겨져 왔다. 또한 조선총독부 관료들이 '험악한' 치안상황에 대응하기 위하여 모색한 자치주의 지배체제안으로 여겨져 왔다.[52] 이때 사이토 총독의 이른바 '문화정치'기 대한정책의 기본 방침이었던 '내지연장주의'는 하라 수상의 식민지통치론에 입각한 동화주의 통치방침으로서, 1920년대 후반 조선총독부에서 조선의회 설치 구상이 수립되면서 자치주의 지배체제로 전환하려 한 것으로 여겨졌다.

그러나 앞에서 보았듯이, 사이토 총독은 장기적인 전망 속에서 점진적으로 식민지 한국을 일본의 한 부분으로 만들려는 생각을 가지고 부임하였다. 그는 문화정치를 시행하면서 직접 체험하게 된 한국 사회의 본질과 조선총독정치의 실상을 통해서, 조선총독 취임 때 천황의 조서에 기반하여 수용하였던 내지연장주의에 입각한 조선총독정치의 통치구상을 정립하였다.[53] 그 핵심은 한국인을 제국의회에 참

---

52) 강동진(1980); 김동명(2006).

석시켜서 참정권 부여를 실제화하는 데 있었다.

널리 알려져 있듯이, 사이토 총독 초기 내지연장주의 문화정치의 근간이 되었던 것은 하라 수상의 〈조선통치사견〉이었다. 그것은 수상 하라가 자신의 내지연장주의 식민지통치론을 한국에서도 실시하기 위하여 사이토와 자신의 심복인 미즈노를 식민지 한국의 총독과 정무총감으로 임명하면서 한국 식민지 통치구상으로 제시한 것이었다. 그에 입각하여 미즈노 정무총감은 사이토 총독을 보필하며, 문화정치라 불리는 동화주의 시책들을 시행하였다.

〈조선통치사견〉에 제시된 내지연장주의 동화정책의 내용은 이미 분석된 바와 같이,54) 문화정치라는 이름으로 행해진 시책들과 내용이 같다. 그러나 〈조선통치사견〉에 제시된 하라의 '점진적' 내지연장주의 식민지정책은 한국인의 참정권과 자치에 대해서는 "근본적으로 잘못된" 것이라 하여 적극 부정하는 것이었다.55) 내지연장주의 동화정책은 공허한 상징적인 정책이데올로기에 지나지 않았던 것이다. 사이토도 문화정치 초기에는 하라의 〈조선통치사견〉에 입각하여 한국인의 자치와 참정 요구에 자치론은 독립론에서 비롯된 것이라 여겨 논외로 하였다. 또한 일본 의회에 대한 참정권 청원운동은 허용하면서도, '민도'를 이유로 유보하는 입장을 취하여 한국인의 참정과 자치를 인정하지 않았다.

---

53) 어찌되었건 대명에 따른다는 것이 사이토였다.[村上貞一(1937), p.130]

54) 김동명(2006), pp.59~64; 하라의 내지연장주의 식민통치론이 일본에서 갖는 정치적 의미에 대해서는 春山明哲(1980), pp.63~64, 74~75 참조.

55) 〈朝鮮統治私見〉, 《齋藤實文書》 13, pp.59~93.

그러나 1929년 〈참정권제도방책〉에서는 참정권 유보의 이유가 되었던 한국인의 '민도'가 진보되었다고 하여, 그 전제 위에서 한국인의 제국의회 참가를 허용하였다. 이는 사이토 총독정치의 논리 면에서도, 그 핵심이 되었던 문화정치 면에서도, 그리고 그 기본 출발점이 되었던 내지연장주의 동화정책 면에서도, 일관되게 사이토 총독의 식민지 통치구상이 정립된 것이었다고 할 수 있다. 다시 말해서, 한국 통치방침에 대한 사이토 조선총독의 정책적 사고가 전환된 것이었다고 할 수 있다.

그러면 왜 그러한 정책적 사고의 전환이 일어났는가. 그것은 앞에서 언급한 바와 같이 조선총독부 재래의 하에누키 관료와 일본 내무성 출신 신임 조선총독부 관료들 사이의 갈등과 반목에 이은 정치투쟁은 물론, 본국으로부터 예산확보가 불안정해짐으로써 생긴 조선총독부 행정의 불안정성이 가장 큰 요인이 되었다고 할 수 있다. 나아가 조선총독부 정무총감과 연계된 일본 내각의 영향력으로 인한 조선총독정치의 자율성 침해는, 기본적으로 조선총독정치를 시행하는 데 근간이 되는 총독의 권한을 부인하는 것과 다름없었다. 이는 결국 한국 식민지 지배의 안정성을 총체적으로 불안하게 하는 여러 가지 요인이 되었다.

사이토 총독 초기 미즈노 정무총감 시기에는 일본 내무성 출신 신임 조선총독부 관료들과 조선총독부 재래의 하에누키 관료들 사이에 갈등과 대립이 있었어도 정치투쟁으로까지 전개될 상황은 아니었다. 내무성 출신 관료들이 조선총독부 관료기구의 상층부를 점하고 있던 데 반하여, 하에누키 관료들은 예외적으로 오츠카와 같은 국장급도 있기는 하였지만, 지방과장·기사 또는 그 이하 하부에 포진해 있었다. 재래의 조선총독부 일본인 관료들 상당수가 내무성 출신 신임 관료의 지휘 아래에 행정적으로 위치해 있었기 때문에, 불만이 있어도 정치투쟁으로까지 전개될 상황은 아니었다.56) 또한 미즈노 정무총감은 하라 수상의 심복으로서 조선총독부 정무총감으로 부임하여 실질적으로 하라의 식민지정책을 한국에서 집행하고 있었다. 그러므로 조선총독부와 일본 정부 사이에서 재정을 비롯한 행정 면에서 협조를 얻는 데 어려움이 없었다. 따라서 불만이 있어도 그것을 표출하여 문제를 일으킬 만한 정황은 되지 못하였다. 그러나 미즈노의 후임 아리요시 정무총감은, 조선총독부의 인사권을 자유롭게 발휘할 입장이 아니었다. 그러므로 이 시기 조선총독부에서는 미즈노 정무총감 시기에 형성된 하에누키 관료들의 약화 현상이 계속되었다.57)

그러나 본국의 정당내각과의 유대관계 속에서 파견된 헌정회의 시모오카 정무총감은 그 연계 속에서 조선총독부의 행정을 주도적으로 집행하기는 하였지만, 일본 내무성 출신 관료들을 새로 데려오기 어려웠다. 행정정리로 조선총독부 관제가 개정되어 본국으로부터 관료들을 데려오는 것이 불가능해졌기 때문이다. 그러한 가운데 전임 정무총감, 특히 미즈노 정무총감이 부임하면서 함께 데려왔던 본국의 내무성 출신 관료들은 상당수가 미즈노의 귀환과 더불어 일본으로 복귀한 상태였다.

---

56) 松田利彦(2007), p.4.
57) 李炯植(2004), pp.82~83.

그러므로 조선총독부에서는 이때부터 전체적으로 일본 내무성 출신 관료들의 세력이 약화되는 반면에 하에누키 관료들의 세력이 확대되었다. 이후 사이토 총독이 적극적으로 정무총감으로 영입한 유아사(湯淺倉平) 정무총감기는 물론이고, 본국으로부터 조선총독부로 새로 이입되는 인사는 아주 적은 수에 그쳤다. 그러므로 종래 신임 정무총감과 함께 본국으로부터 부임해 오던 조선총독부의 상층 관료 자리를 하에누키 관료들이 대신하게 되었다. 그리하여 이케가미(池上四郎) 정무총감기에 이르면 하에누키 관료들이 조선총독부 중앙으로 진출하기에 이르렀다.

1920년대 후반 이후가 되면 조선총독부에서 하에누키 관료들이 사무관급에서 점점 힘을 가지고 '적재적소'의 인사도 증가하여, 조선총독부 독자적인 재정의 모색과 현지 사정을 고려한 정책도 입안을 보게 되었다.58) 오츠카가 일본 정부로 귀환하는 것을 거부한 데는 그러한 정황이 있었다.

일본 내무성 출신 관료들과 조선총독부 재래의 하에누키 관료들 사이의 대립과 갈등은, 앞서 언급하였듯이, 조선총독부 관료기구가 원활하게 기능하지 못하게 하는 측면을 불러일으켰다. 일본 내무성 출신 신임 관료들은, 속칭 '낙하산 인사'를 통해서, 조선총독부의 윗자리를 차지하며 일본 정부의 식민지 시책을 집행하는 집행자였다고 할 수 있다. 반면에, 통감부 시기부터 조선에 파견되어 조선총독부에서 근무해 온 다수의 하에누키 일본인 관료들은, 사실상 한국을 터전으

---

58) 木村健二(2000), pp.293~296; 李炳植(2007), pp.374~386.

로 삼고 있던 현지인과 마찬가지였다. 그러므로 그들은 일본 정부의 시책도 중요하였지만, 현지 사정에 입각하여 지배의 안정성을 도모함으로써 자신들의 입지를 공고히 하는 데에 더 큰 관심이 있을 수밖에 없었다.

그리하여 그들은 일본 내무성 출신 관료들이 중심이 되어 실시하는 내지연장주의 동화정책에 대한 대안으로 새로운 정책적 전환을 모색하여 총독에게 건의하기에 이르렀다. 이들 조선총독부 하에누키 관료들의 중추는 오츠카 내무국장이었다. 오츠카를 중심으로 그들은 일본 내무성 출신 관료들과 대립하면서 정책 전환을 위한 건의안을 사이토 총독에게 제시하였다. 그것은 일본 중앙에 정치적 기반이 거의 없었던 아리요시 정무총감기에 이루어졌다. 미즈노와 달리 정당내각과의 교섭망이나 교섭 능력이 없었던 아리요시 정무총감은 일본 정부와의 관계를 총독에게 의존하였다. 그러므로 사이토 총독은 조선총독부 내무 행정을 담당하는 오츠카 내무국장과 긴밀한 관계 속에서 조선총독정치를 수행하였다. 때문에 아리요시 정무총감기에 한국의 언론계에서는 조선총독정치를 '오츠카 정치'라고 속칭하기도 하였다. 앞에서 언급하였던 사이토 총독의 조선총독부 재정안정화 기획도 아리요시 정무총감기에 조선총독부의 재무국과 내무국이 협의하여 수립한 것이었다.59)

일본 정부 내각과 연계된 고위 신임관료들의 등장은 조선총독부의 하에누키 관료들을 위협하는 것이었다. 그것은 새로운 적극적인 정책

---

59) 李炳植(2004), p.84.

의 전환을 모색하게 하였다. 여기에 일본 정부 내각과 직접적인 연계
망을 갖추지 못한 정무총감의 부임은, 조선총독부의 하에누키 관료들
과 사이토 총독에게 자유로운 재정독립방안을 모색할 여지를 제공하
였다. 양쪽 모두 조선총독정치의 안정성을 추구한다는 점에서 입장을
같이하였다.

이후 양쪽은 직접적인 협조관계 속에서 안정적으로 조선총독정치
를 실시하기 위한 방안을 모색해 갔다. 조선총독과 내무국은 조선총
독 행정의 직접적인 위계관계에 위치해 있었다. 따라서 상호 신뢰와
협조는 당연한 것이라고 할 수 있다. 그러나 그 사이에 실질적으로
조선총독정치를 관장하던 일본 정부와 직결된 정무총감이 배제된 것
은, 사이토 총독이 직접적인 한국 통치 경험을 통해서 일정한 통치방
침을 구체화해 가기 시작한 것이기도 하였다. 그 결과물이 바로 1927
년도에 작성된 참정권 부여 구상이었다.

사이토가 런던군축회담을 위하여 출국하기 바로 전에 참정권안의
작성을 지시하였던 나카무라도, 조선총독에 재취임한 뒤에 〈참정권
제도방책〉을 지시하였던 이쿠타도, 그리고 이쿠타가 〈참정권제도방
책〉을 작성하기 위해 구성한 소위원회 구성원들도 하에누키 관료들
이었다. 안정적인 조선총독정치 체제를 구축한다는 점에서 의견을 함
께한 사이토 총독과 내무국을 중심으로 한 하에누키 관료들은 그렇게
서로 협조하고 보완하면서 실질적인 조선 통치방침을 구상하여 실현
하고자 하였다.

사이토가 안정적인 조선총독정치 체제를 구축해야 할 필요를 절실
히 깨닫게 된 것 또한 일본 본국과의 관계를 직접 다루어야 하였던

아리요시 정무총감기였다. 미즈노 정무청감 때와는 달리 일본 의회에 교섭력을 갖지 못한 정무총감의 출현으로 조선총독부는 제국의회에서 조선총독부의 예산을 획득하거나 정책적인 협조를 얻는 데 큰 어려움을 겪게 되었다. 그러한 가운데 한국 안에서는 민족운동이 고조되어, 내지연장을 주창하는 일본 정부의 적극적인 동화정책을 실행하기 어려워졌다. 게다가 1924년도 예산에서는 공채가 전폐되어 적극재정의 전제가 되었던 공채자금조차 기대할 수 없었다. 사이토 총독은 이대로는 조선총독부 시책을 계획하여 안정적으로 집행하는 것이 어렵다는 것을 절감하게 되었다.

사이토는 북진대륙정책을 추진한 육군 군벌의 일원은 아니었지만, 해군대신으로서 이미 실력을 인정받은 군정가였다. 그는 조선총독으로서 한국이 일본 국가의 이익에 기여하기 위해서는 총독정치의 안정화가 필요하다는 것을 절감하였다고 할 수 있다. 조선총독 사이토는 자구책을 강구하여 재정개혁을 시도하였다. 그것이 구체화된 것이 조선재정조사위원회의 재정 안정화 기획이었다. 그러나 위원회는 1924년 12월의 행정정리로 폐지되었다. 그리고 그 계획은 시행 직전에 행정정리의 영향으로 중단되고 말았다.60) 사이토 총독과 하에누키 관료들이 안정적인 조선총독정치 실행을 위해서 추진해 시행하고자 하였던 조선총독부의 재정 안정화 기획은 시모오카 정무총감의 부임으로 좌절되었던 것이다.

본국의 중앙 정부와 교섭력을 갖추지 못한 정무총감의 등장은 조

---

60) 李炯植(2004), p.86; 李炯植(2007), p.377.

선총독 사이토로 하여금 안정적으로 조선총독정치를 수행하기 위한 대책을 적극적으로 구상하게 하였다. 그러나 중앙 정부와의 교섭력을 갖춘 신임 정무총감의 부임은 또 다시 조선총독정치 체제의 안정성보다는, 일본 정부의 식민지 지배정책의 집행이라는 입장에서 조선총독과 하에누키 관료들이 추진한 계획을 일방적으로 중단시켰다. 그리고 일본 관료의 손으로 일본 정부의 입장에서 일반적인 일본 식민지 경제정책 조정의 차원에서 재정리하도록 하였다. 이는, 조선총독부의 입장에서 보면 안정적인 재원확보가 불확실해짐으로써 조선총독부 정책을 계획하고 집행하기 어렵게 하는 근본적인 문제였다. 조선총독이나 하에누키 관료의 입장에서 그것은 일본 관료의 지도·관리에 따라 조선총독부의 정책을 집행하게 되는 것으로, 관료로서의 입지를 흔드는 것이기도 하였다. 무엇보다도 조선총독의 입장에서 그것은 일본 천황에 직예하여 부여된 한국 통치의 전권, 곧 상대적인 자율권을 일본 정부가 일방적으로 침해하는 것이었다. 조선총독정치의 상대적 자율성에 대한 침해는 결국 조선총독정치의 안정성을 흔드는 것이었다. 그러므로 사이토와 하에누키 관료들은 각기 차이는 있었지만, 조선총독정치의 안정성 확보라는 목적을 공유하고 있었던 것이다.

사이토 총독의 조선총독정치의 상대적 자율성에 대한 생각이 분명히 표출된 것은 1929년 추밀원회의에서였다. 이 자리는 일본 다나카 내각에서 추진한 식민지 총괄 중앙기관인 탁식성 설치안을 심의하기 위한 것이었다. 당시 추밀원 고문관이었던 사이토는 한국을 다른 식민지와 같이 취급하여 조선총독의 권한 변화를 포함하는 탁식성 신설 관제에 반대하였다. 그는 내지연장주의의 입장에서 한국을 기타 식민지와 구별해야 한다고 적극 반대하였다.61) 앞에서 본 바와 같이, 사이토는 조선총독으로서 직접 한국의 실정을 체험하면서 조선총독부의 정책이 안정적으로 집행될 필요가 있고, 또 그러기 위해서는 일본 정부의 변동에 좌우되지 않는 안정적인 재정과 정치체제를 확보하는 것이 필요하다는 것을 절감하였다. 그러한 그의 생각은 곧 천황에 의하여 보장된 조선총독정치의 상대적 자율성을 공고히 함으로써 확보될 수 있는 것이었다.

육군 출신 무관이 아닌 해군 출신 사이토가 처음으로 조선총독이 되었을 때, 식민지총독 무관전임제가 개정되었다. 그렇다고 하더라도 일본 영토의 일부가 됨으로써 천황에 직예하여 사실상 한국 지배의 전권을 갖는 조선총독의 일본 정부에 대한 상대적인 정치적 자율성은 여전히 유효한 것이었다. 내각총리대신을 경유하여 정무를 처리하도록 되어 있는 것은 형식적일 뿐이었다. 이는 식민지총독 무관전임제가 개정되었어도 조선총독에 문관이 아닌 해군 출신 무관 사이토가 임명될 수밖에 없었던 사정으로도 분명하게 알 수 있다.

그러므로 여전히 천황에 직예하고 있는 조선총독의 일본 정부에 대한 상대적인 정치적 자율성은 여전히 유효하였다. 조선총독이 모든 정무를 내각총리대신을 경유하여 처리하도록 되어 있는 것은 형식적이고, 한국은 사실상 조선총독이 지배의 전권을 가지고 통치하던 곳이라는 것은 공공연한 사실이었다.

정당내각이 들어서면서 식민지총독의 무관전임제를 개정한 것도

---

61) 山崎舟照, 《外地統治機構の研究》, 東京: 高山書院, 1943, pp.23~25; 岡本眞希子(2000), p.36.

정당세력의 득세에 맞게 그러한 정치 현실을 바꾸고자 한 것이었다. 이 사실은 누구보다도 조선총독부 하에누키 관료들이 잘 알고 있었을 것이다. 또한 누구보다도 그들이 가장 절실하게 안타까워할 것이었다. 사이토는 처음으로 조선총독이 되었을 때 일본 정당내각의 식민지에 대한 특별한 관심을 가지고 있던 하라 수상에 의하여 임명된 조선총독으로서, 하라 수상의 내지연장주의 시책에 입각하여 한국을 지배하기 시작하였다. 그러나 한국통치의 실상은 일본 본국에서 보던 것과는 달랐다. 이러한 사실은 특히 하라 수상의 전폭적인 지원 아래 이루어지던 미즈노 정무총감기의 조선총독부에 대한 정책적 재정적 지원이 끊기게 되자 더욱 분명해졌다. 이는 사이토 조선총독에게 일본 국가의 대륙국가화라고 하는 거국적인 관점에서 병합한 한국통치의 특수성을 자각하며 한국 지배의 안정성을 실질적으로 도모할 수 있는 지배정책을 구상하게 하였다고 할 수 있다.

그러므로 사이토는 조선총독에서 물러나 있었음에도 조선총독정치의 자율성을 적극 주장하였던 것이다.62) 이러한 사이토의 생각은 1931년 제59회 제국의회에서 충청남도 도청 이전 문제를 둘러싸고 다시 한 번 분명히 표출되었다. 당시 사이토 총독은 도청 이전비를 놓고 일본 정당내각이 조선총독정치에 개입하는 것을 분명하게 반대하였

---

62) 김동명은 사이토가 조선인들이 일본 제국주의의 식민지로 간주되는 것을 싫어한다는 것을 알기 때문에 탁식성 신설안에 반대하였다고 한다.[김동명(2006), pp.429~430] 그러나 용의주도하고 대세순응형이라고 평가되는 사이토가 단지 한국인의 인식을 잘 알기 때문에 탁식성 안에 반대하였다고만은 보기 어렵고, 자신을 경질한 다나카 정당내각에 대한 불신과 통치경험을 통해서 구축된 통치관이 반영된 것으로 여겨진다.

다. 그러면서 그는 식민지 한국의 '민의'를 대표하는 것은 천황에 직예한 조선총독이어야 한다는 것을 강조하였다. 즉, 사이토는 한국에 대한 지배권을 조선총독으로 일원화하여 '외지'인 한국이 '내지'로부터 독립된 행정지역이 되어야 한다는 것을 주장하였다. 이러한 사이토의 주장은 제국의회에서 관철되었다.63) 추밀원이나 제국의회에서 번번히 사이토의 조선총독정치의 상대적 자율성을 강조한 한국지배의 안정성 주장이 관철된 것은 일본 국가가 기본적으로 한국 병합의 목적, 곧 한국의 일본국가화의 필요에 조금도 의심하지 않았기 때문이었다고 할 수 있다.

사이토는 장기적인 전망 속에서 점진적인 방식으로 한국을 일본의 한 부분으로 만들려는 내지연장주의 동화정책에 입각하여 문화정치를 실시하였다. 그는 한국 사회의 본질과 일본 정당내각기 조선총독정치의 실상을 직접 체험하면서, 조선총독정치의 통치방침을 정립하였다. 그것은 내지연장주의 동화정책의 연장선 위에서 한국인에게 부분적으로나마 참정권을 부여하는 현실적인 것이었다. 이는 대명(大命)으로 받아 수행한 조선총독정치가 펼친 문화정치의 근간이 되었던 내지연장주의 동화정책을 지탱하는 방책이었다고 할 수 있다. 그럼으로써 사이토는 조선총독정치의 명분을 일관되게 견지하여, 지배영역 대내외에 조선총독으로서의 위신을 세우는 동시에, 한국인들을 회유하여 실리적으로 지배의 안정성을 도모하고자 하였다. 사이토 총독의 참정권 부여 구상은 그의 식민지 통치체제 안정화 대책이었다고 할

---

63) 岡本眞希子(2000), p.48.

수 있다. 이는 조선총독정치의 자율성을 더욱 공고히 하는 것이기도 하였다.

그러므로 사이토의 참정권 부여 구상은, 당시 논의되던 자치주의방침이나 하라 수상의 내지연장주의와도 다른 독자적인 것이었다고 할 수 있다. 그것은 조선총독정치를 체험하면서 이루어진 정책적 사고의 전환이었고 그 귀결이었다. 사이토 총독이 참정권 부여를 통해서 지켜나가고자 하였던 내지연장주의 동화정책방침은, 일본 제국주의의 입장에 선 조선총독의 정책적 사고 속에서 정립된 것이었다. 그것은 취임 당시 언명하였던 사이토 총독정치의 명분과 실리를 동시에 확보하면서 조선총독정치의 정치적 자율성을 공고히 하는 것이었다. 결과적으로 한국 병합 당시 구축된 조선총독정치를 일본 본국의 정세변화와 관계없이 안정적으로 유지할 수 있도록 공고히 하는 것이었다. 다른 한편으로 그것은 다이쇼 데모크라시 일본 정당정치의 전개를 배경으로, 변화된 일본 정치세력 사이의 세력 갈등이 투영된 결과이기도 하였다. 나아가 일본 정치의 세력 갈등과 직결된 북진대륙정책에 대한 이견을 내포한 것이기도 하였다.

<〈1920년대 사이토오 총독의 조선통치관과 '내지연장주의'〉, 《담론 201》, 2008)

4

1930년대 우가키의 '조선산업개발정책'

4. 1. 1920년대 말 1930년대 초 일본의 정치변동과 우가키

우가키(宇垣一成)가 조선총독으로 부임한 것은, 일본 정계가 쇼와(昭和) 공황이 직면한 난국의 타개책으로 영미협조주의와 대결주의로 양분되는 한편으로, 군사적인 관점에서 대륙정책과 국내 정치구조를 혁신하려는 이른바 '혁신' 군부세력이 대두하던 때였다. 조선총독 우가키는 부임 직후 한국을 중심으로 한 '일선만(日鮮滿) 블록'노선을 주창하며, '농공병진'(農工並進)이라는 슬로건 아래 종래 조선총독부의 지배정책을 공업화정책으로 전환하는 '조선산업개발(朝鮮産業開發)을 추진하였다. 이는 만주사변을 도발한 관동군을 중심으로 한 군부 강경파와 일본 정부가 주요 방침으로 하고 있던 만주개발 중심의 '일만(日滿)블록' 방침과 마찰하는 것이었다.

사실 나름의 조선공업화를 위한 농공병진정책 구상은 1920년대부터 조선총독부 안에서 재정자립화 방안의 일환으로 제기되던 것이었다. 그러나 그것은 일본 정부의 조선공업화 부정론에 의하여 구체화될 수 없었다. 그런데 이에 대하여 우가키는 조선의 산업 발달 수준이 낮은 것을 '조선의 특수사정'이라고 강조하였다. 그는 '조선의 특수사정'상 조선총독정치의 정치적 안정을 위해서는 공업 발전이 필요하다는 것을 역설하며 농공병진정책을 적극 추진하였다. 그는 또한 '조선의 특수사정', '조선의 특수성'을 강조하여 1931년부터 일본에서 실시되던 〈중요산업통제법〉을 한국에도 적용하는 것을 피하며 일본 독점자본을 적극 유치하여 조선산업개발정책을 진행시켰다.[1] 조선산업개발정책은 우가키가 전임 사이토 총독이 제네바 군축회의에 참석하게 되면서 조선총독 임시대리를 맡으면서 체험한 조선총독정치의 경험에 입각해 수립한 것이었다. 당시 우가키는 총독의 무정견과 일본 내각과 연계된 조선총독부 정무총감의 전횡을 보고 이에 비판적이 되었다. 그리고 그는 조선총독으로 부임하면서 종래부터 가지고 있던 자신의 일본해 중심 통치구상에 더하여 한국을 위치 지웠다. 한국은 일본 지배세력 일반과 마찬가지로 일본의 부족한 자원을 제공할 필요에서 주목되었다. 그러나 우가키는 조선총독으로서 한국을 자신의 일본해 중심 통치구상에 위치 지워서 조선총독정치의 중점시책으로 조선산업개발정책을 추진하였다.

이러한 조선산업화정책은 우가키와 식민지시기 일본의 지배정책에 정치적으로 중요한 의미를 갖는다. 이와 관련해서, 우가키가 자신을 일본 육군벌의 후계자로 성장시킨 조슈벌 육군의 계승자였던 정우회의 다나카와 단절하고 민정당 세력에 합류한 사실에 주목할 필요가 있다. 앞에서 보았듯이 다나카는 제1차세계대전 이후 정당의 힘이 강화되고 메이지 국가의 비권위주의화가 진행되는 한편, 군비의 근대화

---

1) 穗積六三郎, 〈重要産業統制法に就て〉, 《朝鮮工業協會報》 41, 1936, pp.2~3; 〈중요산업통제법〉 실시를 둘러싼 논의와 법제 운용에 대해서는 이승렬(1996) 및 배성준, 〈일제말기 통제경제법과 기업통제〉, 《한국문화》 27, 2001. 6. 참조.

가 긴급한 과제로 된 시기에 정당의 힘을 현실적으로 평가한 인물이었다. 그는 정당과의 제휴를 통해서 육군의 이익을 실현하고자 하였다.2) 또한 앞에서 보았듯이, 그는, 조슈벌 육군 대륙정책의 기본 전제였던 대러 견제의 입장에서 수립된 선만(鮮滿)일체화보다 만주경제 자체의 개발에 관심이 더 컸다. 그는 대륙정책과 관련하여 국방적 입장에서는 조슈벌 육군의 한국 중심 대륙정책보다, 만철의 광범한 기능에 주목한 만몽개발정책(滿蒙開發政策)을 지향하였다. 이 점에서 정우회의 하라와 의견을 같이한 다나카는, 하라 내각의 육군대신이 되어 자신의 대륙정책을 추진하고자 하였다.3)

1910년대 말 1920년대 초의 새로운 국내외 정세를 배경으로 신세대 육군들이 다수 출현하였다. 이들을 대표하는 다나카는, 구미에 대한 일본의 열세를 심각하게 생각하지 않았다. 그보다는 장기적으로 일본을 강화시키기 위해서는 적극적인 만몽개발 대륙정책을 추진해야 한다고 생각하였다. 그리하여 1927년 정우회 총재로서 내각을 구성하게 된 다나카는, 비록 실패는 하였지만, 1929년 조선총독에 대한 감독권한을 설정하여 식민지를 포함한 일원적 행정체계를 구축하고자 하였다. 그것은 현상타파적인 적극적이고 공격적인 대륙정책을 실현하고자 한 것이었다.4)

---

2) 北岡伸一, 《日本陸軍と大陸政策, 1906～1918》, 東京: 東京大學出版會, 1978, pp.329～330.

3) 전상숙, 〈'조선 특수성'론과 조선 식민지배의 실제〉, 신용하 외, 《식민지 근대화론에 대한 비판적 성찰》, 서울: 나남, 2009a, pp.128～129; 전상숙, 〈1920년대 사이토오(齋藤實)총독의 조선통치관과 '내지연장주의'〉, 《담론201》, 2008. 8., pp.11～12; 北岡伸一(1978), pp.270～337.

우가키 또한 정당과 협조적인 관계 속에서 군정가로 성장하여 적극적인 대륙정책을 추구하였다는 점에서는 다나카와 같았다. 그러나 우가키는 번벌의 지배에 대하여 비판적이었다. 또한 "기성 사실의 현상유지", "경제적 평화적 발전" 수단을 중심으로 한 대륙정책을 지향하였다. 이러한 점에서 우가키는 다나카와 입장을 달리할 수밖에 없었다. 그러한 우가키가 육군대신이 되었을 때는 번벌의 반대를 무릅쓰고 군제개혁 쇄신을 단행할 정도로 자주적이었다.5)

우가키는 다나카와 정우회의 부패한 정치행태에 대해 비판적이었다. 그러나 다나카는 우가키를 육군성 군사과장, 참모본부 제1부장으로 추천하여 육군벌에서 성장할 수 있는 기반을 마련해 준 인물이었다. 우가키는 그러한 다나카와의 '정의'(情誼) 관계를 저버릴 수 없었다. 그러나 1927년에 다나카는 자신이 내각 수반으로서 조각(組閣)을 할 때 우가키를 입각시키지 않았다. 대신 우가키는 사이토 조선총독의 임시대리로 한국으로 부임하게 되었다. 이때 우가키는 심정적으로 다나카와 결별하였다고 한다. 그리고 같은 해 12월, 다나카 수상은 우가키가 조선총독 임시대리직을 수행하였음에도, 그가 아닌 야마나시(山梨半造)를 신임 조선총독으로 기용하였다. 이를 우가키는, 다나카가 "자신과의 정(情)적 관계의 단절을 세간에 확실하게 증명하려는 유력한 자료"라고 판단하였다. 그리하여 "대체로 상호 간에 청산할 것

---

4) 전상숙(2009a), p.124, pp.146∼147.
5) 伊藤隆, 《昭和初期政治史研究—ロンドン海軍軍縮問題をめぐる諸政治集團の對抗と提携》, 東京: 東京大學出版會, 1969, pp.300∼309; 松下芳男, 《日本軍閥の興亡》 3, 東京: 人物往來社, 1967, p.26.

이 완료되었다"고 판단한 우가키는, 다나카와 정의 관계를 모두 끊고 결별하였다.6)

우가키가 다나카와 결별한 것은 재래의 번벌세력과 단절하였음을 의미하였다. 우가키는 육군대신을 역임하면서 군제개혁 쇄신, 군축 등의 시책을 펼치면서 반대파도 낳았지만, 우가키 군벌이 형성될 정도로 군부 안에서 능력을 인정받고 있었다.7) 그러한 영향력에 힘입어 우가키는 재래의 번벌세력과 단절하고 새로운 방향을 모색하기 시작하였다. 다른 한편으로 우가키가 다나카와 결별한 것은, 역설적으로, 다나카로 대표되는 신세대 육군의 적극적인 대륙정책에 대하여, 재래의 육군 중심의 방위적 관점에 입각한 대륙정책을 고수한 것이기도 하였다. 이러한 입장은 워싱턴체제에 순응함으로써 일본의 존립과 발전을 보호하려 한 것으로, 국제적 현실에 적응하는 현상유지론을 취하였다고 해석할 수 있다.

1920년대 말에서 1930년대 초에 일본에서 위기상황을 타개하기 위해 나온 대외정책노선이 통일되지 못하고 분열되는 양상을 보였다. 그러한 상황에서 우가키는 재래의 번벌세력과 단절하고 민정당·헌정회 세력과 제휴하였다. 그것은 대륙정책 면에서 영미협조주의를 취한 것이었다. 우가키가 일본 종래의 영미협조주의의 입장에서 방위적 관점의 대륙정책을 고수한 것은, 조선총독정치와 관련하여 중요한 의미를 갖는다. 이 점은 우가키가 조선총독으로 부임하면서 실시한 조

---

6) 渡邊行男, 《宇垣一成―政軍關係の確執》, 東京: 中央公論社, 1993, pp.47~50.
7) 松下芳男, 《日本軍閥の興亡》 2, pp.188~189; 井上淸, 《新版 日本の軍國主義 III―軍國主義の展開と沒落》, 東京: 現代評論社, 1975, p.82.

선산업개발정책과 연계되기 때문이다. 우가키가 조선총독으로 부임한 것은, 그가 자신의 큰 지지기반이었던 군부 청년 막료층이 그를 내각 수반으로 옹립하고자 기획하였던 쿠데타, 이른바 '3월사건'에 마지막 순간에 불참함으로써 그들의 신망을 잃고 육군대신을 사직한8) 뒤의 일이었다. 이러한 사실은 조선총독으로 대별되는 일본의 한국 지배정책에서 우가키의 조선총독정치와 조선산업개발정책과 연계된다. 그리고 1930년대 이후 조선총독부의 총동원 지배정책의 성격을 구명하는 데 중요한 의미를 갖는다.

우가키의 조선개발정책은 외교와 내정에서 스스로 '혁신'파임을 자임하던 그가, 영미협조노선과 경제적 평화적인 수단을 중심으로 한 대륙정책노선에 입각하여 독자적으로 추진한 것이었다.9) 우가키가 조선총독으로 부임하고, 곧 이어 관동군 주도로 만주사변이 발발하였다. 그 결과 일본의 대륙정책도, 일본 국내 정치구조도 크게 변하였다. 관동군이 만주점령계획을 구체화하여 실천하는 동안, 일본 국내에서는 군부 급진파와 우익세력의 파쇼적 국가개조운동이 빠르게 진행되었다.

---

8) 北岡伸一(1978), p.337; 北岡伸一, 《政黨から軍部へ, 1924~1941》, 東京: 中央公論新社, 1999, p.154, pp.273~275; 《鈴木貞一氏談話速記》上, 北岡伸一(1999), pp.149~150; 衣笠哲生, 〈中日戰爭の展開と軍部〉, 小島恒久 編, 《1930年代の日本—大恐慌より戰爭へ》, 東京: 法律文化社, 1989, p.66. 3월사건에 불참한 것은 육군대신 시절의 군축과 함께 우가키가 이후 조각의 하명을 받고도 군부가 육군대신을 추천하지 않아 조각에 실해하는 요인이 되었다.(加藤陽子, 《摸索する1930年代—美日關係と陸軍中堅層》, 東京: 山川出版社, 1993, pp.227~226; 橫山臣平, 《秘錄石原莞爾》, 東京: 芙蓉書房, 1973, pp.279~280)

9) 伊藤隆(1969), pp.302~307; 北岡伸一(1999), p.153.

한편, 만주사변을 계기로 군부의 정치적 진출이 강화되면서 새로운 사태에 대한 군의 대응방식을 둘러싸고 대립이 격화되었다. 그것은 황도파(皇道派)와 통제파의 군내 파벌항쟁으로 전개되었다. 양쪽은 모두 대륙정책 면에서 만주를 소련에 대한 전진기지로서 대륙진출의 교두보로 전략적으로 중시하는 한편, 만주를 거점으로 한 한국의 독립운동을 진압하여 일본의 제국주의적 권익을 확보하고자 하였다. 이러한 입장에서 만주사변 이후 일본 정계를 주도하였던 '혁신'을 내세운 청년장교세력은, 정당세력과 재래의 군벌세력을 비판하였다. 비판의 요지는, 정당내각이 자주적이지 못하고 열강에 기대는 듯한 외교적 협조관계 속에서 중국 문제를 해결하려 한다는 것이었다. 재래의 군벌세력은 그러한 정당내각과 제휴하여 기득권을 행사하고 있다고 비판받았다.10)

이러한 일본 국내의 정치상황과 대륙정책 방향의 변화는 우가키에게 불리하게 작용하였다. 우가키는 정당과 우호관계 속에서 지지기반을 확보하고, 영·미협조관계 속에서 일본의 권익을 확보하려는 입장이었기 때문이다. 만주사변 이후 만주국 건설과 관련해서도 우가키는 만몽에서 일본의 권익을 증대하기 위하여 독립국을 건설해야 한다는 입장이기는 하였다. 그러나 우가키의 그러한 생각은 "일본과 중국·러시아 3국간의 진정한 완충지대로서" "독립정권을 수립"하는 것이었다.11) 따라서 관동군이 주장하는 만주국 건설과는 다른 것이었다. 우

---

10) 전상숙(2009a), p.138; 鈴木隆史, 《日本帝國主義と滿洲―1900～1945》, 東京: 橋書房, 1979, p.155; 北岡伸一(1999), pp.212～239; 衣笠哲生(1989), pp.65～70; 橫田耕一, 〈1930年代の政治〉, 小島恒久 編(1989), pp.121～123.

가키는 재래의 번벌세력과 단절하고 내정과 외교 면에서 스스로 '혁신'파임을 자임하는 인물이었다. 하지만 3월사건으로 그의 시대가 종말을 고한 것은 기정사실이었다. 새로운 '혁신' 세력은 그와는 다른 입장이었다. 우가키는 "크게 말하면 세계의 우가키, 적어도 일본의 우가키"가 되고자 하는 군정가로서의 포부를 가지고 있었다. 우가키는 조선총독으로 부임하여 일본 정계로부터 물러나 있으면서도, "정당이 일본의 우가키를 맞아들이는 형식 내용을 갖추어 말한다면, 사위(四圍)의 형세가 이것을 필요로 한다고 한다면 나도 이를 고려하지 않을 수 없다"며12) 일본 정계를 예의 주시하고 있었다. 군정가 우가키는 정당과의 관계 속에서 일본 정계로 돌아갈 때를 기다리고 있었던 것이다. 이렇게 조선총독 우가키는 다나카 정당내각과의 관계 및 대륙정책 면에서 당시 일본의 변화를 주도하던 세력과 입장을 달리하였다. 그러므로 그는 한국 지배를 통하여 자신의 능력과 일본 지배정책 구상의 정당성을 입증함으로써 뒷날을 도모하는 기반으로 삼고자 하였다.13)

그러한 조선총독 우가키의 정치적 야심 속에서 기획된 것이 '조선산업개발정책'이었다. 이것은 일본해 중심론을 한국 지배와 관련하여 일선만(日鮮滿)블록론으로 구체화해서 실시하는 것이었다. 일본이 당면한 체제 위기를 조(粗)공업지대로 위치 지운 조선산업개발정책을 통해서 타개하고자 하였다. 우가키는 조선산업개발정책을 성공적으

---

11) 《宇垣一成日記》 2(1931. 10. 24.), p.815.
12) 《宇垣一成日記》 2(1932. 4. 12.), p.900.
13) 전상숙(2009a), pp.140~141.

로 실행시켜서 자신의 정책적 능력을 인정받아 정치적 위치를 재정립하는 기반으로 삼고자 하였다. 조선산업개발정책은 그러한 우가키의 독자적인 정치적 실천 구상이었다고 할 수 있다.14) 우가키는 '조선의 특수성'을 역설하며 일본 정부의 양해를 구하며 이를 적극적으로 추진하였다.

우가키의 조선산업개발정책은 일본 정부가 일만(日滿)블록노선에 입각한 일원적인 식민지 통제체제를 구축하면서 마찰을 빚게 되었다. 그러나 이후 후임 미나미(南次郎) 조선총독이 현실적으로 일본과 조선의 상황을 인식하면서 계승적으로 변형시켜 시행하였다. 미나미 총독은 우가키의 '조선특수사정론'에 입각한 자치통제적 산업개발정책을 수용하여 전시경제통제하의 조선산업개발논리로 계승 재편하였다. 그리하여 그것이 일본의 전시총동원체제에 일익을 담당하게 되었다.15)

우가키의 조선산업개발정책은, 일본 국내에서 정치적 신망을 상실한 우가키가 일본 정부와의 갈등 속에서 재정적 지원 없이 자주적으로 추진하여 자신의 정치적 재기의 발판으로 삼고자 한 것이었다. 이러한 우가키의 정치적 전략적 구상의 배경에는, 그가 가지고 있던 정치적 위상에 대한 자신감과 그것을 뒷받침해줄 수 있을 것으로 판단한 조선총독의 일본 본국에 대하여 갖는, 상대적이지만 자율적인 정치적 자율권이 있었다고 하겠다. 우가키의 정책적 구상은 일본 정부

---

14) 방기중, 〈1930년대 조선 농공병진정책과 경제통제〉,《동방학지》제120집, 2003. 6., pp.79~100.
15) 전상숙(2009a), pp.132~133.

에 솔선하는 조선총독부 관권에 의한 인적 물적 동원과, 이를 위한 정신적 이데올로기적 통제와 강화를 동반하는 것이었다. 이 또한 이후 조선산업개발논리로 계승 재편되어, 전시총동원체제의 일익을 자임하면서 '내선일체' 논리로 더욱 강화되고 강제되었다.16)

'조선의 특수성'을 내세운 조선총독정치의 솔선적인 조선산업화와 정신동원운동은, 일본 국내의 정치변동과 전시적 재편 속에서도 유지된 조선총독의 특수한 위치로부터 기인하는 것이었다. 다시 말해서 그것은, 조선총독의 일본 정부에 대한 상대적인 정치적 자율권을 전제로 한 것이었다. 조선총독의 정치적 자율권을 전제로 조선특수성을 적극 활용한 조선총독정치는, 일본 정부의 일원적 식민통제에 대한 정치적 견제력에 저항하면서, 동시에 역설적으로 한국에서는 일본에서보다 더욱 강력한 '관치' 통제를 일본에 앞서서 솔선하는 독특한 식민지배구조를 형성하게 되었다.17) 여기에 일본의 한국 지배정책에서 우가키 총독정치가 갖는 정치적 의미가 있다. 그것은 곧 1930년대 이후 조선총독부의 총동원 지배정책의 기본구조와 방향을 설정하였다고 할 수 있다.

---

16) 자세한 내용은, 전상숙(2009a)와 전상숙, 〈일제 군부파시즘체제와 '식민지 파시즘'〉, 방기중 편, 《일제 파시즘 지배정책과 민중생활》, 서울: 혜안, 2004 참조.
17) 전상숙(2009a) 2장 참조.

4. 2. 우가키의 '조선산업개발정책' —일본의 한국 지배정책의 전환

1931년 6월 만주사변 발발 직전에 조선총독으로 취임한 우가키는, '농공병진' 슬로건을 주창하며 농촌진흥운동과 당시 '산업개발정책'으로 불렸던 공업화정책을 시행하였다. 조선총독부의 산미증식정책에 이은 조선산업개발정책 계획은, 1922년 9월에 개최된 산업조사위원회에서 이미 제기된 바 있었다. 물론 그것은 구체적인 시책 면에서 추상적인 것이었다. 그러나 당시 조선총독부는 치안대책을 주안으로 하면서 식료품공업을 중심으로 한 농공병진을 주창하였다. 그 조선총독부의 농공병진정책 계획은 일본 정부의 강력한 분업관에 입각한 조선공업화부정론에 부딪혀 더 이상 전개되지 못하고 말았다.18) 그런데 조선총독으로 부임한 우가키는 조선산업개발을 주창하면서 한국에서의 농공병진정책, 조선산업개발정책을 추진하였다.

우가키 총독의 농공병진 산업개발정책은, 그가 군사과장 시절부터 품고 있던 '일본해의 뇌호내해화(瀨戶內海化)' 구상에 입각한 것이었다.19) 그것은 동해를 중심으로 동심원을 그릴 수 있는 일본 제국주의 경제권의 구축을 제창한 것이었다. 다시 말해서, 전시 총력전 체제구

---

18) 金子文夫, 〈1920年代における朝鮮産業開發政策の形成〉, 原郎 編, 《日本植民地研究》第10號, 1986; 川北昭夫, 〈1920年代朝鮮の工業化論議について〉, 鹿兒島經濟大學地域綜合研究所 編, 《近代東アジアの諸相》, 東京: 勁草書房, 1995.

19) 鎌田澤一郎, 《宇垣一成》, 東京: 中央公論社, 1937, pp.340~346; 河合和男, 〈朝鮮工業と日本資本〉, 姜在彦 編, 《朝鮮における日窒コンチェルン》, 東京: 不二出版, 1985, pp.29~31.

상에 입각하여 구미의 경제블록화에 대항할 수 있는 일본 제국주의의 경제적 자급자족권역을 구축하고자 한 것이었다. 우가키의 조선총독 지배정책과 관련해서, 그것은 한국을 "동아경륜"(東亞經綸)의 중심지대로 위치 지웠다. 곧 "일본 민족의 발전과 국운의 신장은 조선통치를 더욱 완벽 강화하여, 일본의 정치경제의 중심을 대륙으로 옮기고 국도(國道)도 선만(鮮滿)으로 옮기자고 할 정도의 기세를 가져야 한다"는 확고한 신념 위에서 구상된 것이었다.[20]

조선총독으로 임명되어 부임하기 직전인 1931년 5월, 우가키는 오사카 재향군인회 간부회 자리에서, 군사과장 시절부터 품고 있던 그러한 자신의 통치구상을 제시하였다. 우가키의 '일본해의 뇌호내해화' 구상, 곧 '일본해 중심론'은 우가키가 공황의 위기에 직면한 일본이 현상을 타개하기 위하여 추진해야 할 경제정책의 방향을 제시한 것이었다. 우가키 총독의 한국 통치 구상은 당시 일본 정부가 추진하던 만주개발, 곧 '일만블록'에 한국의 경제적 기능을 설정하여 한국을 일본과 만주를 잇는 핵심고리로 위치 지운 것이었다. 곧 한국을 중심으로 한 블록개발론이었다. 일본 경제 블록 구상에 입각한 농공병진정책은, 내각 수반의 야심을 품고 있던 우가키가, 당시 일본이 당면한 체제적 위기를 한국의 개발정책을 통해서 타개함으로써 자신의 정치적 능력과 정책노선의 정당성을 증명하여, 정치적 위치를 확고히 하는 기반으로 삼고자 한 독자적인 실천 구상이었다.[21]

---

20) 鎌田澤一郎(1937), pp.345~346.
21) 방기중, 〈1930년대 조선 농공병진정책과 경제통제〉, 《동방학지》 제120집, 2003. 6., pp.79~100; 전상숙(2009a), p.131.

이는, 조선총독 임시대리직을 수행하면서 형성된 한국 지배방침과 함께, 우가키가 조선총독으로 부임하여 '농공병진' 정책을 한국 지배 정책의 슬로건으로 주창하는 기본 구상이 되었다. 조선총독 임시대리 로서의 경험을 통해서 우가키는 풍부한 조선 자원의 개발 가능성을 충분히 인식하였다. 또한 조선총독의 정견(政見) 없음과 일본 내각과 연계된 정무총감의 전횡에 비판적이 되었다.22) 이 경험은 그가 조선 총독으로 부임하면서 종래부터 가지고 있었던 일본해 중심론과 함께, 식민지 한국 지배정책을 구상하는 데 그대로 반영되었다. 그리하여 일본해 중심론에 한국의 위치를 분명히 하여 설정하고, 조선산업개발 정책을 조선총독정치의 주요 시책으로 추진하는 실질적인 바탕으로 삼았다.

조선총독이 된 우가키는, 일본해 중심론을 한국 지배정책과 관련하 여 한국을 궁극적으로 대륙정책을 추진할 교두보로서 공고히 하기 위 한 '일선만(日鮮滿)블록'론으로 구체화시켰다.23) 당시 일본에서는 예 기치 못하였던 만주사변이 발발하고, 정계에서는 '일만(日滿)블록'이 제기되는 상황이었다. 그러한 상황에서 우가키는 자신의 일본해 중심 론을 조선총독의 입장에서 일만블록과 만주개발을 결합한 '일선만블 록'노선으로 정리한 것이었다. 그 핵심은 일본을 정(精)공업지대로 하

---

22) 鎌田澤一郎(1937), pp.340~344; 福島良一, 〈宇垣一成における朝鮮統治方針〉, 堀眞清 編, 《宇垣一成とその時代》, 東京: 新評論社, 1999, pp.142~143; 《宇垣一 成日記》 1(1927. 9. 5.), p.604.

23) 鎌田澤一郎(1937), pp.345~346; 이승렬, 〈1930년대 전반기 일본군부의 대륙침 략관과 '조선공업화'정책〉, 《국사관논총》 제67집, 1996, pp.155~157; 방기중 (2003), p.81.

고, 조선을 조(粗)공업지대로 하여, 농업·원료지대인 만주가 상호 대립하는 관계는 최소화하면서 의존 관계를 긴밀히 한다는 블록분업적 개발론이었다.24)

그것은, 만주사변을 도발한 관동군을 비롯한 일본 군부가, 제1차세계대전 이래 지향해 왔던 총력전 체제 구축을 위한 자급자족권의 확립이라는 궁극적인 목적과 지향점이 같았다. 그런데 거기서 일본의 지배세력은 한국을 시야에 넣지 않은, 만주 중심의 경제개발에 관심을 집중하였다. 이에 반해서 조선총독 우가키는, 한국을 자급자족적 블록경제권 확립의 핵심고리로 위치 지웠다는 점에서 큰 차이가 있었다. 앞에서 언급하였듯이, 그것은 특히 식민지 한국 지배와 관련해서 지배정책상 중요한 의미를 가졌다.

1931년 만주사변이 발발한 이후, 일본에서는 1932년부터 '일만블록' 문제가 본격적으로 제기되었다. 그것은 전쟁 수행에 필요한 군수공업을 만주 지역 중심으로 개발하는 데 집중한 것이었다. 그러한 만주개발정책은 1933년 종래의 '일만블록'론에서 한걸음 더 나아간 '일만지(日滿支)블록'론으로 결의되었다. 그리고 1934년에 들어서면서 일본이 '동아(東亞)평화'의 책임자라는 것이 강조되어, 시야를 아시아를 넘어서 세계로 나아가는, 구미를 배제하는 아시아주의로 전개되었다.25) 그러한 정세 속에서 조선총독 우가키는 한국을 조공업지대로 하여 경

---

24) 방기중(2003), p.82; 鎌田澤一郎, 《朝鮮は起ち上る》, 東京: 千倉書房, 1933, pp.319~332, p.409;《宇垣一成日記》2(1935. 3. 5.), p.1004; 高橋龜吉,《現代朝鮮經濟論》, 東京: 千倉書房, 1935, pp.63~65.
25) 北岡伸一(1999), pp.184~186; 전상숙(2008), p.9.

제적 기능을 설정해 위치 지운 '일선만블록'론을 주창하며 농공병진 정책을 실시하였던 것이다.

농공병진정책은 한국에서 만주사변 소식을 듣고 그것이 "제국흥쇠 (興衰)의 중대문제"라고 생각한 우가키가, 본국의 정세를 주시하며 실 시한 것이었다. 그것은 조선총독 우가키가 "조선을 갱생시키고, 조선 을 통해서 모국의 약점을 보정하고, 조선에 의해서 모국의 위난(危難) 을 구제하고, 조선을 이끌어 모국의 진운에 공헌하고자" 시행하는 것 이었다.26) 전자의 "조선을 갱생"시킨다는 것은 농촌진흥운동으로, 후 자의 "조선을 통해서 모국의 약점을 보정하고, 조선에 의해서 모국의 위난을 구제하고, 조선을 이끌어 모국의 진운에 공헌"한다는 것은, 일 선만블록론을 구체화한 '산업개발정책', 곧 '조선공업화정책'으로 추 진되었다.

조선공업화정책은 우가키가 자신의 일본해 중심론을 조선총독의 입장에서 '일선만블록'노선으로 정리해 그 핵심고리로 위치 지운 '조 (粗)공업지대' 한국의 내용을 완성하기 위한 조선산업개발정책이었 다. 우가키는 이를 '자본가 우대정책'을 통하여 추진하였다. 그것은 치 안유지와 함께 전력개발, 그리고 통제를 통한 전력공급체계의 확보 및 토지가격통제와 보조금 지급 등으로 전개되었다. 또한 일본에서 시행되고 있던 〈중요산업통제법〉과 〈공장법〉이 한국에서는 적용되 지 않도록 하여, 일본의 자본가가 안심하고 한국에 투자할 수 있도록 하였다. 그와 동시에 일본 자본가가 일본 정부의 통제에서 벗어나 값

---

26) 《宇垣一成日記》 2(1936. 6. 23.), p.1070.

싼 한국의 노동력을 이용함으로써 독점적으로 식민지 초과이윤을 확보할 수 있도록 하였다.[27] 그 결과 미쓰코시(三井)계 북선제지화학공업을 시작으로 재벌계 기업들이 한국에 진출하였다. 그리하여 1930년 이후 한국에서 공업생산액이 급증하였다. 그에 따라 1932년 이후에는 공업제품의 자급률도 높아졌다.[28] 그러한 산업화정책의 성과에 힘입어 우가키 총독 시기는 당시 "열광적인 공업화의 시기"로서, "조선 산업혁명의 시기"라고 인식되었다.[29]

한편, 농공병진정책의 한 축인 농촌진흥운동은 종래의 산미증식계획과는 성격을 달리하는 것이었다. 그것은 농촌의 자력갱생·자급자족을 목적으로 하였다는 점에서, 총력전 체제 구상에 입각한 전쟁체제를 예기한 것이었다고 할 수 있다. 또한 농촌 노동력을 완전히 동원하는 것이었다. 그것도 지도 농촌을 지정하여 그것을 갱생시켜서 전국에 보급한다고 한 점에서, 분명한 계획에 기초한 총동원체제 구축을 예기한 것이었다고 할 수 있다.[30] 물론 1932년의 자작농 설정사업 개요 작성, 조선소작조 정령 발포 등 자작농 창설을 어느 정도 의도한 것이기도 하였다. 그러나 농가갱생계획은 재정적 지원이 없는 가운데 조선총독부가 각 기관을 동원해서 조사하여 농촌을 지정하고, 강연

---

27) 방기중(2003), p.85; 鈴木正文, 《朝鮮經濟の現段階》, 東京: 帝國地方行政學會 朝鮮本部, 1938, pp.206~211; 河合和男(1985), p.31.

28) 허수열, 《개발 없는 개발》, 서울: 은행나무, 2005, pp.133~149.

29) 全國經濟調査機關聯合會朝鮮支部 編, 《朝鮮經濟年譜》, 東京: 改造社, 1939, pp.69~72.

30) 森山茂德, 〈日本の朝鮮統治政策(1910~1945年)の政治的研究〉, 《法政理論》第 23卷 第3·4號, 1991. 3., p.97.

등을 행한 데 지나지 않았다. 따라서 농촌 소작문제 해결은 결국 명분에 그치고 말았다.31) 결과적으로 농촌진흥운동은 토지를 상실한 농민을 증가시켜서 도시 빈민으로 유입되는 것을 촉진하였다. 그리하여 '조선산업화' 정책의 실질을 담당한 일본 자본의 이윤을 담보할 값싼 노동력을 제공하는 결과가 되었다. 또한 토지를 잃은 농촌의 상대적 과잉인구는 '북선개척계획'을 통해서 이송되었다. 급속한 공업화 시책으로 노동력의 수요가 큰 한국 북부 지방과, 개발의 여지가 있는 만주로 이주시키는 '노무수급정책'을 통하여, 강제로 이주되어 동원된 것이었다.32)

그러한 농촌진흥운동은 "조선의 갱생"을 주창한 것이었다. 그러나 그 결과는, 일찍이 농업이 경제적으로 곤란한 것은 세계적이고 영구적인 현상이므로, 조선이 이를 타개할 수 있는 근본적인 구제개선책은 만주 이민과 공업화뿐이라고 생각하였던 우가키의 구상과33) 정책적으로 궤를 같이 하였다. 결국 우가키의 '농공병진정책'의 무게중심은 처음부터 조선산업개발과 공업화에 있었다고 하겠다. 이는 종래 조선총독부의 산미증식정책이 시사하는 바와 같이, 조선총독부의 지배정책이 농업 중심에서 공업화로 전환되었음을 의미하였다. 그 결과, 우가키가 조선총독으로 취임할 때 역설하였던 바, 농촌진흥운동을 통

---

31) 朴慶植, 《日本帝國主義の朝鮮支配》, 東京: 靑木書店, 1973; 宮田節子, 〈朝鮮における農村振興運動〉, 《季刊現代史》 第2號, 1973. 5..
32) 山辺健太郎, 《日本統治下の朝鮮》, 東京: 岩波書店, 1971; 허수열, 〈조선인 노동력의 강제동원의 실태〉, 차기벽 엮음, 《일제의 한국 식민통치》, 서울: 정음사, 1985, pp.290~297.
33) 《宇垣一成日記》 2(1932. 3. 17.), p.834.

해서 한국인에게 적당한 빵을 주어 "갱생"시키는 것은 실패하였다고 할 수 있다. 그러한 조선산업개발정책은 중일전쟁 이후 병참기지화정책의 기반이 되었다. 그리하여 군수공업 중심의 공업구조의 고도화를 중핵으로 한 조선총동원체제로 전개되어 일본 제국주의의 일익을 담당하게 되었다.

4.3. '내선융화' —일본의 조작적 식민지 '국민' 동원 지배이데올로기의 효시

앞에서 언급하였듯이, 우가키는 전임 사이토 조선총독이 1927년 제네바군축회의에 수석전권으로 파견된 시기 동안(1927. 4. 15~10. 1) 조선총독 임시대리를 지내며, 사이토 총독의 무정견과 내각 수반 다나카와 그와 연계된 정무총감의 전횡을 보고, 다나카에 비판적이 되었다.[34] 그리하여 조선총독으로 부임한 우가키는 자신의 일본 통치구상과 조선총독 경험에 입각하여 조선 지배정책 구상을 정립해 실시하고자 하였다. 그는 조선총독으로 부임하기에 앞서 천황을 알현한 자리에서 두 가지를 강조하였다. 하나는 "조선인에게 적당한 빵을 주는 것"이었고, 다른 하나는 "내지인과 조선인의 융합일치"를 증진시키는 것이었다.[35] 전자는 농공병진정책으로, 후자는 이른바 '내선융화'(內鮮融和) 슬로건으로 현재화되었다.

---

34) 《宇垣一成日記》 1(1927. 9. 5.), p.604.
35) 《宇垣一成日記》 2(1931. 7. 2.), p.801.

'내선융화'는 말 그대로 내지 일본인과 외지 한국인의 '융화'를 말하는 것이었다. '내선융화' 슬로건은 한국인과 일본인의 "사상의 융합"을 주창한 것이었다. 이는 전임 사이토 총독이 제창하였던 '일시동인'(一視同人)에서 한 걸음 더 나아간 것이다. '일시동인'은 천황의 〈총독부관제개혁조서〉에 기초하여 "문화적 제도의 혁신을 통해서 한국인을 가르치고 이끌어 그 행복과 이익을 증진하고, 장래 문화의 발달과 민력(民力)의 충실에 따라 궁극적으로 정치상·사회상의 대우도 내지인과 동일하게 하는 것을 목적"으로 하는 것이었다.[36] 그것은 한국인을 일본인과 같이 지도 계몽하여, 제도적으로 똑같은 처우를 받도록 하겠다고 표방한 것이었다. 이에 비하여 '내선융화'는, 한국인을 일본인과 사상적으로 융화되어 같은 사상과 사고를 갖도록 해야 한다고 주창하는 것이었다. 최고 정책 당국자가 이민족들 사이의 내재적 동질성을 강조하고 제창한 것이었다.

우가키는 한국의 산업개발을 위해서는 무엇보다도 한국인이 식민지배에 불만을 갖지 않고 일본인과 융화되도록 하여, 치안을 안정시켜야 한다고 생각하였다. 우가키의 '조선산업개발' 정책이, 80퍼센트가 소작농인 한국 농민의 생활안정을 도모하기 위한 농촌진흥운동과 함께 시행된 것은 그와 같은 맥락에서였다. 그러한 우가키의 시책은 원활한 한국 지배를 위해서는 "물질생활"과 "정신생활" 두 방면으로 한국인들을 안정화시킬 방침이 필요하다는 인식에 입각해 있었다.[37]

---

36) 朝鮮總督府, 《朝鮮總督府官報》 1919年 9月 4日字.
37) 《宇垣一成日記》 2(1931. 7.), p.801.

이를 조선총독부 측은 우가키의 시정이 "사상의 융합과 생활의 안정"을 지배의 기본방침으로 하였다고 자평하였다.[38]

우가키는 황도(皇道)정신을 신봉하는 전형적인 일본주의자이자 반공주의자로 평가되는 인물이었다. 그러한 우가키에게 사회불안을 조장하는 가장 큰 요인으로 간주된 것이 사회주의운동이었다. '내선융화' 시책의 전개는 곧 정신교화와 사상통제의 강화, 그리고 사회주의운동에 대한 탄압의 강화를 의미하는 것이었다.[39] 일본에서는 1928년 칙령 129호 긴급칙령으로 〈치안유지법〉이 개정된 이래, 이른바 '국체'(國體)의 변혁을 기도하는 결사는 곧 공산당이라고 규정되어 엄격한 처벌의 대상이 되었다. 그리고 〈치안유지법〉의 최대 가치는 '국체'의 변혁에 대한 처벌이라는 것이 정치적으로 분명히 되어 있었다. 그리하여 1931년에 만주사변이 일어난 뒤에는, 공산주의운동에 대한 엄벌주의 정책이 시행되어 사상통제와 치안질서 확보에 큰 성과를 거두고 있었다.[40]

그러나 한국의 상황은 일본과는 달랐다. 1929년 경제공황은 한국인 공산주의자들에게 코민테른의 이른바 자본주의 '제3기론'에 의거한 자본주의 제도의 붕괴과정으로 여겨졌다. 그리하여 일본과 미국 사이의 전쟁설이 확산되는 한편으로, 불안한 정세를 배경으로 대중투쟁이 고양되어 새로운 양상의 민족해방운동으로 전개되고 있었다.

---

38) 《施政30年史》, pp.10~12.

39) 방기중(2003), pp.82~83; 福島良一, 〈宇垣一成における朝鮮統治方針〉, 堀眞淸 編, 《宇垣一成とその時代》, 東京: 新評論, 1999, pp.127~135.

40) 전상숙, 〈일제 파시즘기 사상통제정책과 전향〉, 《한국정치학회보》 39집 3호, 2005 가을, pp.205~206.

앞에서 언급하였듯이, 우가키 조선총독의 시정은 한국의 "갱생"을 통해서 일본의 약점을 보정하고, 일본의 위난(危難)을 구제하여 일본의 진운에 공헌하려는 분명한 목적에 입각해 있었다. 따라서 한국 지배정책의 성과를 효율적으로 극대화하는 것이 긴요하였다. 그런데 한국에서는 세계적인 공황을 이용하여 식민지 지배의 안정성을 흔들며 일본에 근본적으로 도전하고 있는 공산주의 세력이 약동하고 있었다. 그러한 한국이 당면한 정세는 조선총독정치의 시정에 가장 심각한 문제였다.

우가키가 조선총독으로 부임하여 '내선융화' 시책을 본격화한 당시, 일본에서는 이미 공산주의에 대한 엄격한 처벌 위주의 정책이 전개되고 있었다. 우가키는 그러한 정세에 적극적으로 대처하며 산업개발정책을 안정적으로 추진하기 위하여 내선융화를 제창하였다고 할 수 있다. '내선융화' 슬로건은 우가키 총독이, 조선총독부의 시책이 한국인의 희생이나 자원의 수탈을 위하여 실시되는 것이 아니라, 한국인과 일본인이 하나로 '융화'되어 하나의 '국가' 일본을 위한 것임을 강조하기 위하여 제창한 조작적 지배이데올로기였다. 그것은 조선총독부의 총동원체제 구축을 위하여 사상통제를 수반한 정신적인 이데올로기의 조작에 다름 아니었다.41) 그러므로 우가키 총독의 이른바 '내선융화' 슬로건은 조작적 국민 정신동원 지배이데올로기의 효시였다고 할 수 있다.

'내선융화' 시책을 실시하는 우가키 총독의 기본 입장은, "평화와

---

41) 《宇垣一成日記》 2(1934. 2. 20.), p.950; 鎌田澤一郎(1937), p.421.

질서, 능률과 선정(善政)을 유지하기 위해서는 현시의 상황에서 조선의 통치에 내지인이 우위를 점하는 것이 절대로 필요하다"[42]는 것이었다. 그러한 우가키 총독의 '내선융화' 시책의 기본 목적은 다음 글에서 볼 수 있듯이, 명료하였다.

> 만주사변을 동기로 한 국제연맹의 탈퇴와 그 후 열강의 태도에 의한 일본의 결의와 진가가 조선동포에게 인식되어, 정신작흥·경제갱생운동을 철저히 한 결과, 일한병합조서의 정신에 기초한 일본의 조선통치의 방침에 대한 편견이 현저히 제거되었다. 조선인의 진정한 행복은 실로 일본인이 되는 것에 의해, 장래 공존공영하는 것으로써만 달성될 수 있다.[43]

일본인과 한국인의 융화를 가리키는 '내선융화', 한국인과 일본인의 "사상의 융합"은, 궁극적으로 한국인이 한국인으로서의 민족의식을 탈각시키고 "일본인이 되는 것"이었다.[44]

그러한 내선융화를 위하여 우가키 총독은, 가장 큰 사회불안의 요인으로 간주한 공산주의운동에 대한 탄압에 박차를 가하였다. 그것은 이른바 '정신교화'라는 이름 아래 사상통제정책으로 실시되었다. 우가키 총독은 농공병진정책을 추진하면서, 각 기관을 동원하여 사회교화·농촌진흥·자력갱생운동을 한국 전역에 퍼뜨렸다. 이는 한국인의 민족주의와 공산주의를 박멸하기 위한 것이었다.[45]

---

42) 《宇垣一成日記》 2(1932. 6. 24.), p.857.
43) 《宇垣一成日記》 2(1934. 10. 22.), p.972.
44) 전상숙(2009a), pp.162~163.

1932년 10월 형무소장회의에서 우가키 총독은, 과격한 사상범에 대하여 구금(拘禁)의 위력(威力)과 엄한 시찰이 느껴지도록 할 것을 당부하였다. 그리고 동시에 범죄의 원인과 사상 감염 정도 및 사상 전향의 가능성 등을 고려하여 적절한 처우를 베풀고, "보도유액"(輔導誘掖)에 노력할 것을 훈시하였다.46) 그것은 일본에서 1931년 사법차관 통첩 제270호로 '전향'을 인정하고,47) 1932년 〈사상범보호처분취급규정〉을 제정한 데 따른 것이었다.

이러한 시책들은 종래 사상범 대책이 사상범을 사회로부터 격리시키던 방침으로부터 전환된 것이었다. 사상범들을 다시 사회의 일원으로 받아들이는, 사상범에 대한 '사상선도'를 실시하여 포용하는 것이었다. 이른바 '전향(轉向)'을 정책적으로 실시한 것에 상응하는 변화였다. 일본의 사상범에 대한 전향시책은, 공산주의자들에 대한 검거와 처벌 방식이 그들이 신봉하는 이념이나 생각을 바꾸기에는 소극적인 처벌방식이라는 판단에 기초한 것이었다. 사상범을 공산주의와 단절시키기 위해서는 그들의 이념과 생각을 근본적으로 바꾸어 일본 정신으로 '전향'하도록 해야 한다는 더욱 적극적인 사상통제정책이었던 것이다.48)

그러한 사상범에 대한 시책이 아직 공식적인 사법적인 차원에서

---

45) 박경식(1986), p.336.

46) 《朝鮮總督府官報》 第1735號(1932. 10. 19.).

47) 長部謹吾, 〈思想犯保護に就て〉, 《司法研究》 第21輯 第10號(1937. 7.), pp.53~56.

48) 전상숙, 《일제시기 한국 사회주의 지식인 연구》, 서울: 지식산업사, 2004, p.270.

이루어지지 않던 한국에서도 부분적으로 시행되었다. 그것은 사상범에 대한 현실적인 대책의 일환으로, 조선총독부의 검경(檢警) 일선에서 '훈계방면'이나 '기소유예' 등의 방식을 통해서 부분적으로 이용되었다. 그러한 현실적인 실시는 실제적인 사상통제정책의 일환으로 애용되었다. 우가키 총독의 훈시로 그러한 방식으로 비공식적으로 이용되던 사법적 사상통제정책이 형무소 피감자를 대상으로 한 '사상선도' 방식으로 시행되기에 이르렀다. 사상통제 대책의 하나로 대두한 '사상선도'는 지도와 교육을 통하여 사상범의 사상 전환을 꾀하는 것이었다. 조선총독부는 이를 "학교교육보다 더 철저하게 하지 않으면 안 된다" 하여 매우 중시하였다.[49]

그러한 사상선도 시책은, '내선융화'를 표방한 우가키 총독이, 일본의 사상통제 강화와 기조를 같이 하며, 사상범에 대한 처벌정책의 형태만 변형시킨 한국의 사상통제 대책이었다고 할 수 있다. 엄격한 처벌대책과 병행하여 실시된 사상선도 시책은 그 효과를 보이는 자는 적절히 대우하여 '보도유액에 노력'한다는 것이었다. 이는 궁극적으로 '전향을 목적으로 한 것이었다. 이러한 의미에서 그것은 가장 철저한 사상통제정책이라고 할 수 있는 '사상개조', 곧 한국인을 일본 국민으로 개조하여 자각하게 하는 한국인 사상개조 정책의 시작이었다고 할 수 있다. 우가키 총독이 표방한 '내선융화'는 조작적 '국민'정신동원 지배이데올로기의 효시였던 것이다.

그러한 '내선융화' 시책은 1932년 '국민정신작흥운동'을 통해서 구

---

49)〈司法から見た思想問題〉,《思想月報》第7號.

체적인 지배이데올로기 정책으로 현재화되었다. 우가키 총독은 1932년 관동대지진으로 인한 심각한 경제적 피해와 사회적 불안에 대처하기 위하여 '국민정신' 고양 운동을 대대적으로 전개하였다. 그것은 다이쇼 천황이 공포한 〈국민정신작흥조서〉의 발표일(11월 10일)을 기념하여 전개되었다. 그 목적은 한국인에게 민족의식 대신 일본인이 되기 위한 '일본 국민'으로서의 의식을 이식시키는 것이었다. '국민정신'의 고양이라는 근본 취지에 기초하여 조선총독부는, 전국적 조직망을 갖는 관공서·학교·신사 등을 이용하였다. 한국 민중을 조선총독부의 행사에 집단적으로 동원하고, 이를 통해서 일본의 지배이데올로기를 주입하는 식이었다. 일본 천황이 〈국민정신작흥조서〉를 발표하였던 11월 10일을 전후한 일주일을 '국민정신작흥주간'으로 정하였다. 이 기간 동안 관공서 직원과 학교 교직원·학생 등은 신사에 참배해야 하였다.50)

이후 국제적인 군비경쟁이 심화되고, 일본 정계가 군부를 중심으로 재편·강화되는 가운데, 1935년 일본에서 '천황기관설(天皇機關說)사건'과 '국체명징운동'이 전개되었다. 이때 우가키 조선총독은 이른바 '심전개발(心田開發)운동'을 실시하였다. 그것은 1935년 1월 우가키의 조선총독부 국장회의 훈시에서 처음 제기되었다. 그리고 1월 16일부터 개최된 각 도 참여관 회의에서 '신앙 및 의례에 관한 건'으로 협의되었다.51) 이는 우가키 총독이 그동안 주력하였던 '정신작흥'에서 더

---

50) 李淳珩, 〈朝鮮工業化論と宇垣一成總督の政策〉, 堀眞清 編著, 《宇垣一成とその時代—大正·昭和前期の軍部·政黨·官僚》, 東京: 新評論社, 1999, p.175.
51) 《宇垣一成日記》 2(1935. 1. 16.), pp.991~992.

"나아가, 일반 민중이 건전한 신앙심을 환기하고 배양하여 심전을 윤택하게 하고, 각자 자신의 업을 역행하는 안심입명(安心立命)의 경지에 도달하길 바라마지 않는다"고 한 데 따른 것이었다.[52] 우가키는 국민정신작흥운동에서 더 나아간 심전개발운동을 통해서, 일본인과 한국인 사이의 정신적 융화를 더욱 촉구하였다. 심전개발운동은 불교 용어인 '심전'을 사용하여, 한국인의 '일본 국민'으로서의 '정신적'인 수양을 강조한 운동이었다. 이는 "정신의 건조함은 신앙으로 윤택해질 수 있다"는 그의 종교관에 입각하여[53] 내선융화를 강화시킨 것이었다.

심전개발운동은 시행 초기 종교적인 정신수양에 초점을 둔 것으로 여겨졌다. 그러나 1936년 1월 '심전개발시설에 관한 건'이라는 '실행안이 완성됨으로써, "정신계·사상계 전면에 걸쳐 인생관의 확립, 사회사상의 순화, 국가 관념의 파악 등 광의의 해석에 본래의 취지가 있다는 것이 명백해졌다."[54] 그것은 "개인(조선인; 필자)으로 하여금 바른 인생관, 국민으로서 견실한 국가관과 사회관을 확립하게 하고, 이념과 정조의 도야에 의하여 정신생활의 안정과 발전을 일의적 신조로 하는 생활태도의 결정을 각자에게 요구하는 것이요, 완전한 '인'(人), 건전한 '국민'(國民)의 자격을 개개의 민중에게 구비시켜서 문화의 향상을 기하고, 국력의 강화를 기하는 것"이었다.[55] 그러므로 심전

---

52) 〈道參與官打合會に於ける總督訓示〉(1935. 1. 16.), 《施政に關する 諭告·訓示竝演述》, pp.288~289.
53) 《宇垣一成日記》 2(1934. 4. 24.), p.957.
54) 〈心田開發〉, 《朝鮮》, 1936. 3., 권두언.
55) 今井田淸德, 〈第二四半世紀の第一年頭に立て〉, 《朝鮮》, 1936. 1..

개발운동의 실행안은 국체 관념의 명징(明徵), 경신숭조(敬神崇祖) 사상 및 신앙심의 함양과 함께 보은·감사·자립정신의 양성을 목표로 하였다. 이 실행안은 조선총독부 정무총감의 통첩으로 각 도에 시달되어[56] 강제되었다. 이후 심전개발운동은 포괄적이고 노골적인 천황제 지배이데올로기 정책을 핵심으로 하는, 이른바 '정신교화' 정책으로 확립되었다.

'정신교화' 정책은 한국인을 일본의 식민지 지배에 협력하게 하여, 천황에게 충성을 맹세하는 '신민'(臣民)으로 만들기 위해 행하는 다양한 사상교육 일반을 말한다. 이와 같은 심전개발운동은, 우가키가 조선총독 재임 중 가장 주의를 기울인 정책의 하나였다.[57] 그러한 조작적 국민정신동원 지배이데올로기 정책은, 우가키의 농공병진정책을 지탱하는 정신적 기반이었다. 그것은 우가키 총독이 일선만블록 노선에 입각하여 한국 사회를 재편성하고 통제를 강화하여, 일본 국가의 발전을 담보하기 위한 정신적 기반이었던 것이다.

우가키 총독의 지배이데올로기 정책은, 단일민족의식이 강한 한국인의 특성상 내선융화를 실현하기 어렵다는[58] 판단 위에서 시행되었다. 따라서 관권에 의한 탄압과 규제가 뒤따랐다. 우가키 총독은 '내선융화'를 표방한 국민정신동원 지배이데올로기 시책을 조선총독부의 정책에 순응하지 않는 민중에게는 "억제과 압박"도 "필요하다"는[59]

---

56) 〈心田開發施設に關する件〉, 《朝鮮總督府官報》, 1936. 1. 30., 정무총감통첩.
57) 李淳衡(1999), pp.174~177.
58) 최유리, 《일제 말기 식민지 지배정책연구》, 서울: 국학자료원, 1997, p.25.
59) 《宇垣一成日記》 2(1932. 12. 9.), p.871.

지배자의 강압적인 태도를 가지고 시행하였다. 그러므로 "일본 제국의 지배를 이완시키는 사태"에[60] 대해서는 강력한 탄압과 규제가 가해졌다. 우가키 총독으로부터 시작된 한국인에 대한 '일본 국민' 의식의 이식을 위한 조선총독부의 이른바 '국민정신' 지배이데올로기 동원정책은 일본 본국에서의 통제 강화와 조응하며 시행되었다. 일본에서는 1935년 '국체명징' 성명 이후 천황 곧 국체(國體)를 조작적으로 이념화하여, 그것을 대국민 통합의 상징으로 조작화하며 사상통제가 본격적으로 강화되었다.[61] 그에 따라 국체와 일체화된 정체(政體), 곧 지배체제에 대한 피지배자 쪽의 어떠한 도전도 용납하지 않는 강제력을 수반한 강력한 사상통제와 탄압이 뒤따랐다. 한국에서 그것은 일본 천황제 국체와 동일시된 조선총독부의 시책에 대한 무조건적인 순응과 순종을 요구하는 것이었다.[62]

'내선융화'는 '융화'를 주창하면서 결국 한국인에게 일방적으로 '일본 국민' 의식을 강제하며, 절대적인 '복종'과 '순응'을 요구한 것이었다. 이는 곧 일본 천황에게 충성하는 신민으로서, 일본의 국체관을 수용하도록 강요한 것이었다. 한국인으로서의 정체성을 버리고 일본인으로서의 새로운 정체성을 받아들이도록 제국주의 지배체제가 관권으로 제도적인 사상의 강제, 통제를 한 것이었다.

이러한 '일본 국민 정신'을 동원하는 지배이데올로기 정책은, 우가

---

60) 《宇垣一成日記》 2(1933. 2. 27.), p.894.
61) 국체 명징 성명 이후 국체관을 활용한 일본의 사상 통제에 관해서는 전상숙 (2005) 참조.
62) 전상숙(2009a), pp.164~165.

키 총독이 효율적으로 조선산업개발시책을 수행하여 일본 제국주의 판도 속에서 한국의 입지를 명확히 함으로써, 자신의 정치적 재기의 발판을 마련하고자 한 일본해 중심론의 구상 속에서 시행된 것이었다고 할 수 있다.[63]

〈우가키총독의 내선융화이데올로기와 농공병진정책〉,《현상과 인식》 34-4, 2010)

---

63) 위의 글, p.165.

5

조선총독의 '조선의 특수성'론과 한국 지배의 실제

5. 1. '조선의 특수성', '조선의 특수사정'론의 연원과 의미

5.1.1. '조선의 특수성'론과 조선총독의 정치적 자율성

1929년 일본의 다나카(田中義一) 정우회 내각은 척무성을 설치하면서 조선총독부 관제를 개정하여 척무대신이 조선총독정치의 사무를 통리시키고자 하였다. 한국을 다른 식민지와 같이 취급하여 재외 식민지 정책을 총괄하는 중앙관청의 관할 아래 두려 한 것이다. 그러나 앞에서 언급하였듯이, 척식성 신설 제(諸) 관제안은 추밀원회의에서 전 조선총독 사이토(齋藤實) 고문관의 반대에 부딪혀 조선총독부 관제 개정은 실현되지 못하고 통과되었다.

척식성 설치안과 함께 제안된 조선총독부 관제 개정의 내용은, 조선총독이 척무대신을 통해서 내각총리대신을 경유하여 상주하거나 재가를 받도록 하는 것이었다.1) 종래 천황에 직예(直隷)한 조선총독이 형식적으로 내각총리대신을 경유하도록 되어 있었다. 이를 개정하여 척무대신의 관할 아래 두는 것은, 천황에 직예하여 한국 지배의 전권을 위임받은 조선총독정치의 정치적 자율성을 부정하는 것으로, 조선총독의 지위를 실질적으로 격하시키는 것이었다.

---

1) 山崎丹照, 《外地統治機構の硏究》, 東京: 高山書院, 1943, pp.23〜25.

추밀원 회의에서 사이토 전 조선총독이 강력 반대한 것은 이 때문이었다. 사이토는 "조선 통치는" "다른 식민지에 대한 것과 원래 다르다"며 '조선의 특수사정'을 주장해 조선총독부를 척식성의 관할 아래 두는 것에 반대하였다.[2] 이러한 사이토의 반대는 추밀원에서 받아들여졌다. 그리하여 조선총독부 관제 개정은 이루어지지 않았다. 당시 다나카 내각은 추밀원 쪽의 요구를 받아들였다. 그리고 추밀원과 "조선총독부의 사무에는 척무성이 어떠한 간섭도 없도록 한다"는 내용의 밀약을 체결하였다.[3] 이로써 조선총독의 지위와 한국 지배 권한은 유지·보장되었다. 그러면 다나카 내각이 척식성을 통해서 조선총독의 지위를 사실상 격하시키고자 한 이유는 무엇인가. 또한 전 조선총독이 한국 통치는 다른 식민지와는 다르다고 하는, 이른바 '조선의 특수성', '조선의 특수사정'론 주장이 추밀원에서 받아들여져서, 조선총독의 지위와 권한이 보존될 수 있었던 것은 무엇을 의미하는가.

일본 정당정치기에 내각은 여러 차례 한국을 포함한 재외 식민지 정책을 총괄하는 중앙부서를 설치하여, 일원적인 식민지 행정체계를 구축하고자 하였다.[4] 앞에서 보았듯이, 실질적인 최초의 순정당 내각의 수상인 하라는 '내지연장주의' 식민통치관을 가지고 있었다. 당시

---

2) 《경성일보》 1929년 4월 14일자.

3) 〈倉富勇三郎日記〉(1929. 5. 15.), 國立國會圖書館憲政資料室, 《倉富勇三郎關係文書》; 岡本眞希子, 〈政黨政治期における文官總督制—立憲政治と植民地統治の相剋〉, 《日本植民地研究》 第10號, 1998, p.6 재인용.

4) 清水秀子, 〈拓務省設置二關スル件〉, 《歷史敎育》 第15卷 第1號, 1967. 1.; 加藤聖文, 〈政黨內閣確立期における植民地支配體制の摸索—拓務省設置問題の考察〉, 東アジア近代史學會 編, 《東アジア近代史》 創刊號, 1998.

일본의 정당 지도자들은 식민지가 통치영역의 일부임에도 '내지'와 차별되는 '외지'로서 정당정치의 대상이라고 생각하지 않았다.5)

　반면에 하라는 정당 지도자들 가운데 특이하게 '식민지' 문제에 지속적인 관심을 가지고, "식민지 통치의 '정치적 이미지'를 분명하게 가지고 있던" 정치가로 평가된다.6) 그는 번벌 관료세력과 협조 아래 국정을 운영하지 않을 수 없었지만, 궁극적으로 군벌의 영향력을 약화시키고 정당세력을 부식하고자 하였다. 그것은 일본 본국에 한정하는 것이 아니라 외지 식민지까지 염두에 둔 것이었다. 앞에서 본 3 · 1운동 이후 사이토 총독과 미즈노 정무총감의 임용은 대표적인 예라고 할 수 있다. 당시 식민지는 러일전쟁 이래 정치적 영향력을 확대해 간 육군 군벌의 지배 아래 무단정치를 실시하고 있었다. 특히 한국은 육군 군벌이 독자적인 지배영역을 형성하고 있었다.7) 이는 정당의 국가기구 장악이라는 하라의 계획에 가장 큰 걸림돌이었다. 수상이 된 하라는 1919년 식민지 무관전임제를 개정하여 문관 총독을 통해서 식민지 지배기구를 내각총리대신의 감독 아래 두고자 하였다. 그것은 일본 내 · 외지 정치의 정당정치화를 지향한 것이었다.

---

5) 전상숙, 〈1920년대 사이토오총독의 조선통치관과 '내지연장주의'〉, 《담론201》 11권 2호, 2008. 8., p.9.

6) 春山明哲, 〈近代日本の植民地統治と原敬〉, 春山明哲 · 若林正丈, 《日本植民地主義の展開, 1895～1934年》, 東京: 財團法人アジア政經學會, 1980, p.49.

7) 井上淸, 《新版 日本の軍國主義 II ― 軍國主義と帝國主義》, 東京: 現代評論社, 1975, p.70; 春山明哲(1980), p.49; 森山茂德,, 〈日本の朝鮮統治政策(1910～1945)の政治史研究〉, 《法政理論》 第23卷 第3 · 4號, 新潟: 新潟大學法學部, 1991, p.3; 전상숙, 〈러일전쟁 전후 일본의 대륙정책과 데라우치(寺內正毅)〉, 《사회와 역사》 제71집, 2006, pp.140～146.

이에 대해 추밀원은 '조선의 특수사정'을 강조하여 총리대신의 조선총독에 대한 감독권한 조항을 삭제한 수정안을 통과시켰다. 추밀원의 '조선의 특수사정'에 대한 입장은 다음과 같았다. "조선과 대만은 제국의 판도에 속한 경로 면에서, 또 민중의 감정 면에서 분명히 그 궤적이 같지 않다. 따라서 양 총독의 지위에 자연히 차별을 두게 된 것은 통치상 빠질 수 없는 요체이다." 때문에 "(조선)총독은 천황에게 직예"하는데, 조선총독에 대한 현행 규정을 바꾸어 "총독이 내각총리대신의 감독을 받는다는 것은 결코 온당하다고 할 수 없다." "(조선)총독은 본시 일국을 형성해…… 신부(新附)의 수역(殊域)에 임해 통치의 중임을 받은 자인데, 마치 내각총리대신의 요속(僚屬)과 같은 지위에 서게 하는 것은 내외에 대해 총독의 위망(威望)을 더하는 바가 아니다"는 것이었다.[8]

이는 1920년대 초 하라 수상시기에 정점을 이루었던 정당정치의 영향력으로 사이토 총독시기에 약화된 듯하였지만, 일본이 한국을 병합한 이래 견지된 조선총독정치의 정치적 자율성을 강조한 것이라고 할 수 있다. 앞에서 살펴본 바와 같이, 그것은 식민지 한국에서는 절대적인 전제권을 갖는, 일본 본국에 대한 조선총독의 상대적인 정치적 자율성이었다.

하라 내각은 번벌·관료세력과 협력관계를 유지하면서 눈앞의 과제에 대응해 가야 하였다.[9] 그러므로 번벌의 아성인 추밀원의 권위

---

8) 〈朝鮮總督府官制改正ノ件 樞密院會議筆記〉, 《樞密院會議議事錄》 21, 東京: 東京大學出版會, 1985, p.257.

9) 村井良太, 《政黨內閣期の成立 1918-27》, 東京: 有斐閣, 2005, p.40.

를 존중하지 않을 수 없었다. 육상과 해상의 임명에 조각의 어려움을 겪었던 것에서 알 수 있는 바와 같이, 정당정치기 번벌과 추밀원의 위세가 약화되었다고는 해도 정치적 영향력이 상실된 것은 아니었다. 이는 내각이 천황에게 주청한 자문안을 천황이 다시 추밀원에 자문하는 형식으로도 제도화되어 있었다.10) 조선총독부 관제 개정은 추밀원의 자문사항이었다.11) 추밀원은 조선총독의 특수한 지위와 조선의 특수성을 내세워 내각의 식민지 정치의 정당화 기도를 저지시킨 것이었다.

정당내각이 중앙 식민지 정책 총괄기구 설치를 시도할 때의 쟁점은, 내각총리대신의 조선총독에 대한 감독권 문제였다. 이는 명분상 입헌정치의 책임 소재를 명확히 해야 한다는 것이었다. 그러나 다른 한편에서는 그것이 조선총독의 실질적인 격하를 의미하는 것으로, 한국 지배에 악영향을 미친다는 위기감도 병존하였다.12) 때문에 특히 문제가 된 것이 조선총독에 대한 감독권한 규정이었다. 앞에서 보았듯이, 한국 병합 당시 한국을 독자적인 지배영역화한 육군 군벌은 야마가타를 정점으로 한 번벌세력의 핵심이었다. 번벌세력은 러일전쟁 이래 정치적 발언권을 높여간 군벌을 수행력으로 하여 북진대륙정책을 추진하였다. 무관 조선총독의 지위가 천황에 직예하여 한국 지배의 전권을 장악하도록 한 것은 그 귀결이자 육군 군벌의 대륙정책에 초석을 놓은 것이었다.13)

---

10) 諸橋襄, 《明治憲法と樞密院制》, 東京: 芦書房, 1964, pp.44~45.

11) 《樞密院會議議事錄》 21卷, p.263.

12) 岡本眞希子(1998), p.5.

이에 대하여 정당내각이 조선총독에 대한 감독권한을 설정하고자한 것은, 그러한 육군 군벌의 아성을 무너뜨려 정당 세력의 영향력을 확대하고자 한 것이었다. 그러나 정당내각의 그러한 시도는 추밀원에 의하여 번번이 좌절되었다. 이는 식민지 무관전임제 개정으로 대만에 문관총독이 실현된 것과는 대조적이었다. 추밀원은 육군 군벌의 장기적인 대륙정책의 일단으로서 형성된 한국의 독자적인 지배영역화가 동요되는 것을 원하지 않았다. 다시 말해서, 추밀원을 비롯한 일본의 원로들은 북진대륙정책을 통해서 일본이 대륙국가로서의 입지를 공고히 해야 한다는 데 이견이 없었다고 하겠다. 또한 한국이 그 견인차가 될 시금석과 같다는 데에도 이견이 없었다. 이는 전통적으로 섬나라 일본이 가지고 있던 대륙국가화 지향의 기본적인 입론이라 할 수 있다. 때문에 추밀원은 '조선의 특수사정'을 강조하여 조선총독정치의 자율성이 유지되도록 한 것이다.14) 이는 1929년 척무성 설치가 문제시되었을 때에도 마찬가지였다.

1929년과 1919년 당시를 비교할 때 차이가 있다면, 1919년 하라의 식민지 총독 문무병용제 개혁은 일본 정치의 정당정치화에 주안점을 둔 것이었다. 이에 비해서, 다나카의 식민지 총독부 관제 개정은 외지 통치 행정의 일원화를 통해서 만몽개발을 중심으로 한 대륙정책에 박차를 가하려는 것이었다. 이 모두 한국 문제를 특별히 중시하지 않았

---

13) 전상숙(2006) 참조.

14) 〈拓務大臣ト朝鮮總督トノ權限關係(昭和4年8月, 法制局稿金森案), 外務省外交史料館所藏外務省記錄 〈拓務省設置關係一件〉 第1卷 〈拓務大臣ト朝鮮總督トノ權限關係〉.

다는 점에서 공통적이었다. 그런데 이것은 '조선 특수성론'을 주장하여 조선총독정치의 자율성을 견지한 쪽과, 그것을 중앙 행정체계 속에 일원화시키고자 한 정체세력 사이의 대륙정책 차이와 직결되는 문제였다. 그러므로 식민지 정치의 정당정치화와 식민지 총괄 중앙기구의 필요라는 차이는, 결국 식민지 권력을 장악하여 궁극적으로 만몽개발 중심의 대륙정책으로 나가는 것으로 수렴되었다.

야마가타–가츠라–데라우치로 이어지는 육군 조슈벌의 후계자 다나카는, 제1차세계대전 이후 정당의 힘이 강화되고 메이지 국가의 비권위주의화가 진행되는 한편, 군비의 근대화가 긴급한 과제가 된 시기에 정당과 제휴를 통해서 육군의 이익을 실현하고자 하였다.15) 앞에서 언급하였듯이, 그는 종래 조슈벌 육군 대륙정책의 기본 전제였던 대러 견제의 입장에서 수립된 선만(鮮滿)일체화보다 만주경제 자체의 개발에 관심이 컸다. 전자는 조슈벌 육군 군벌이 추진해 오던 한국 중심의 대륙정책이었다. 반면에 후자는, 만철의 광범한 기능에 주목하여 만주경제 자체의 발전을 중심으로 한 만몽개발정책이었다. 둘 다 장기적인 일본 국가의 강화라는 관점에 입각해 있었다.

그러나 그 추진방법에는 차이가 있었다. 제국주의 러시아가 붕괴한 상황에서 다나카는 후자의 입장에 있었다. 이는 하라와 같은 입장이었다. 조슈벌의 계승자 다나카가 순정당인 하라에게 접근한 것은 현실적인 정세 인식과 대륙정책 때문이었다.16) 하라 내각의 육군대신

---

15) 北岡伸一, 《日本陸軍と大陸政策, 1906~1918》, 東京: 東京大學出版會, 1978, pp.329~330.

16) 위의 책, pp.270~337; 전상숙(2008), pp.11~12.

이 된 다나카는 1927년 정우회 내각의 수반이 되어, 척무성을 설치하여 내각을 정점으로 만몽행정기관을 일원화함으로써 자신의 대륙정책을 추진하고자 하였다. 이와 같이 정당내각의 조선총독에 대한 감독권한 설정 의도는 궁극적으로 일본 제국주의가 나아갈 바 대륙정책과 직결되어 있었다.

그러므로 그것이 추밀원에 의하여 저지된 것은 정당내각의 대륙정책이 번벌에 의하여 좌절되었음을 의미한다고 할 수 있다. 정세변화로 일본 정부의 대륙정책이 만몽개발정책으로 바뀌었어도, 한국은 재래 번벌세력에 의하여 러일전쟁 이래 확립된 육군 군벌 대륙정책의 보루로 유지되었다. 그와 같이 한국을 고수하게 한 것이 이른바 ‘조선 특수사정’ 또는 ‘조선 특수성’이었다.

조선 특수성의 근거는 위에서 언급한, 조선총독부 관제개정에 대한 추밀원의 반론에서 찾을 수 있다. 〈조선총독부 관제개정의 건〉을[17] 보면, ‘조선의 특수사정·특수성’이란 대만과는 다른 경로로 일본 제국주의에 편입된 한국의 특성과, 그에 따라서 조선총독에게 부여된 ‘특별한 지위’임을 알 수 있다. 다시 말해서, ‘조선의 특수사정’이란 대러 견제라는 군사적 입장에서 한국에서의 이해를 중시한 것이었다. 한국을 일본 국가로 편입하여 한국을 중심으로 한 ‘선만일체화’(鮮滿一體化) 대륙정책을 추진하는 것이었다.

이때 ‘조선의 특수성’은 그것을 독자적으로 주도하기 위하여 제도화한 ‘천황에 직예’한 조선총독의 전제적인 권한을 말한다. 추밀원은

---

17) 〈朝鮮總督府官制改正ノ件　樞密院會議筆記〉, 《樞密院會議議事錄》 21(1985), p.257.

이를 "통치상 빠질 수 없는 요체"라 하여 내각의 총리대신이 조선총독을 감독하는 것은 온당하지 않고, 조선총독의 위신을 낮추는 것이라 하여 반대하였던 것이다.

만몽(滿蒙)개발 중심의 대륙정책에서 한국은 섬나라 일본을 대륙과 이어주는 연륙교 같은 것일 뿐, 그 자체로서 특별한 의미를 갖지는 않는다. 반면에 선만(鮮滿)일체화 대륙정책에서 한국은 핵심적인 위치를 차지한다. 일본이 한국에서 이해를 확보하고, 그것을 기반으로 한국과 만주의 일체화를 강화함으로써 대륙으로 나아가려는 것이었다.18) 그것은 기본적으로 군사적인 관점에 입각하여, 섬나라 일본이 러시아를 견제하며 대륙으로 나아가기 위한 토대로서 한국을 중요시한 것이었다.

추밀원은 그러한 육군 군벌의 대륙정책을 보호한 것이었다. 이것은 곧 한국 지배의 전권을 갖고 있는 조선총독정치의 자율성을 고수한 것이기도 하였다. 이후로 '조선의 특수사정', '조선의 특수성'은, 조선총독이 일본 정부에 대해서 조선총독 자신과 조선총독부의 입장을 관철시키고자 할 때, 가장 강력한 견제력을 갖는 정치적 장치로 활용되었다.

5.1.2. 조선총독정치의 상대적 자율성과 우가키의 '조선산업개발'정책

1931년 6월 만주사변이 일어나기 직전에 조선총독으로 취임한 우가키가 주창한 '농공병진', '산업개발정책'은, 앞에서 보았듯이 일본을

---

18) 北岡伸一(1978), pp.262~273.

정(精)공업지대, 조선을 조(粗)공업지대, 만주를 농업·원료지대로 한 블록분업적 개발론이었다.[19] 그것은 당시 일본 정부가 추진하던 만주개발, 곧 '일만블록'에 한국의 경제적 기능을 설정하여 한국을 중심으로 한 블록개발론이었다.

이러한 우가키의 일본 경제 블록 구상에 입각한 농공병진정책은, 내각 수반의 야심을 품고 있던 우가키가, 당시 일본이 당면한 체제적 위기를 '조선개발정책'을 통해서 타개함으로써 자신의 정치적 노선의 정당성과 위치를 확고히 하는 기반으로 삼으려 한 독자적 실천 구상이었다.[20] 이 구상을 우가키는 한국의 공업이 아직 발달하지 못하였다는 '조선의 특수성'을 강조하며 실천하였다. 그는 이를 이용하여 1931년부터 일본에서 실시되던 〈중요산업통제법〉의 적용을 회피하며 일본 독점자본을 적극 유치하였다.[21] 우가키는 '조선의 특수성'을 이용하여 일본에서 실시되고 있던 〈중요산업통제법〉을 피하고 일본의 경제통제와는 다른 차원의 조선총독의 독자적인 통제경제개발정책을 추진하였다. 그는 이것을 통하여 자신의 정치적 입지를 공고히 하는 기반으로 삼고자 하였다.

그러나 우가키의 구상은 만주사변 이후 일본 정부가 일만블록노선에 입각한 일원적 식민지 통제체제를 추구하면서 마찰을 빚게 되었다. 1935년, 일본에서 통제강화를 위하여 〈중요사업통제법〉을 개정하

19) 宇垣一成, 《宇垣一成日記》 2(1935. 3. 5.), 東京: みすず書房, 1968, p.1004; 鎌田澤一郎, 《宇垣一成》, 東京: 中央公論社, 1937, p.409.

20) 방기중, 〈1930년대 조선 농공병진정책과 경제통제〉, 《동방학지》 제120집, 2003. 6, pp.79~100.

21) 穗積六三郎, 〈重要産業統制法に就て〉, 《朝鮮工業協會報》 41, 1936. pp.2~3.

면서 한국에서도 적용할 것을 함께 결정하였기 때문이다. 이를 둘러싸고 일본 정부와 조선총독부가 대립하였다. 이 문제는 우가키[22) 추천으로 후임 조선총독이 된 미나미(南次郎)가 〈중요산업통제법〉을 시행하는 것으로 마무리되었다. 그러나 내용상으로는 조선총독부의 '조선 특수사정론'이 관철된 것과 같았다고 할 수 있다. 조선총독부는 '조선의 특수사정론'을 들어 일본에서와 같이 〈중요산업통제법〉을 직접 적용하는 것이 아니라, 조선총독의 제령을 통하여 독자적으로 통제하도록 하였기 때문이다. 이는 〈중요산업통제법〉의 적용 범위를 최소화한 것이었다. 그럼으로써 한국의 입장에서 조선총독의 의지가 관철되도록 한 것이다. 이는 우가키가 주창하였던 조선 특수사정론의 입장을 살린 것이다.

이때 '조선의 특수사정'이란 우가키가 농공병진정책을 추진하면서 〈중요산업통제법〉 적용을 회피하는 데 일본 상공성의 일정한 양해를 얻을 수 있었던 것이다. 곧 한국의 산업발달 수준이 낮다는 '조선 산업의 특수성'을 말하는 것이었다. 그 내용은 한국은 산업발달이 낙후되어 상공업의 발달이 필요하다는 것이었다. 또한 한국은 넓은 토지·저임금·연료·동력 등 개발의 여지가 많다는 것이었다. 그러므로 이미 개발 중인 한국에서의 산업을 통제하게 되면 그 타격이 크기 때문에, 산업개발을 지속해야 한다는 것이었다. 그리고 한국의 산업은 일부 업종을 제외하면 일본에서와 같이 〈중요산업통제법〉을 적용할 만

---

22) 우가키는 일본에서 발생한 2·26사건의 정세변화를 수상 하명의 호기로 기대해 조선총독을 사임하고 일본으로 돌아갔다.(全國經濟調査機關聯合會朝鮮支部 編, 《朝鮮經濟年報》, 東京: 改造社, 1939, p.401)

큼의 과잉생산이나 독점에 의한 폐해가 없다는 것이었다. 가장 중요한 것은, 한국의 정치적 안정을 위해서는 공업의 발전이 필요하다는 것이었다.[23]

잘 알려진 바와 같이, 1936년 10월 〈중요산업통제법〉 적용 문제를 논하기 위하여 '조선산업경제조사회'가 열렸다. 그 자리에서 미나미 총독은 '일만(日滿) 불가분 강화의 국책 수행'과 '광의국방(廣義國防) 완성'을 천명하였다.[24] 이는 우가키 노선의 수정이라고도 할 수 있는 것이었다. 그러나 다른 한편으로 그것은 일만블록에서 고려되지 않았던 한국의 위치를 명확히 한 것이기도 하였다.[25] 미나미가 천명한 시정방침에 일본 정부는 처음으로 한국의 산업개발이 국책, 국방적 차원에서 중요한 위치에 있다는 것을 공식적으로 인정하지 않을 수 없었기 때문이다.[26]

한국의 산업개발과 공업화에 대해서는 1920년대 이래 조선총독부 쪽에서 계속 그 필요를 제기해 왔다. 그러나 일본 정부는 이를 일본과 한국의 철저한 분업화 관점에 입각하여 받아들이지 않았다. 기본적으로 일본 정부는 주요 공업의 발달은 일본 본국이 중심이 되어야 한다는 입장을 가지고 있었다.

미나미는 1936년 8월, 2·26사건 이후 육군 통제파의 영향력이 급

---

23) 〈중요산업통제법〉 실시를 둘러싼 논의와 법제 운용에 대해서는 이승렬, 〈1930 년대 전반기 일본군부의 대륙침략관과 '조선공업화'〉, 《국사관논총》 67, 1996 및 배성준, 〈일제말기 통제경제법과 기업통제〉, 《한국문화》 27, 2001. 6. 참조.
24) 朝鮮總督府, 《朝鮮産業經濟調査會會議錄》, 1936, pp.8~9.
25) 방기중(2003), pp.100~104.
26) 朝鮮總督府, 《朝鮮産業經濟調査會會議錄》, 1936, pp.662~664.

속히 커져 '광의국방국가' 슬로건 아래 일만블록 강화론이 대세를 이루던 때에 조선총독이 되었다. 그는 통제파와 같은 입장은 아니었다.27) 그러나 현실적으로 상황을 인식하였다. 그리하여 전임 우가키 총독과 조선총독부 쪽의 '조선 특수사정론'에 입각한 자치통제적 산업개발정책을 받아들였다. 그것이 곧 일만블록정책을 받아들여 일본 정부 차원에서 한국의 입지를 인정하게 하면서 '조선의 특수성'을 강조하여 제령(制令)에 의한 자치통제가 실시될 수 있도록 한 것이었다. 이러한 미나미의 시책은 일본 본국과 조선총독정치의 입장을 절충한 타협적인 것이라고 할 수 있다. 그러나 그러한 미나미 총독의 한국 지배정책은, 중일전쟁이 전면화되고, 1938년 4월 〈국가총동원법〉이 제정되면서, 한국 중심의 적극 정책으로 전개되었다. 한국의 '병참기지화 정책'의 천명이 바로 그것이었다.

미나미 조선총독의 병참기지화정책은 일만블록에 대한 한국의 종속적인 지위를 부정하는 것이었다. 그에 대신하여 한국의 위치를 일본과 가장 긴밀한 관계에 있는 "내지(內地) 경제의 대륙 전위(前衛)"로 규정하여 그 중요성을 제고한 것이었다. 이는 농공병진정책의 국책·국방적 의의를 만주산업개발정책과 병렬적으로 위치 지운 것이었다. 다시 말해서, 농공병진정책의 전시(戰時)적 재편이라 할 것이었다. 그리하여 그는 '일만지(日滿支)블록' 노선에 입각하여 한국과 만주 두 개의 병참기지를 주창하였다. 일만지블록은 기본적으로 우가키의 '일선만(日鮮滿)블록' 노선의 전시적 재편이자 변용이었다. 미나미 총독은

---

27) 淺田喬二·小林英夫 編, 《日本帝國主義の滿洲支配》, 東京: 時潮社, 1986, pp.153~156.

1938년 9월 병참기지정책의 의의를 공식화하였다. 그리고 이를 시국대책조사회를 통해서 전시경제통제하의 '조선 산업개발 논리'로 확정지었다.[28]

이와 같이 1930년대 조선총독부는 일본의 전시경제 통제가 강화되는 가운데에도 '조선 특수성', '조선 특수사정론'을 강조하여, 조선총독부 독자의 '통제' '산업개발정책'을 추진하였다. 이것이 가능하였던 것은, 앞에서 언급한 바와 같이 한국을 식민지화 하였던 '분명한' 목적에 의거하여 규정된, 천황에 직예한 조선총독의 '특별한' 지위[29] 때문이었다. 추밀원은 이를 강조함으로써 정당내각의 조선총독에 대한 감독권의 설정을 막을 수 있었다. 그것은, 1919년 조선총독부 관제 개정 심의 때, 추밀원 쪽이 대만 영유 당시 정해진 추밀원 자문사항을 근거로 "대만 및 그에 준하는 특수 지역(新附의 지역)의 중앙관부의 과제는 필히 자문하도록 한다고 해석하는 것이 당연하다"고 요구한 것을, 수상 하라가 인정한 데서 비롯된 것이었다.[30] 추밀원의 권위를 존중하지 않을 수 없었던 정당내각의 정치 현실이 자가당착적으로 정당내각의 대륙정책 시행에 걸림돌이 되고, 결국 그 시정을 초래하였던 것이다.

그런데 앞에서 본 바와 같이, 이른바 '조선의 특수사정', '조선 특수성'의 구체적인 내용은 일관된 것이 아니었다. 1919년 당시 그것은 조

---

28) 방기중(2003), pp.111~115.
29) 신상준, 〈한일병합에 따른 조선총독부의 설치와 조선총독의 지위 및 권한에 관한 행정사적 연구〉, 《청주여자사범대학논문집》 1, 1973; 이승렬, 〈역대 조선총독과 일본군벌〉, 《역사비평》 24호, 1994; 전상숙(2006) 참조.
30) 《樞密院會議議事錄》 21卷, p.263.

선을 중심으로 한 선만일체화 대륙정책을 추진하기 위한 조선총독의 전제적 권한을 의미하는 것이었다. 그러나 1929년 당시 그것은 일본에 비하여 현저히 낙후된 한국 산업의 특수한 사정을 의미하는 것이었다. 그러나 다시 생각하면, 거기에는 조선총독정치의 자율성을 뜻하는 조선총독의 한국 지배 권한의 주장이 관철되고 있음을 알 수 있다. 이는 1942년 일본 정부가 '내외지 행정 일원화'를 추진하여 결정하였을 때에도 마찬가지였다.

종래 식민지 행정기구의 통합에 반대하던 조선총독부는, 일본 정부에서 내외지 행정 일원화를 검토하자, 이를 "조선의 현상을 감안해 도저히 용인할 수 없다"는 입장을 분명히 하였다. 그 주요 이유로 강조한 것이 "총독의 통치 책임 완수상 조선에서 총독의 종합행정은 바꾸기 어렵다"는 것이었다. 따라서 "총독정치체를 존치하는 이상" "부분적인 권한이양과 같은 것은" "고려할 수 없는 사항"이라는 것이 그 요지였다.[31] 다시 말해서, 한국 식민지 지배를 안정화시키기 위해서는 조선총독의 절대적인 권력이 필요하다는 것이었다. 이러한 입장에서 조선총독부는 내외지 행정 일원화 결정을 중대한 개혁이라고 생각하지 않았다. 따라서 한국 식민지배의 특수성과 조선총독의 특별한 지위를 이유로 식민지 행정의 내지화를 부정하였다.[32]

그리고 당시 가결된 일본의 〈조선총독 및 대만총독의 감독 등에

---

31) 〈第79回帝國議會說明資料〉, 《朝鮮總督府帝國議會說明資料》 第7卷, 東京: 不二出版, 1994, pp.35~36.

32) 水野直樹, 〈戰時期の植民地支配と'內外地行政一元化'〉, 《人文學報》 第79號, 1997. 3., p.94.

관한 건)에서는 내무대신이 대만의 행정사무를 감독하는 권한을 총
독에게 지시할 수 있도록 규정되었다. 그렇지만 조선총독에 대해서는
"통리상 필요한 지시"를 하도록 하는 데 그치고 말았다. 결국 조선총
독의 특별한 지위가 사실상 인정되었다고 할 수 있다.[33]

그러한 조선총독의 특별한 지위, 곧 조선총독의 통치의 자율성은
1910년 병합 당시 일본 육군이 북진대륙정책 차원에서 한국을 군벌
의 독자적 지배영역화한 데서 비롯된 식민지 한국의 특수성이었다고
할 수 있다. 조선총독은 그것을 식민지 정치의 정당화를 시도한 1920
년대 정당내각에 대하여, '조선의 특수사정', '조선 특수성'을 내세워
강조하며 견지하였다. 이후 '조선의 특수사정', '조선의 특수성'은 조
선총독이 일본 정부의 일원적인 식민지 통제체제 구축을 견제하며,
상대적으로 자율적인 지배영역화를 지탱하는 데 적극 활용되었다.
그 결과 '조선의 특수성'을 적극 활용한 자율적인 조선총독정치는, 일
본 정부의 일원적인 식민 통제에 대한 정치적 견제력과 비례하는 자
체의 강력한 '관치' 통제를 솔선하는 독특한 식민 지배구조를 형성하
게 되었다.

---

33) 위의 글, pp.91~94.

5.2. 조선총독정치의 상대적 자율성

5.2.1. 조선총독정치의 자율성 — 조선총독의 일본 정부에 대한 정치적 협상력

우가키는 당시 일본 정부가 추진하던 일만블록에 한국의 경제적 기능을 설정한 독자적인 블록개발론을 '조선 특수성론'을 강조하며 실천에 옮겼다. 이는 후임 조선총독 미나미에 의하여 계승되어, 만주사변 발발 이후 국가총동원체제가 강화되는 가운데에도 '일선만블록'에 입각한 한국 중심의 대륙정책으로 전개되었다.

우가키는 다나카에 의하여 육군 군벌의 후계자로 성장한 오카야마현(岡山縣) 출신이었다. 그는 정당과 협조관계 속에서 군정가로 성장하여 적극적으로 대륙정책을 추구하였다는 점에서 다나카와 유사하였다. 그러나 우가키는 조슈벌의 육군 지배에 대해 비판적이었다. 그리고 "기성사실의 현상유지", "경제적 평화적 발전" 수단을 중심으로 한 대륙정책을 지향하였다는 점에서 다나카와 구별된다. 육군대신이 된 우가키는 그러한 입장에서 자주적으로 군제개혁 쇄신을 단행하였다.[34]

이 점은 1931년 만주사변 전후 일본 정세의 급변과 우가키의 조선총독정치를 이해하는 데 매우 중요하다. 무엇보다도 군제개혁 쇄신과 군축 등 육군대신으로서 단행하였던 시책을 통해서 우가키 군벌이[35]

---

34) 伊藤隆, 《昭和初期政治史研究—ロンドン海軍軍縮問題をめぐる諸政治集團の對抗と提携》, 東京: 東京大學出版會, 1969, pp.300~309; 松下芳男, 《日本軍閥の興亡》 3, 東京: 人物往來社, 1967, p.26.

형성되었기 때문이다. 그 과정에서 우가키는 반대파도 낳았다. 그러나 군부 안에서 능력을 인정받았던 것이다. 이는 우가키의 옹립을 기획한 쿠데타 '3월사건'이 일어났을 정도였다. 그러나 쿠데타의 실패를 예상한 우가키는 그에 불참하였다.[36] 이로써 3월사건은 미수에 그쳤다. 그리고 우가키는 같은 해 4월 육군대신에서 사직하였다.[37] 우가키가 조선총독으로 부임한 것은 그 이후 6월이었다. 그러므로 우가키는 조선총독의 일본 정부에 대한 상대적인 그러나 적극적인 정치적 자율성을 적극 활용하여 자신의 정치적 재기의 발판으로 삼고자 하였다. 그것은 자신이 갖고 있던 지론에 입각하여 '조선개발정책'을 성공적으로 이끌어 일본이 당면한 위기를 극복하는 데 일조함으로써 차기를 도모하는 것이었다.

우가키의 조선개발정책은 스스로 "혁신"파임을 자임하던 우가키가 영미협조노선과 평화적인 경제적 수단을 활용한 북진대륙정책노선을

---

35) 메이지·쇼와기 일본 육군을 주도해온 조슈벌은 데라우치 사후 다나카 육군대신 시기에 육군대학벌과 혼교되며 번벌적 지배력을 상실하기 시작해 우가키 육군대신기에 이르면 사실상 그 명맥을 상실하고 일본 육군의 주도세력은 육군대학 출신을 중심으로 한 소화 군부로 변모되었다.[松下芳男, 《日本軍閥の興亡》2, 東京: 人物往來社, 1967, pp.188~189; 井上淸, 《新版 日本の軍國主義 III: 軍國主義の展開と沒落》, 東京: 現代評論社, 1975, p.82 참조]

36) 井上淸, 《宇垣一成》, 東京: 朝日新聞社, 1980, pp.224~238; 秦郁彦, 《昭和史の軍人たち》, 東京: 文藝春秋, 1982, pp.311~314.

37) 北岡伸一, 《政黨から軍部へ, 1924~1941》, 東京: 中央公論新社, 1999, p.154. 이 사건으로 우가키는 군부의 청년 막료층으로부터 신망을 잃었고, 이는 1937년 대명을 받은 우가키에게 육군이 육군대신을 추천하지 않아 조각에 실패하는 결과를 낳았다.[北岡伸一(1999), pp.273~275] 이것으로 우가키 시대도 종말을 고하였다고 할 수 있다.

통해서 독자적으로 추진한 것이었다.38) 잘 알려진 바와 같이, 1920년
대 말은 중국 내셔널리즘의 고양, 세계공황, 소비에트 러시아의 군사
적 부활 등이 전개되던 때였다. 이러한 상황을 배경으로 일본에서는
만주사변 이전부터 대륙정책을 군사적 관점에서 일신(一新)하고, 이
에 조응하여 국내 정치구조를 혁신하려는 이른바 '혁신'세력이 군 내
부에서 대두하고 있었다. 우가키의 옹립을 꾀한 3월사건은 그 귀결의
하나였다. 그것은 젊은 '혁신' 군부세력이 종래와 같이 군 내외에 광범
위한 영향력을 가지고 있던 번벌에 상당하는 세력이 존재하지 않는
상황에서 일으킨 것이었다. 당시 우가키는 스스로 혁신을 자임하는
결단력 있는 지도자로 청년 장교들에게 신망을 받고 있었다. 그들이
3월사건으로 우가키의 옹립을 꾀한 것은, 그러한 우가키에게 대륙정
책의 체계성과 이에 대한 국내 통합의 실현을 기대하였던 것이다.39)
그러나 그에 부응할 것 같았던 우가키의 변심으로 쿠데타는 실패하고
말았다. 그리고 관동군이 주도한 만주사변이 발발하였다. 이러한 정
황에서 일본의 대륙정책도, 국내 정치구조도, 크게 변화되지 않을 수
없었다.

　관동군이 만주점령계획을 구체화하여 실천하는 동안, 일본 국내에
서는 군부 급진파와 우익세력의 파쇼적 국가개조운동이 급속히 진행
되었다.40) 다른 한편으로는, 만주사변을 계기로 군부의 정치적 진출

---

38) 伊藤隆(1969), pp.302~307; 北岡伸一(1999), p.153.

39) 北岡伸一(1978), p.337; 《鈴木貞一氏談話速記》 上, 北岡伸一(1999), pp.149~
　　150; 衣笠哲生, 〈中日戰爭の展開と軍部〉, 小島恒久 編, 《1930年代の日本—大恐
　　慌より戰爭へ》, 東京: 法律文化社, 1989, p.66.

40) 鈴木隆史, 《日本帝國主義と滿洲—1900~1945》, 東京: 橋書房, 1979, p.155.

이 강화되면서 새로운 사태에 대응하는 군의 방식을 둘러싼 대립이 군내의 파벌항쟁으로 전개되었다. 이미 청년 장교들이 '3월사건', '10월사건', '5·15사건' 등 '하극상' 쿠데타를 기획하며 육군 혁신운동의 저류를 움직이고 있었다. 그들 청년장교들의 황도파와, 그러한 움직임으로 문란해진 군 질서의 재건을 강조하며 "합법적 국가혁신"을 추구한 군 수뇌부 중심의 통제파가 대립하였다.41) 그러나 양쪽 모두 대륙정책 면에서 만주를 소련에 대한 전진기지로서 중시하였다. 다시 말해서, 대륙진출의 교두보로서 만주를 전략적으로 중시하였다. 이는 그곳을 거점으로 한 한국의 독립운동을 진압하여 식민지 한국의 지배의 안정성을 유지함으로써 제국주의적 권익을 확보해야 한다는 입장과 나란히 하는 것이었다. 이러한 그들의 생각은 외교적 협조관계 속에서 중국 문제를 해결하려는 정당내각과 대립되었다. 그들은 정당내각의 외교노선이 타협적 굴욕적이라고 여겼다. 그리하여 그에 대한 절대 반대를 표명하며 비판하였다.42)

이러한 군부의 대륙정책은 분명 우가키와는 달랐다. 우가키는 조슈 육군벌 다나카의 후계자로 정당내각의 육군대신이 되어 군정가로 성장하였지만, 정당과의 우호관계 속에서 군비의 근대화를 추진하고, 대외정책 면에서도 영미협조 속에서 일본의 권익을 확보하고자 하였기 때문이다. 그러나 3월사건으로 우가키는 청년장교들의 신임을 잃고 말았다. 그리고 이후 조선총독으로 부임함으로써 일본 본국의 정

---

41) 北岡伸一(1999), pp.212~239; 衣笠哲生, 〈中日戰爭の展開と軍部〉, 小島恒久 編, 《1930年代の日本─大恐慌より戰爭へ》, 東京: 法律文化社, 1989, pp.65~70.
42) 橫田耕一, 〈1930年代の政治〉, 小島恒久 編(1989), pp.121~123.

계로부터 떨어져 있게 되었다.

당시 일본 국내에서는 1933년 10월 오상(五相; 首相·外相·藏相·陸相·海相)회의에서 종래의 '일만블록'론에서 일보 진전한 '일만지(日滿支)블록'론을 결의하였다. 이후 1934년에 들어서면 일본이 '동아평화'(東亞平和)의 책임자임을 역설하기 시작하였다. 일본은 이제 시야를 아시아에서 확대하여 동아시아에 국한하지 않으며, 구미를 배제하는 아시아주의로 나아가기 시작하였다.[43] 한편, 1932년부터 분열의 조짐을 보이던 군부혁신파('초기 황도파')의 대립이 격화되었다. 1936년 '쇼와(昭和)유신'의 단행을 내세운 황도파의 2·26사건을 정점으로, 군 통제파가 군부와 일본 정치의 주도권을 장악하였다. 그리고 2·26사건 이후 통제파가 장악한 군부의 간섭 아래에서 히로다(廣田弘毅) 내각이 성립하였다.

히로다 내각은 〈일본제국국방방침〉을 개정하였다. 그 주요 내용은 육해군대신 현역무관제의 부활, 이후 전쟁으로 나가는 기준이 된 〈국책의 기준〉 결정, 〈일독방공협정〉(日獨防共協定) 체결 및 군비확장계획의 수립 등이었다. 이와 더불어 재정정책을 전환하여 전시경제체제의 초석을 놓았다. 이후 정당정치는 실질적으로 종언을 고하였다. 그리고 1937년에 성립한 〈국가총동원법〉은 결국 의회정치를 형해화하는 것이었다. 그리하여 신체제 운동이 전개되는 가운데 모든 정당이 해산되고, 1940년 10월 다이쇼익찬회(大正翼贊會)가 성립하였다.[44]

---

43) 北岡伸一(1999), pp.184~186.
44) 衣笠哲生(1989), pp.68~72; 北岡伸一(1999), pp.264~356.

우가키는 한국에서 만주사변 소식을 듣고, 그것이 "제국흥쇠(興衰)의 중대문제화 되었다"고 판단하였다. 그는 비록 한국에 있었지만, 육군대신을 비롯한 군 수뇌부가 이른바 우가키 군벌로 총칭되던 이들(참모총장 金谷, 육군대신 南, 관동군사령관 本壓繁 등)이라는 점에서 특별히 많은 관심을 기울이고 있었다. 그는 만주사변으로 인한 제국 흥망의 주요 문제가 발발한 데 대하여 "남의 일처럼 방관할 수 없는" "중대한 책임"을 느낀다고 토로하며,45) 본국의 정세를 주시하였다. 우가키도 관동군과 마찬가지로 만몽에서 일본의 권익을 증대하기 위하여 독립국을 건설해야 한다는 입장이었다. 그러나 그것은 "일본과 중국·러시아 3국간의 진정한 완충지대로서" "독립정권을 수립"해야 한다는 것으로,46) 관동군과는 다른 관점에서였다. 이는 한국 중심의 일선만블록 대륙정책 구상에 입각한 것이었다. 만몽에 배타적인 이권을 확보하기 위하여 독립국을 수립하여 그것을 거점으로 대륙정책을 추진하려는 군부의 구상과는 차이가 있었다.

'혁신'을 내세운 청년장교들도 구미에 대한 일본의 열세를 인정하지 않는 것은 아니었다. 그들 역시 일본이 구미에 대하여 열세라는 점을 중시하였다. 그러나 그들은 영미협조주의 외교를 지속하는 정당세력들과는 달리, 일본의 열세를 급격히 변화시키고자 하였다. 때문에 그들은 열강과의 외교적 협조관계 속에서 점진적으로 일본의 권익을 확보하려는 정당내각과, 그와 제휴하여 기득권을 행사하고 있는

---

45) 《宇垣一成日記》 2(1931. 10. 1·3.), pp.812~813.
46) 《宇垣一成日記》 2(1931. 10. 24.), p.815.

재래의 군벌세력에 대하여 비판적이었다. 우가키는 사실상의 육군 근대화와 개혁을 단행한 인물이었다. 혁신적인 개혁을 지향하였던 청년장교들이 그를 옹립하려 하였던 것도 그러한 연유에서였다. 또한 우가키는 스스로 내정·외교 면에서 '혁신'파임을 자임하였다. 그러나 우가키는 그들 청년장교들과는 외교와 대륙정책에 대한 생각이 달랐다. 우가키가 3월사건에 동참하지 않은 것은, 성공에 대한 불확신 때문이라고 알려져 있다. 그러나 다른 한편으로는 그러한 정책상의 차이도 작용하였다고 할 수 있다.

우가키는 군정가로서의 포부를 가지고 있었다. 그러나 그것을 쿠데타와 같은 급격한 변혁을 통해서 이루고자 한 것은 아니었다. 그는 기성의 정치질서 속에서 일본의 실익을 확보하는 점진적인 '개혁'을 통하여 실권을 장악하고자 하였다. 따라서 그는 군사적인 직접행동을 도발한 관동군과, 이를 제어하지 못하고 그에 추수하는 일본 정부에 대하여 비판적이었다. 그는 이를 "헌정상도(憲政常道) 등에서 헌정은 울고 국민은 절대 납득할 수 없다"고 평하였다.[47] 그러면서 "크게 말하면 세계의 우가키, 적어도 일본의 우가키"가 되고자 하였던 우가키는, "정당이 일본의 우가키를 맞아들이는 형식 내용을 갖추어 말한다면, 사위의 형세가 이것을 필요로 한다면 나도 이를 고려하지 않을 수 없다"고 하였다.[48] 그는 기존 정당내각과의 관계 속에서 정세를 예의 주시하며 일본 정계로 돌아갈 때를 기다리고 있었다.

---

47) 《宇垣一成日記》 2(1933. 4. 10.), p.900; 鎌田澤一郎(1937), p.112.
48) 《宇垣一成日記》 2(1932. 4. 12.), p.900.

이렇게 정당내각에 대한 생각이나 대륙정책 면에서 혁신군부세력과 입장을 달리하였던 우가키는, 한국 식민지 지배를 통해서 자신의 능력과 정치적 구상의 정당성을 입증하고자 하였다. 그는 스스로 새로운 도약의 기회를 마련하고자 하였다. '조선 특수사정론'을 강조하며 실시한 '조선개발정책'은 그러한 우가키의 정치적 구상 속에서 기획된 것이었다. 그러나 그러한 노력이 있었음에도 결국 우가키에게는 조각을 성사시킬 운이 따라주지 않았다. 그리하여 조각에는 실패하였지만[49] 조선총독 우가키의 '조선산업개발정책'은 후임 미나미 총독에 의하여 중일전쟁기에 '병참기지화' 정책으로 재편, 계승되었다. 이후 그것은 우가키가 입론한 일선만블록 구조 속에서 고이소(小磯國昭)와 아베(阿部信行) 총독을 통해서 본국에 솔선하는 식민지 조선의 동원, 통제체제로서 한층 강화되어 갔다.[50]

---

49) 우가키는 2·26사건 이후 정우회 총재파와 민정당 주류파의 정민연휴(政民連携)운동에 힘입어 내각수반으로서 조각할 기회를 맞았지만 군부대신 현역무관제에 의거해 군부가 육군대신을 추천하지 않아 조각에 실패하였다. 3월사건으로 이미 혁신장교들의 신뢰를 상실하였던 우가키는 정당과 재벌의 관계, 외교관과 대륙정책에 대한 입장의 차이 등으로 육군 중견층이 반대하여 조각의 대명을 반납할 수밖에 없었다.(加藤陽子, 《摸索する1930年代—美日關係と陸軍中堅層》, 東京: 山川出版社, 1993, pp.227~226; 橫山臣平, 《秘錄石原莞爾》, 東京: 芙蓉書房, 1973, pp.279~280)

50) 이들은 모두 우가키 육상 시절 우가키벌에 속하였던 인물로, 대륙정책 등 구체적인 문제에 관해서 우가키와 같은 입장에 있었던 것은 아니지만 조선총독정치를 시행하며 조선의 특수성을 강조하며 자율적 통제체제를 구축해 일본 정부에 대한 상대적 자율성과 정치적 발언권을 확보하려 하였다는 점에서 공통적이었다.[伊藤隆(1969), pp.300~315; 전상숙, 〈일제 군부파시즘체제와 '식민지 파시즘'〉, 방기중 편, 《일제 파시즘 지배정책과 민중생활》, 서울: 혜안, 2004; 전상숙, 〈일제의 식민지 조선 행정일원화와 조선 총독의 '정치적 자율성'〉, 《일본연구논총》 제21호, 2005 참조]

우가키 조선총독이 만주사변 이후 중일전쟁으로 군국주의적 침략을 확대해 가던 일본 혁신세력의 '일만블국', '일만지'블록론에 대해서, 한국을 중심으로 한 '일선만'블록 구상을 실행할 수 있었던 추진력은, '조선 특수성론'을 앞세운 조선총독의 특권에 있었다. 앞에서 언급하였듯이, 조선총독의 특별한 지위, 곧 조선총독의 한국 통치의 자율성은, 1910년 병합 당시 일본 육군이 북진대륙정책 차원에서 한국을 육군 군벌의 독자적 지배영역화한 데서 비롯되었다. 당시 육군 조슈벌의 지도 아래 있던 일본 정부와 군부는, '정략(政略)과 전략(戰略)'이 일치하여 육군대신 데라우치를 중심으로 한국 병합을 단행하였다. 그리고 무관총독에게 한국 통치의 전권을 부여할 것을 명문화하여, 반도 한국을 육군의 북진대륙정책의 초석으로 확보하였다.[51]

다이쇼 데모크라시기 하라 내각의 출범으로 식민지 정치의 정당정치화가 추진되었다. 그러나 조선총독의 권한은 추밀원을 중심으로 한 번벌세력의 후원에 힘입어 방어되었다. 한국 병합 당시 정략과 전략이 일치함으로써 구축된 조선총독의 한국에 대한 전권은, 정세의 변화로 정략과 전략이 균열되었음에도, 종래 육군 대륙정책의 전략적 관점에서 수호되었다. 한국은 만주 지배를 일본 국가의 최대 팽창의 목표로 삼고 있던 번벌세력이[52] 한국을 기반으로 그 목적을 추진할 수 있도록 설정한 군사적 보루였다. 그러한 재래 번벌세력의 전략과 조선총독의 정치적 목적, 곧 천황에 직예한 조선총독정치의 전제적

---

51) 전상숙(2006) 참조.
52) 井上淸, 《日本の軍國主義 ― 軍國主義の展開と沒落》 III, 東京: 現代評論社, 1975, p.70.

권한을 수호하고자 하는 욕망은 일치하였다. 그리하여 한국 지배의 정치적 안정성이 일본 국가의 성장에 얼마나 중요한지 강조함으로써, 조선총독정치는 일본 본국에 견주어 상대적으로 통치의 자율성을 보호받을 수 있었다.

그런데, 앞에서 본 바와 같이, 다나카로 대표되는 신세대 육군과 이른바 '혁신' 군부세력의 등장은 일본 제국주의의 팽창 목표를 확대시켰다. 여기서 한국은 이미 일본의 지배영역으로 확보된 곳으로서 특별한 정치적 전략적 의미를 부여받지 못하였다. 구미 열강에 대한 열세를 급진적으로 변혁하고자 하는 일본 신세대 육군의 혁신세력이 주목한 것은 만주였다. 그들은 만주를 일본 국가의 대륙팽창 거점으로서 중시하였다. 이에 반하여 한국 식민지 경영을 통해서 정치적 재기의 발판을 모색하고자 한 우가키 총독은, 한국의 산업개발정책을 통하여 일본이 당면한 체제적 위기를 타개하고자 하였다. 정세의 변화와 함께 군부의 세대교체가 이루어지면서, 결과적으로 군부 내 대륙정책상의 전략적 균열이 형성되었다. 이때 조선총독정치의 자율성은 '조선의 특수성'을 앞세움으로써 사실상 혁신세력의 지배 아래 있던 일본 정부에 대한 정치적 협상력으로 기능하였다. 그리하여 조선총독이 한국 독자의 자율적인 산업개발정책을 시행하는 동력으로 작용하게 되었다.

여기서 다시 생각해보아야 할 것은, 식민지 장관에 대한 일본 정부의 감독권한을 규정하기 위한 식민지 관제개정 심의 당시, 추밀원회의에서 매번 특별히 조선총독의 권한을 강조하여 조선총독정치의 자율성을 강력히 주장해 관철시킨 인물이 전 조선총독들(사이토와 미나미53))이었다는 사실이다. 이는 사이토의 경우에서 알 수 있듯이, 조선총독을 역임하면서 일본 정부의 정치변동이 조선총독정치에 직접적으로 영향을 미치게 될 경우, 한국 지배의 안정성을 유지하기 어렵다는 것을 경험적으로 체득한 결과라고 할 수 있다. 한국에 대한 지배가 불안정해진다면 일본 국가가 대륙으로 팽창하는 데 장애가 될 수밖에 없다는 사실을 심각하게 고려한 것이었다. 그러므로 병합한 한국의 일본 국가화가 필수적이라는 판단 위에, 이를 위한 조선총독의 전제적 통치권의 필요를 역설한 것이라고 할 수 있다. 천황에 직예한 조선총독의 권한, 곧 조선총독정치의 상대적인 정치적 자율성을 유지함으로써 한국 병합의 목적을 공고히 하려 한 것이었다.54) 이와 같이 조선총독정치의 상대적인 자율성은 일본 정부에 대한 정치적 견제력을 가지며 독특한 일본의 한국 식민지 지배구조를 형성하는 동인(動因)이 되었다.

5.2.2. '군사' 우위의 조선총독정치와 솔선적 '관치' 통제구조의 형성

그러면 일본 정부에 대한 조선총독정치의 상대적 자율성을 견지하게 한 이른바 '조선의 특수사정', '조선 특수성'이 한국 식민지 지배정책과 관련해서 갖는 의미는 무엇인가. 먼저, 데라우치–하세가와–사이토–야마나시–우가키–미나미–고이소–아베로 이어지는 역대 조선총독들을 보자. 그들은 모두, 조각에 실패한 우가키를 포함해서, 데라

---

53) 〈行政簡素化實施ノ爲ニスル內閣所屬部局及職員官制改正ノ件〉,《樞密院會議筆記》, 1942. 10. 28, 日本國立公文書館 소장.
54) 전상숙(2006) 참조.

우치·사이토·고이소·아베 등 일본의 총리대신을 역임한 역대 일본 정치의 거물들이었다. 그리고 정당내각기의 사이토만 예외적 존재일 뿐, 모두 육군대장 출신의 군정가(軍政家)들이었다.

이와 관련해서 조선군사령관을 보면, 그들 또한 모두 군부의 거물들이었다. 그들 또한 고쓰키(上月良夫)를 제외하고 모두 육군대장을 역임하였다. 또한 조선총독과 조선군과의 관계를 보면, 1919년 조선총독부 관제개정 이래 조선총독에게는 조선군에 대한 지휘권이 없고, 군사령관은 동격의 친임관이었다.

그러나 같은 시대 두 사람의 관계를 보면, 조선총독이 조선군사령관의 선배이고, 미나미와 고이소는 모두 군사령관을 역임한 인물들이었다. 법제와 관계없이 조선총독이 조선군사령관을 사실상 휘하에 두고 있었음을 알 수 있다.[55]

또한 1919년 식민지 총독 무관전임제를 개정한 조선총독부 관제개정이 이루어졌음에도, 사실상 순수한 문관 출신 조선총독은 한 명도 없었다. 조선총독부 관제개정을 주도한 하라 내각이 조선총독으로 임명했던 사이토도 문관이 아닌 해군대신 출신의 무관이었다. 사이토를 제외하고 조선총독은 모두 육군 무관 출신이었다. 1919년 조선총독부 관제개정 때에는 한국의 병합을 주도하여 조선총독정치의 기반을 구축한 데라우치가 실각하기는 하였지만 실존해 있었다. 하라 내각은 그를 포함한 번벌·관료세력을 고려하며 정치적 협조를 얻지 않고서는 조각할 수 없었다. 그러므로 추밀원을 통해서 관제가 개정되었음

---

55) 松下芳男, 《日本軍閥の興亡》 2, 東京: 人物往來社, 1967, pp.270~271.

에도 조선총독의 권한은 유지될 수 있었다. 또한 순 문관 출신 조선총독의 출현은 사실상 불가능하였다. 이러한 사실은 한국 병합의 기본 목적, 곧 반도 한국은 일본이 러시아를 견제하며 북으로 나아가고자 하는 육군 대륙정책의 보루라는 병합 당시의 의도가 근건히 지켜진 것이었다고 할 수 있다. 다시 말해서, 한국은 일본 정계의 변화 속에서도 일본 육군벌이 구축해 놓은 육군 대륙정책의 수행상 필수적인 일본 국가화를 위한 육군 독자의 지배영역, 곧 직할령으로 존속되었던 것이다.

무관 총독이 '조선의 특수사정', '조선 특수성'을 강조하여 일본 정부의 일원적인 식민지 통제에 대해서 정치적 견제력을 가지며 조선총독정치의 상대적인 자율성을 지켜 나간 것은, 한국 식민지 지배정책과 관련해 중요한 두 가지 의미를 갖는다고 할 수 있다. 먼저, 그것은 한국이 러시아를 견제하며 북으로 향하는 육군 대륙정책의 보루라고 하는 한국 병합의 기본 목적이 견지된 것이었다. 이는 곧 반도 한국이 섬나라 일본 육군 군부의 독자적인 지배영역화 되었다는 것을 의미한다. 이는 곧 병합된 한국에서 군사적 지배가 강하였다는 뜻이다. 다시 말해서, 조선총독정치는 민정(民政)보다 군사(軍事)가 우선하는 지배체제를 구축한 것이었다. 육군대신 데라우치가 솔선하여 무단적으로 구축한 이른바 무단통치체제로서 조선총독정치는, 정세 변화에 따라 그 외양만 바꾸며 식민지시기 조선총독정치의 내용을 관통하였던 것이다.

그러한 한국의 입지는 야마가타–가츠라–데라우치로 이어지는 메이지·다이쇼기 일본 육군의 중추 조슈벌의 위세가 절정에 이르렀던 데라우치 육군대신 시기에 구축되었다. 1918년 일본에서 정당내각이 출범하고 데라우치의 후계자 다나카가 육군대신으로 입각하여 조슈 육군벌의 명맥은 지속되었다. 그러나 그 사이 육군에서 융성한 사츠마(薩)벌의 총수 우에하라(上原勇作) 군벌과 다나카는 만몽개발 중심의 대륙정책을 추진하였다. 따라서 1920년대 일본 대륙정책에서 한국의 입지는 약화되었다.

다나카가 육군대신이 된 것은 조슈벌로서는 7년 만에 조슈벌 출신 육군대신이 등장한 것이었다. 그러나 다나카는 대륙정책의 적극화와 조슈벌 타파를 주장하며 대두한 우에하라파와 제휴하였다. 그리고 육군을 번벌의 지배로부터 해방시키고, 대륙정책 또한 방위적인 관점으로부터 해방시켜서 만몽 중심의 경제개발을 통해서 적극적으로 추진하고자 하였다.56) 다나카의 그러한 행보는 이미 그가 육군대신이 되었을 때 그 주변의 군벌을 형성한 것이 종래와 같은 순 번벌세력이 아니었다는 사실에서 연유하는 측면이 있었다. 1920년대가 되면, 군부 세력 안에서 순 번벌세력은 쇠퇴하고 육군대학 출신이 부상해 재래의 군벌과 결합하면서, 그 성격을 달리하였다.57)

---

56) 위의 책, pp.165~188; 北岡伸一(1978), pp.336~337. 다나카가 육군대신으로 입각할 때까지 조슈벌 내에 1911년 육군대신을 그만둔 데라우치를 이을 만한 육군 군정(軍政)의 인물이 없어 우에하라가 뒤를 잇고 뒤에 우가키 군벌과 대결하는 우에하라 군벌이 형성되었다.

57) 1919년 별세한 데라우치의 몰락은 사실상 육군 조슈벌의 말로와 같아 다이쇼 말년에서 쇼와 즈음이 되면 육군대학교 출신이 육군의 요로를 점령해 비육군대학 출신 중·대장은 거의 찾을 수 없을 정도여서, 우에하라 군벌도 융벌과 육군대학벌이 혼교된 것이었다. 1920년대 중반에 이르면 육군의 번벌적 성격은 소멸하고 육군대학벌을 중심으로 분파가 형성되었다.[松下芳男, 《日本軍閥の興亡》 2,

다나카는 그러한 1910년대 말 1920년대 초의 새로운 국내외 정세를 배경으로 출현한 신세대 육군을 대표하는 인물이었다. 그들은 재래의 군벌과 같이 구미에 대한 일본의 열세를 심각하게 인식하지 않았다. 그들에게 일본의 대륙정책은 장기적으로 일본을 강화시키는 것이어야만 하였다. 그러한 다나카에게 자신의 출신과 연계된 종래 육군의 대륙정책과 구상은 사실 자신의 대륙정책을 시행하는 데 질곡이었다. 여기서 다나카는 대륙정책의 적극화와 조슈벌의 타파를 주장하며 대두한 우에하라파와 제휴하여 적극적인 만몽개발 대륙정책을 추진하고자 하였다.58)

1920년대 일본 신세대 육군은 육군대학 출신자를 기층(基層)으로 하고 있었다. 그들은 육군을 번벌의 지배로부터 해방시키고, 적극적 공격적인 대륙정책을 통해서 강한 일본을 구축하고자 하였다. 따라서 1920년대 일본의 대륙정책에서 한국에 대한 관심은 적었다. 다나카가 정당내각의 수반으로서 한국에 대한 일본 정부의 감독권한을 설정한 것도 그러한 맥락에서였다.

그러나 앞에서 보았듯이, 1931년 만주사변 직전 조선총독으로 부임한 우가키의 입장은 그와 달랐다. 다이쇼 말, 쇼와 초에 성격이 변한 육군 군부는 만주사변을 계기로 대륙팽창정책을 본격화하기 시작하였다. 이에 대해서 정책적 차이를 보이던 우가키는, 한국 중심의 대륙

---

　　pp.165~189]
58) 北岡伸一(1978), pp.336~337. 당시 여당 연구회는 베르사이유체제·워싱턴체제를 일종의 국난이라고 여겨 거국일치체제를 구축해 '경제입국주의'를 실현하고자 하였다.(內藤一成, 《貴族院》, 東京: 同成社, 2008, pp.138~141)

정책 구상을 가지고 있었다. 그의 구상은 조선개발을 통해서 일본이 당면한 위기를 타개하는 것이었다. 그것은 3월사건으로 실추된 자신의 정치적 위신을 재건할 초석이었다. 우가키는 '조선산업개발을 통해서 자신의 정치노선이 정당하다는 것을 인정받고, 정치적인 입지를 다지고자 하였다. 따라서 군사 우위의 한국 통제체제는 위로부터의 산업개발정책을 성공적으로 완수하기 위하여 한층 강화될 수밖에 없었다. 그 결과 '조선의 특수성'을 강조해 일본 정부의 일원적인 경제 통제에서 벗어난 독자적인 산업개발정책은, 일본 정부에 솔선하여 관권으로 한층 강력한 '독점' 위주의 통제경제구조를 구축하는 통제경제 개발정책으로 전개되었다.

이것이 일본의 정치변동 속에서도 지탱된 조선총독정치의 상대적 자율성이 한국 식민지 지배정책과 관련해서 갖는 두 번째 의미라고 할 수 있다. '조선의 특수성'을 강조하여 일본 정부의 일만블록 정책에 대해서 일선만블록 정책을 추진한 것은, 조선총독 자신뿐만 아니라 식민지 한국의 실질적인 역량의 증대를 결과로 드러내 입증해야 할 것이었다. 그리하여 일본의 대외정책, 곧 대륙정책상에서 그 공로가 인정되어야 할 것이었다. 그러므로 결과적으로 그러한 이른바 '조선산업개발정책'이란 통제의 강화를 통해서 실질적으로 일본의 대국화에 기여하도록 하는 것이었다고 할 수 있다. 일본 정부에 앞서는 조선총독부의 한국인에 대한 인적 물적 동원을 위한 강제는 필연적이고 필수적이었다. 이는 역사적으로 일본에 대한 우월의식을 갖고 있는 한국인의 강한 민족적 저항의식, 곧 '조선의 특수성'59)상 더욱 요구되는 것이었다. 그러므로 조선총독부의 솔선적인 정신적 동원과 이데올로기 통제 또한 강화되고 수반되지 않을 수 없었다.

5.3. '조선의 특수성'론과 '조선공업화'의 실상
―독점자본 본위의 '관치' 통제

5.3.1. 독점자본 본위의 계획적 관치 '조선산업개발정책'

일본해 중심론 구상에 입각한 식민지 한국 지배방침을 가지고 부임한 우가키는, 당시 일본이 당면한 체제위기를 '조선개발정책'을 통해서 타개할 수 있다는 전형을 보이고자 하였다. 그것은 다른 한편으로는 1927년 조선총독 임시대리로 근무하며 자신의 통치구상을 정립하게 된 우가키[60] 나름의 한국 식민지 지배정책 구상이었다. 그런데 그것은 당시 일본 정부가 추진하던 일만블록에 조선총독이 한국의 경제적 기능을 설정해 위치 지운 것이었다. 그러므로 식민지 경영을 통해서 입증해 인정받아야 할 것이었다.

그러므로 우가키의 한국 산업개발정책에서 가장 중요한 것은, 총독의 기획과 그것을 실행하기 위한 행정력이었다. 그리고 더 중요한 것은 실질적으로 산업개발정책을 추진할 자본이었다. 이미 알고 있는 바와 같이, 당시 일본 정부의 대륙개발 정책에서 한국은 주변부에 있

---

59) 〈昭和16年第79回帝國議會說明資料(警務)〉, 민족문제연구소 편,《日帝下戰時體制期政策史料叢書》第14卷, 2000, pp.469~470.

60) 《宇垣一成日記》 1(1927. 9. 5.), p.604. 사이토 총독이 제네바군축회의에 수석전권으로 파견된 기간 동안(1927. 4. 15~10. 1) 우가키는 조선총독직을 대행하였다.

었다. 그리고 한국의 경제는 거의 파탄상황이었다. 따라서 조선총독의 기획과 행정력에 의한 자본의 동원이 불가피하였는데, 이것이 산업개발 사업의 관건이었다.

그리하여 조선총독 우가키는 공황기 불황과 〈중요산업통제법〉의 경제통제로부터 압력을 받고 있던 일본 독점자본을 한국에 유치하기 위한 적극적인 대책을 강구하였다. 우가키 총독은 일본에서와는 달리 일본 자본가들이 안심하고 한국에 투자할 수 있는 조건들을 고안하였다. 그것은 치안유지와 함께 전력개발과 통제를 통한 전력 공급체계의 확보, 토지가격 통제와 보조금 지급, 〈중요산업통제법〉과 〈공장법〉 적용 기피 등이었다. 이를 통해서 일본 자본가는 안심하고 투자하면서도 일본 정부의 통제에서 벗어나 값싼 한국인 노동력을 이용할 수 있었다. 이러한 조건들은 일본 자본가들이 독점적으로 식민지 초과이윤을 확보할 수 있는 이른바 '자본가 우대정책'이었기 때문이다. 우가키 조선총독은 이러한 일본인 자본가 우대정책을 추진하며 자본 유치에 적극 발 벗고 나섰다. 우가키 총독 재임기인 1932년에서 1937년까지 일본 자본의 한국 투자액은 총 9억 4600만 엔에 이르렀다. 이 가운데 민간자본이 56.1퍼센트를 차지하였다.[61]

앞에서 언급하였듯이, 우가키의 일본해 중심론에 입각한 일선만블록론에서 한국은 정(精)공업지대 일본과 농업·원료공급지로서의 만주 사이의 핵심적 연결고리인 조(粗)공업지대로 설정되었다. 이는 군

---

61) 방기중(2003), p.85; 鈴木正文, 《朝鮮經濟の現段階》, 東京: 帝國地方行政學會 朝鮮本部, 1938, pp.206~211; 河合和男, 〈朝鮮工業と日本資本〉, 姜在彦 編, 《朝鮮における日窒コンチェルン》, 東京: 不二出版, 1985, p.31.

사적 팽창을 통한 만주개발로 열강과의 충돌을 촉진하기보다는, 한국의 산업개발을 통해서 한국을 대륙진출의 교두보로 공고히 하는 것이었다. 동시에 만주를 그에 필요한 농업과 원료지대로 간접적으로 개발하는 것이었다. 이러한 우가키의 조공업지대로서 한국이라는 구상은 궁극적으로 조선총독의 위치를 재확인시키면서 동시에 대륙으로 진출하는 일본의 국력을 강화하고 확대하기 위한 제도적 장치였다고 할 수 있다. 다시 말해서, 열강과 협조관계 속에서 만주에서 일본의 실익을 확보하면서 자국 내의 경제적 생산력과 이익을 유지하고, 동시에 한국의 농촌 과잉인구를 만주로 이주시켜 한국 지배의 안정성도 도모하겠다는 것이었다.62) 그러므로 우가키의 블록개발 구상의 핵심에는 조공업지대로서 한국의 안정적인 발전이 자리하고 있었다.

이러한 조공업지대로서 한국의 의미는 정치적 야심을 가진 우가키가 일본의 중앙 정계로부터 물러나 있는 상황에서 더욱 긴요한 정치적 의미를 가질 수밖에 없었다. 한국이 '안정적'으로 조공업지대로 발전해 실질적으로 일본의 발전에 기여함으로써 우가키의 정책구상이 갖는 정책적 의미와 정치적 입지가 확보될 것이기 때문이었다. 그러므로 안정적인 토대를 확립하기 위한 농촌진흥운동과 함께 한국 농촌의 계급적 모순과 계급투쟁을 완화하고, 공산주의의 침투를 차단하기 위한 시책도 병행되었다. 이와 같이 우가키의 '조선산업개발·공업화'는 한국 식민지 지배의 안정성을 도모하면서, 동시에 일본의 자본주

---

62) 《宇垣一成日記》 2(1934. 3. 25.), p.952; 《宇垣一成日記》 2(1934. 11. 8.), p.975; 《宇垣一成日記》 2(1935. 2. 20, 22, 23.), pp.1000~1002; 《宇垣一成日記》 2(1935. 3. 5.), p.1004; 鎌田澤一郎(1937), p.409.

의적 팽창 요구에 적합한 방식으로 기획된 것이었다. 이러한 우가키의 기본 구상은 다음의 훈시에 잘 나타나 있다.

> 세계 경제 경쟁이 나날이 치열해 가는 현상에서 우리나라 경제·산업의 충분한 진흥·발달을 꾀하려면, 중요 산업을 통제하고 국내 자원 개발을 도모해 자급자족적 국책을 수행하고, 이로써 세계 경제의 불안에 의한 여러 영향에 대해 우리 산업을 옹호하고, 다시 통상상의 장애를 제거해 무역의 유지·발달을 도모해야 한다. 조선은 일찍이 산미증식계획의 실시로 제국의 식량정책에 기여하였는데, 시세의 추이에 따라 다시 면화·양모·기타 경금속 등 우리 판도의 다른 지방에서 생산액이 적은 물자의 공급을 풍부하게 하여 제국의 경제기구에 대해 중대한 공헌을 해야 할 사명을 가지고 있다.[63]

우가키 총독의 조선공업화시책은 "제국의 경제기구에 대해 중대한 공헌을 해야 할 사명" 아래 정책적으로 기획 관리되어야 하는 것이었다. 다시 말해서, 그것은 조선총독부 관권(官權)의 조정 통제 아래 일본의 국가적 필요에 부응해야 하는 것이었다. "국가의 필요, 나라의 번영을 위해 조선은 기쁘게 모든 자원 원료를 제공한다. 대신에 채산이 허락하는 한 자원 원료를 제품화하는 것을 조선에 부여해야 한다. 국가는 바라는 물건을 얻고 조선은 물건 만드는 일을 얻어야 한다"는[64] 것은 바로 그러한 의미였다.

---

63) 〈第14會 中樞院會議に於ける宇垣總督の訓示〉 朝鮮總督府官房文書課 編, 《諭告·訓示·演述總攬》, 1941, p.17.
64) 《宇垣一成日記》 2(1935. 10. 8.), p.1033.

그것이 곧 “조선을 갱생시키고, 조선을 통해서 모국의 약점을 보정하고, 조선에 의해서 모국의 위난(危難)을 구제하고, 조선을 이끌어 모국의 진운에 공헌”[65] 하기 위해 조선총독 우가키가 철저하게 기획 통제하는 조선산업개발의 실상이었다.

그러므로 조선총독부의 ‘관치’ 아래 일본 독점자본을 중심으로 집행된 조선공업화의 내용은 다음과 같았다. “일본 산업자본의 중요성에서 수레의 두 바퀴와 같이” 중요한 “국민생활의 필수품”으로서 일본의 국제수지 개선에 이바지하고, 유사시 “중요한 군수용품”으로도 활용될 수 있는 면화·양모 등 섬유공업과 근대적 산업개발의 동력을 제공하는 전기사업 및 그에 기초한 전기화학공업과 같은 주요 군수공업 분야를 중심으로 실행되었다.[66]

이러한 우가키 총독시기 식민지 한국의 공업정책은, 앞에서 언급한 〈중요산업통제법〉과 〈공장법〉 적용의 회피, ‘자본가우대정책’을 통해서 조선총독부가 행정력을 기능적으로 행사한 내용 속에 잘 나타나 있다. 조선총독부가 ‘조선의 특수사정’, ‘조선 특수성’을 강조해 〈중요산업통제법〉의 적용을 피한 것은, 일본 자본가들에게 대(對) 한국 투자를 통해서 자본을 확대할 기회를 제공하는 것이었다.[67] 또한 한국

---

65) 《宇垣一成日記》 2(1936. 6. 23.), p.1070.
66) 鎌田澤一郎(1937), pp.373~385, pp.408~413. 우가키 총독기 자본을 확장하거나 진출한 일본 독점자본의 내용에 대해서는 이승렬(1996), pp.178~182 표5 및 허수열, 《일제하 한국에 있어서 식민지적 공업의 성격에 관한 일연구》, 서울대 대학원(경제학과) 박사학위논문, 1983, p.34 표5, pp.119~121 표32 참조.
67) 일본에서는 1931년 4월부터 〈중요산업통제법〉이 발효되어 실질적인 경제통제가 시행되고 있었다.

에 투자한 일본 자본은 〈공장법〉의 적용을 받지 않는 한국에서 저렴한 노동력을 자의적으로 착취하여 이윤의 극대화를 도모할 수 있었다.[68] 결국 조선총독부는 일본 자본의 유치를 위하여 〈중요산업통제법〉과 〈공장법〉을 한국에서 시행하지 않음으로써, 솔선해서 일본 자본의 독점과 독점 강화를 위한 조건을 조성하고 이를 보장하였던 것이다. 이것이 이른바 '조선개발정책', '조선공업화' 정책의 실상이었다.

또한 '자본가우대정책'의 핵심은 저금리정책과 저가의 전력공급정책이라 할 수 있는데, 그 실상은 다음과 같다. 먼저 조선은행의 대출표준금리를 보면, 1931년 말과 1932년 초를 정점으로 계속 인하하였다. 조선은행의 대출표준금리 인하는 조선은행의 실행금리 및 다른 은행의 실행금리를 인하하는 토대가 되어, 후자 또한 1930년대 동안 급속히 낮아졌다. 이것은 광범한 저축자(한국인)의 희생 위에서 일본 독점자본 중심의 기업 일반에 양질의 자금(저금리 자금)이 제공되고 공채가 발행되었다는 것을 의미한다.[69] 조선총독부는 저금리정책을 통해서 대다수 곤궁한 한국인의 희생 위에, 식민지 한국의 공업화에 투자한 일본 자본의 이익과 독점 강화를 보장하였던 것이다.

또한 조선총독부는 1931년 '발전(發電)계획 및 송전망계획'을 세워,

---

68) 일본에서는 노동자 보호시설로 1916년 9월부터 〈공장법〉과 〈불노역부조규칙〉(夫勞役扶助規則)을 실시해 유년자의 사역을 제한하고 업무상 부상 및 질병, 사망에 대해서 본인 또는 유족에게 일정한 부조금을 지급하도록 하고 있었다. 그 밖에 1927년 1월에는 〈건강보험법〉을 실시하고, 1932년 1월에는 〈노동자재해부조법〉을 실시해 노동자를 보호하기 위한 조치가 시행되고 있었지만, 조선에서는 당시까지 이들 법령이 실시되지 않고 있었다.(朝鮮總督府, 《施政25年史》, 1935, p.951)

69) 허수열(1983), pp.35~39.

전력소비량의 80퍼센트 이상을 공업용으로 전환할 계획을 수립하여 일본 자본의 유치를 촉진하였다.[70] 잘 알려진 바와 같이, 자본·기술·원료와 함께 동력은 공업발전의 기초조건이다. 조선총독부는 자본과 기술관계상 민간자본에게 수리권(水利權)을 주어 전원(電源)을 개발하고, 이를 근거로 일본 자본을 유치하였다. 우가키 총독은 전력을 동력 및 원료로 개발하여 중화학공업을 일으키고자 하였다. 그러므로 저렴한 전기 동력의 확보를 식민지 한국 공업화의 첫 번째 관건으로 매우 중시하였다.[71] 그리하여 급속히 전원을 개발하여 충분한 발전능력을 확보하고자 하였던 우가키는, 단기간에 부전강댐을 건설한 일본질소[日窒]에게 미쓰비시(三菱)가 가지고 있던 장진강 수리권을 넘겨주었다. 그 결과 1933년 5월 장진강수전주식회사가 성립된 이래, 1938년 7월까지 네 개의 발전소가 완공되었다. 총 34만 킬로와트의 발전량이 확보되었다. 더불어 자재·기기류의 국산화도 이루어졌다.[72]

당초 송전 부문은 조선총독부가 맡을 계획이었다. 그러나 "재정관계상 실시되지 못하고 민간회사인 일본질소계 조선송전회사가 설립되어 담당하였다." 그 결과 전원의 개발뿐만 아니라 송전 부문에서도

---

70) 河合和男(1985), pp.31~32.

71) 宇垣一成, 〈朝鮮の將來〉(1934. 10.), 《朝鮮》 第233號, p.22; 鎌田澤一郎(1937), p.86.

72) 金早雪, 〈日窒コンチェルンにおける朝鮮窒素〉, 姜在彦 編, 《朝鮮における日窒コンチェルン》, 東京: 不二出版, 1985, pp.99~100; 尹明憲, 〈朝窒による電源開發〉, 姜在彦 編, 《朝鮮における日窒コンチェルン》, 東京: 不二出版, 1985, pp.149~162.

일본 독점자본이 장악하게 되었다. 일본질소는 식민지 한국에서 전기를 토대로 하는 전기화학공업을 중심으로 성장하였다. 당시 일본질소는 최대 전력생산자이자 최대 소비자였다.[73]

이러한 우가키 총독의 조선전력개발정책은 1932년 2월 공포한 〈조선전기사업령〉에 입각해 이루어졌다. 그것은 전기사업에 대한 조선총독부의 통제권한(제17조~제20조, 제23조~제34조)을 사실상 일본 이상으로 강화하여 시행하는 것이었다. 일본에서는 "공익상 필요하다고 인정되는" 경우에 전기공작물 시설 및 공사를 명할 수 있도록 되어 있었다. 이에 반하여 한국에서는, 명령의 근거를 "전기사업의 통제상 필요하다고 인정되는" 경우로 명시하였다. 또한 인가제로 되어 있는 전기요금에 대해서도, 조선총독이 전기요금 및 공급조건에 관한 "명령을 발하고 또 처분할" 권한을 가지고 있었다. 나아가 조선총독에게는 주식배당율의 권한 등 이익금의 처분과 회사간부의 개정과 임명 등의 권한도 있었다.[74]

이러한 조선총독부의 전력정책은 전기사업 특유의 기업 독점적 경향을 배제하고, 조선총독부가 전원 개발을 촉진하여 저렴하고 풍부한 전력공급을 확보함으로써, 광업(특히 산금업) 및 공업의 진흥을 독려하기 위한 것이었다.[75] 이 모두는 식민지 한국의 공업화를 위한 토대

---

73) 三宅晴輝, 《新興コンチェルン》, 東京: 春秋社, 1937, p.82; 東洋經濟新報社, 《朝鮮産業の決戰再編成》, 1943, p.37, p.172. 이렇게 우가키 총독시기에 조선에서의 사업 기초를 확보한 일질의 노구는 우가키 산업정책 수행의 제1인자이자 최대 수혜자라고 해도 과언이 아니다.[姜在彦 編(1985), pp.360~361]
74) 朝鮮電氣協會, 《朝鮮の電氣事業》, 1937, pp.32~33.
75) 尹明憲(1985), pp.155~156.

구축이라고 할 수 있었다. 그러나 그 투자와 내용과 결실이 모두 조선 총독부의 비호를 받는 일본 독점자본에 의하여 이루어지는 것이었다. 그러므로 그 결과에 대한 평가는 재론의 여지가 없을 것이다.

특히 일본질소는 조선총독부와 이해가 일치하여 우가키 총독과 밀접한 관계를 맺으며, 전력개발을 중심으로 식민지 한국에서 사업 확장의 길을 열었다. 화학공업의 특징은 원재료에 화학적 변화를 촉진시켜 무언가 사용가치를 갖는 제품을 생산하는 데 있었다. 일본질소는 그러한 화학공업의 특징에 힘입어 전기를 토대로 전기화학공업을 다각화하며 발전시켰다. 그것은 풍부한 한국의 자원(정어리기름·갈탄)을 생산과정에 활용하여 더욱 다양하게 성장할 수 있었다. 이러한 일본질소에 의한 생산 확대 및 다양화가 화학공업 부문을 급성장시켰다. 그리하여 1930년대 식민지 한국의 산업은 화학공업 돌출형 구조로 발달하였다.[76] 동시에 원료자원의 개발과 이용이 일본 독점자본에게 맡겨짐으로써 원료에 대한 독점현상을 심화시켜 갔다.[77]

이와 더불어 1933년과 1934년부터 각각 실시된 면화증산계획과 면양증산계획도 '공동판매제'와 '면화취체규칙'을 강화시켰다. 이는 판매와 소비에 강력한 통제를 가하여 일본 독점자본의 식민지 한국 진출을 견인하였다. 그러나 이는 한국인 농민의 확대재생산과 직물을 생산하는 농가부업에는 결정적인 타격을 주었다.[78]

76) 河合和男(1985), p.32; 金早雪(1985), p.100; 尹明憲, 〈'産業コンチェルン'としての朝鮮窒素〉, 姜在彦 編(1985), pp.235~236.

77) 허수열(1983), pp.73~77, 128~150.

78) 허수열(1983), pp.60~65. 조선총독부 관권에 의한 관치 산업개발정책을 실시하면서 우가키는 자본가·독점 이익에 치우치는 통제는 곤란하다며 독점에 일정

우가키 총독시기 조선총독부의 계획적 관치 산업개발 정책은 일본 질소의 예에서 볼 수 있듯이, 조선총독부와 밀접한 관계 속에서 일본 자본이 식민지 한국 공업화의 동력과 원료 생산을 독점하며 추진되었다. 소수의 일본 독점자본에 의한 공업 원료와 공업 생산의 독점은 일제하 식민지 한국 공업의 전형적인 특징이라고 하지 않을 수 없다. 거기에다 노동자의 대부분이 조선인이었다는 사실은, 생산관계에 민족 문제가 더해지는 특수한 노자(勞資)관계를 형성하였다.79)

이상 살펴본 바와 같이, 우가키 총독이 주도한 조선총독부의 식민지 한국 공업화의 진흥은 한국의 천연자원과 한국인 노동력의 수탈을 전제로 한 일본 자본의 독점 강화를 원천적으로 동반할 수밖에 없었다.

5.3.2. 군수공업 확충정책 — 일본인 공업화와 조선공업의 기형적 성장

그러한 식민지 한국 공업화의 특성은 1937년 중일전쟁 발발 이후 미나미 총독이 '병참기지정책'을 천명하고 전시경제통제 아래 '조선산업개발정책'을 전개하면서 한층 강화되었다. 앞에서 보았듯이, 병참기지정책은 일본 정부의 '일만불가분 강화의 국책수행'과 '광의국방의 완성'을 솔선하여 천명함으로써 식민지 한국 산업개발의 국책·국방

한 통제를 가하여 자본가가와 수요자가 서로 타협·협조하는 '노자(勞資)협조'의 경제통제를 주장하며 조선에 들어온 독점자본의 과도한 이윤 독점에 대해서 통제를 가하기도 하였지만, 전력정책에서 보듯이, 실질적으로 조선의 공업화는 조선총독부의 철저한 독점 본위의 통제에 입각해 있었다.[방기중(2003), pp.87~88]

79) 허수열(1983), pp.125~127.

적 중요성을 정부가 인정하도록 하는 것이었다. 따라서 광의국방 수행에 병참기지로서의 한국이 앞장서서 실질적으로 기여할 필요가 있었다. 그럼으로써 그 기능과 능력은 물론 중요성을 인정받도록 해야 하였기 때문이었다. 1920년대 일본의 정당내각 시기를 거친 뒤에 조성된 1930년대 이래 파시즘기 조선총독부의 식민지 한국 중심 정책은, 모두 그와 같이 솔선적인 정책적 효과를 입증함으로써 본국으로부터 식민지 한국의 특수한 의미와 중요성, 그리고 조선총독의 역량을 인정받아야 하는 것이었다. 그 결과 우가키 총독 시기에 이루어진 조선공업화의 기반과 성과는 군수공업을 중심으로 재편 강화되었다. 그리고, 그에 따라 조선총독부의 관권에 의한 정치사회적 통제 또한 한층 심화될 수밖에 없었다.

그 핵심에는 미나미 총독 시기에, 조선총독부가 우가키 총독이 '조선의 특수성'을 강조하여 회피하였던 〈중요산업통제법〉의 식민지 한국에 대한 적용을 받아들이면서, 역시 '조선의 특수성'을 강조하여 제령으로 한국의 자치통제가 실시될 수 있도록 한 것이 있었다. 조선총독의 제령에 의한 자치통제는, 조선총독의 정책방향에 따라 정치사회적 통제의 방향과 강도가 결정되는 것이었다. 그 방향이 분명하게 드러난 것은, 1938년 4월 일본에서 '물자동원계획'과 '생산력확충계획'을 양대 축으로 하는 〈국가총동원법〉이[80] 제정된 뒤였다. 〈국가총동원법〉은 같은 해 5월부터 식민지 한국에서도 시행되었다. 이후 9월에 개최된 조선총독부 시국대책조사회를 통해서 조선총독의 전시 자치

---

80) 本間重紀, 〈戰時國家獨占資本主義の法體制—戰時企業統制に限定して〉, 《戰時日本の法體制》, 東京: 東京大學出版會, 1979, pp.233~234.

통제의 방향이 분명하게 드러났다.

이 회의를 개최하기 직전 1938년 8월, 조선총독부는 종래 '조선의 특수성'을 이유로 기피하였던 〈공업조합법〉81)을 제령으로 손질하여 〈조선공업조합령〉으로 시행하였다. 이는 일찍이 전시 조선총독부 자치통제의 방향을 드러낸 것이었다. 〈조선공업조합령〉은82) 일본의 그것과 비교할 때, 조선총독부가 상무이사의 임면권(제28조), 이사 선임 인가권 및 필요시 이사와 감사의 해임도 할 수 있도록(제29조) 되어 있었다. 조선총독은 산업 설비의 신설 및 확장 허가권(제13조), 공업조합설립 명령권(제50조)을 갖도록 하고, 그 대상을 중소기업뿐만 아니라 대기업도 포함하도록 하였다. 이는 조선총독부가 강력한 관권을 발휘하여 공업단체와 제조업자를 일괄적으로 조직하고 통제할 수 있도록 한 것이었다. 일본의 〈중요산업단체령〉을 선취한 것이었다.83)

〈조선공업조합령〉이 시행됨에 따라서 1938년 말부터 업종별 공업조합이 조직되기 시작하였다. 그리하여 1943년까지 164개의 공업조합이 설립되었다. 그 결과 전국의 공업단체 및 제조업자가 공업조합으로 조직되어 조선총독부의 관리 아래 놓이게 되었다.84)

〈조선공업조합령〉은 중일전쟁 이후 조선총독부가 그간 '조선의 특수성'을 강조함으로써 피할 수 있었던 일본의 〈중요산업통제법〉을 조

---

81) 일본에서 공황대책으로 만들어진 중소공업자의 카르텔법.

82) 〈朝鮮工業組合令〉, 《經濟月報》, 1938. 8.; 朝鮮銀行調査課, 《朝鮮工業組合令實施と金融組合との關係》, 1938, p.9.

83) 배성준(2001), p.381.

84) 배성준, 〈전시하 '경성'지역의 공업통제〉, 《국사관논총》 88, 2000, pp.254~264.

선총독의 제령권에 의거하여 식민지 한국에서 어떻게 시행하였는지 잘 보여준다. 이와 함께 조선총독부 시국대책조사회는 총독 자신이 조선총독의 상대적 자율권에 의거한 지배방침이 병참기지정책의 목적 아래 나아갈 방향을 천명하였다는 점에서, 이후 조선총독정치의 향방을 제시하였다고 할 수 있다. 이 회의는 미나미 총독이 본국 정부에 대하여 조선총독부의 입장에서 공세적으로 국면을 타개해 나가고자 하였음을 잘 보여준다.

시국대책조사회의를 개최한 미나미 총독은, 개회사에서 한국이 "제국 유일의 대륙 발판"으로서 "병참기지로서의 특별 사명"을 가지고 있으며, 이는 '내선일체'(內鮮一體) 정신에 입각한 정신적 물질적 총동원의 완수에 있다고 천명하였다. 그리고 미나미는 시국대책회의의 목적이 전환기의 "획기적인 계획"을 수립하기 위한 것임을 강조하였다.[85] 시국대책조사회의에 제시된 조선총독부 시국대책준비위원회의 분야별 생산력 확충계획을 보면, 그 획기적인 계획이 '군수공업 확충계획'임을 알 수 있다.[86] 그것은 경금속석유와 대용품·소다·유안·폭약·공작기계·자동차·피혁·철도차량·선박·항공기 등 11개 업종에 대하여 1938년부터 시행할 4개년 개발계획이었다. 이는 만주산업개발 5개년계획에 대응하여 조선총독부가 처음으로 체계적인 생산력 확충계획을 수립한 것이었다. 조선총독부의 병참기지정책이 군수공업을 중심으로 중공업 분야를 개발하는 데 집중되어 있음을

---

85) 朝鮮總督府, 《朝鮮總督府時局對策調查會會議錄》, 1938, pp.9~20.
86) 朝鮮總督府, 《朝鮮總督府時局對策調查會諮問答申書》, 1938, pp.135~146.

천명한 것이었다.

그러한 생산력 확충계획은 조선총독부가 일본 자본에 저렴하게 전력을 공급함으로써 이루어진 것이었다. 저렴한 전력의 공급으로 일본 자본의 식민지 한국의 전력소비산업 분야로의 진출이 확대됨으로써 공업화가 촉진되었기 때문이다. 그러나 다른 한편으로는, 그로 인하여 조선총독부가 경제 통제를 강화하면서 일본 자본의 독점이 심화되었다. 그러므로 생산력 확충계획은 일본 자본의 독점의 심화와 불가분의 관계 속에서 전개되었다. 조선총독부의 국책사업으로 집행된 전원개발사업은 일본질소를 중심으로 한 일본 자본에 의하여 실시되었다.

그리하여 확충된 전력은 군수공업의 양성을 목적으로 한 국책적 계획에 입각하여 소비 주체가 결정되었다. 이러한 현상은 1941년 태평양전쟁으로 전쟁이 장기화되고 확대되는 가운데, 이른바 '고도국방 국가체제'를 구축하기 위한 전략물질의 확보라는 차원에서 추진되었다. 그러므로 더욱 강력한 경제 통제와 함께 동원에도 박차를 가하게 되었다.[87]

그 결과 군수공업화의 주요 동력이자 자원인 전기사업에서 1943년 현재 일본질소계가 전체 수력 발전력의 94.5퍼센트를 생산하고, 61.7퍼센트의 전력을 사용하게 되었다. 이는 일본 자본의 독점이 어느 정도였는지 잘 보여준다고 하겠다.[88] 다소 차이는 있지만 송전

---

87) 尹明憲, 〈朝窒による電源開發〉(1985), p.170.
88) 東洋經濟新報社(1943), p.37, p.172.

및 배전사업 부문에서의 일본 자본의 독점도 크게 다르지는 않았다. 그리하여 미미하게나마 참여해 온 한국인 자본은 완전히 구축되고 말았다.[89]

한편 공업화의 진전은 필연적으로 노동력의 수요를 확대시켰다. 1930년에서 1939년 사이에 공장노동자의 수는 10만 1943명에서 27만 439명으로, 광산노동자는 1930년에서 1938년 사이에 19만 2690명이나 증가하였고, 토건노동자는 1933년 4만 3588명에서 1938년 19만 3237명으로 급증하였다.[90] 조선총독부는 공업화 과정에서 급증하는 노동력의 수요를 식민지 한국의 상대적인 과잉인구를 토대로 한 '지역간 노무수급정책'을 수립하여 관권으로 저렴하게 일본 자본에 공급하였다. 1930년대 말부터 상대적 과잉인구의 수가 고갈되어 가자,[91] 조선총독부는 강제적인 동원정책을 본격적으로 실시하였다. 조선총독부는 〈국가총동원법〉과 농촌재편성정책, 그리고 국민총력운동 등을 통해서 관권으로 노동력을 강제동원 하였다. 그것은 막대한 초과수요 속에서도 노동자의 생활수준을 최저 생존 수준으로 억눌러 둠으로써, 일본 독점자본의 초과이윤을 보장하는 것이었다.[92]

식민지 한국 공업화 과정에서 한국에 많은 회사와 공장이 출현하였다. 일본질소·동양척식회사·미쓰비시·닛테츠·미쓰이·가네

---

89) 허수열(1983), pp.75~77.

90) 허수열(1983), p.85.

91) 1941년 봄 조사에 따르면, 주요 노동력 공급원이었던 농촌에서조차 48만 1987명의 노동력이 부족하였다고 되어 있다.(朝鮮總督府, 《調査月報》, 1942. 4., p.15)

92) 허수열(1983), pp.78~89; 허수열, 〈조선인 노동력의 강제동원의 실태〉, 차기벽 엮음, 《일제의 한국 식민통치》, 서울: 정음사, 1985, pp.290~297, 301~338.

보·식산은행 등이 식민지 한국 전체 일본인 기업 자산의 3분의 2를 차지하였다. 그 밖에 나머지 14개 자본 계통까지 합하면, 식민지 한국 산업의 77.7퍼센트를 일본인 기업 자산이 차지하였다. 일본의 대자본이 식민지 한국의 산업을 장악한 것이었다. 특히 공업자산이라는 측면에서 보면, 식민지 한국의 공업은 곧 일본인 공업이라는 등식관계가 성립된다고 해도 지나친 말이 아니었다.[93] 이러한 소수 일본 자본에 의한 조선총독부의 공업화는 노동 강도가 높은 자본집약적 생산기술을 활용하며 독과점적인 시장구조를 형성하였다. 그리고 생산과정에서는 일부 원료 조달 부문을 제외하고는, 특히 한국인 자본과 연관관계가 없는 자기완결적 생산·소비구조를 가지고 있었다. 이들 업종의 생산액이 비약적으로 증대함으로써 식민지 한국의 공업생산액이 급증하고 공업구조가 고도화된 것 같은 현상을 보여주었다. 그러나 그들 일본인 대공업과 식민지 한국의 공업 사이에는 직접적 연관관계가 별로 없었다.[94]

각종 거시적인 통계자료에서 나타나는 식민지 한국의 광공업 발달은 소수 일본인 거대자본 계통의 성장사와 다름없었다. 이 과정에서 한국인 자본도 이전과 비교하여 절대적으로 성장하기는 하였다. 그러나 그 내용은 자급적 부업적 가내공업과 재래적 기술을 기반으로 한 영세 중소공업과 1차 산품의 단순가공에 그치는 것들이 대부분이었다. 그리고 그 비중도 후기로 갈수록 낮아졌다.

---

93) 허수열, 《개발 없는 개발 — 일제하 조선경제 개발의 현상과 본질》, 서울: 은행나무, 2005, p.172, pp.176~178.
94) 허수열(2005), pp.184~186.

이를 식민지 한국의 근대적 공업이 발달한 것이라고 할 수 있을까. 결코 발전이라고 하기는 어렵다.95) 식민지 한국의 공업, 한국의 산업화라는 관점에서, 이는 일본 자본의 성장을 위하여 기형적 파형적인 구조를 가진 것이었다. 그러므로 계획적 체계적인 한국 산업의 근대적 발전과는 거리가 멀었다.

이러한 1930년대 이후, 이들 업종 생산액의 비약적인 증가에 따른 식민지 한국 공업화의 증진과 공업구조의 고도화는 식민지 한국의 병참기지화라는 분명한 목적을 가진 조선총독부에 의하여 이루어졌다. 조선총독부가 군수공업을 중심으로 일본 자본을 일본의 국책적 차원에서 중점적으로 지원, 통제하며 견인한 결과였다. 그 근저에는 조선총독부의 관권에 의한 식민지 한국의 자원과 한국인 노동력의 강제동원이 있었다. 그러므로 조선총독부가 식민지 한국 공업화를 추진하는 데 필요한 동원을 위해서는 한국인에 대한 정신적 교도와 이데올로기적 통제가 필연적으로 수반되었다.

5. 4. '조선의 특수성'론과 '내선일체'
—조선총독부의 솔선적 전시 '국민총동원' 지배이데올로기

조선총독부의 '국민정신'동원 이데올로기 정책은, 식민지 한국의 공업화와 마찬가지로, 미나미 총독시기 중일전쟁을 계기로 한층 확대

---

95) 허수열(2005), p.178.

강화되었다. 잘 알려진 바와 같이, 중일전쟁 발발 이후 '병참기지정책'을 천명한 미나미 총독은 '내선일체'(內鮮一體) 슬로건을 제창하였다. 그것은 우가키 총독의 내선융화론과 궤를 같이하였다. 물자총동원을 위한 병참기지정책의 이데올로기이자, 식민지 한국을 전시 총동원체제의 총후로 동원하기 위한 국민정신 총동원의 황민화 이데올로기였다.96)

'내선일체'는 한국 병합 이래 일본의 식민지 한국 지배 근본방침이 된 '일시동인'(一視同人)에 준하여, 한국인의 국체(國體) 관념을 확립하고 황국신민(皇國臣民)으로서의 신념을 공고히 하는 것을 말한다.97) 이는 중일전쟁 발발 이후 조선총독부의 식민지배의 본의(本義)이자 지배이데올로기가 되었다.98) 조선총독부는 식민지 한국을 대륙전진 병참기지로 공고히 하기 위한 총동원체제를 구축하면서, 이를 위한 한국인의 '정신적 단결' 곧 '내선일체'를 "제국의 흥아국책 수행상 절대적 전제여건"이라고 하였다.99)

미나미 총독은 중일전쟁 발발 직후인 1937년 7월 22일, 임시도지사 회의에서 '국민정신'을 드높일 필요를 역설하였다. 이후 '내선일체'는,

---

96) 鈴木武雄, 《大陸兵站基地論解說》, 京城: 綠旗聯盟, 1939, pp.29~42; 朝鮮總督府, 《朝鮮總督府時局對策調査會諮問答申書》, 1938, pp.205~206; 전상숙(2004), pp.637~650.

97) 朝鮮總督府, 〈朝鮮における國民精神總動員〉, 《國民精神總動員》, 1940, 민족문제연구소 편(2000), 第50卷, p.336.

98) 〈昭和16年 第79回帝國議會說明資料(警務)〉, 민족문제연구소 편(2000), 第14卷, p.722.

99) 朝鮮總督府, 〈政務摠監事務引繼書〉, 민족문제연구소 편(2000), 第29卷, p.365; 전상숙(2004), p.644.

조선총독부 안에 설치된 조선중앙정보위원회를 필두로 하여 실천적으로 "일본정신을 앙양"하기 위한 관제 국민총동원기구의 근본정신이 되었다.100) 이 조선중앙정보위원회 기구에 기초하여 조선총독부는 중일전쟁 발발 1주년을 기하여 국민정신총동원 조선연맹을 결성하였다. 그것은 국민운동을 통제 강화하기 위한 중앙기관이었다.101) 그리고 1940년 10월에는 이를 개조 강화하였다. 이는 일본에서 진행 중이던 다이쇼(大正)익찬운동에 호응하는 것이었다. 식민지 한국에서 일본에서와 같이 고도국방국가체제의 확립을 목적으로 '국민조직 신체제'를 구축하기 위해서였다. 이것이 '국민총력운동 조선연맹'의 실상이었다.

국민총력운동 조선연맹은 식민지 한국인을 황국신민으로 하여 동원하기 위한 체제를 강화한 것이었다. 그것은 '내선일체·협심재력'을 강조하며 촉구된 시국의 필요에 호응해야 할 책무로서 촉구되었다.102) 중일전쟁이 예상 밖으로 장기화되자, 일본 본국은 물론 조선총독부도 그에 대비하지 않으면 안 되게 되었다. 여기서 미나미 총독은 식민지 한국이 그 능력만으로도 일본의 국책을 수행할 수 있는 병참기지로서의 역할을 수행할 수 있도록 전면적인 재편성을 단행하

---

100) 이 위원회는 정무총감을 위원장으로, 각부 국장과 관방 과장을 위원으로, 관계 각 과장을 간사로 해 총독부 내에 설치되었다. 그 목적은 총독부를 필두로 한 모든 관계기관을 통해서 조선인의 시국 인식을 철저히 하고, 거국일치·진충보국의 전신 함양 계발해 '일본정신을 앙양하기 위한 민심의 계도에 있었다.[朝鮮總督府, 〈朝鮮における國民精神總動員〉, p.338]

101) 국민정신총동원 조선연맹에 대해서는 전상숙(2004), pp.630~634 참조.

102) 朝鮮總督府, 〈朝鮮における國民精神總動員〉, p.336.

고자 하였다. 그러한 목적에 가장 먼저 우선순위가 두어진 것이, 단독으로 병참기지로서의 기능을 수행할 정도로 식민지 한국의 산업을 다각화하는 것이었다. 따라서 특히 군수산업의 육성이 강조되었다.[103]

이는 식민지 한국 경제를 전쟁에 동원시키기 위한 농공병진정책 실시와 함께 시행되었다. 또한 그에 필요한 한국인의 동원을 촉구하기 위한 황국신민화의 강화를 수반하였다. 국민총력운동은 그 최선의 방책으로써 시행된 것이었다. 그것은 조선총독부가 일본의 대륙정책 수행상 "절대 긴요한" 일로 추진되었다.[104] 그러므로 조선총독부가 국민정신총동원운동기구를 '국민총력운동 조선연맹'으로 개조 강화한 것은 그러한 목적에 입각하여 식민지 한국을 실질적인 "총동원체제"로 "정비"한 것이었다.[105]

일본의 대륙 팽창을 담보할 최후의 보루로서 '조선 독자의 대륙전진병참기지화', 이것이 곧 우가키 총독의 산업개발정책을 전시상황에 맞추어 변용 재편한 미나미 총독의 식민지 한국 공업화 정책의 궁극적인 목적이었다. 그러한 목적에 걸맞은 기능을 식민지 한국이 완수하자면, 무엇보다도 국민총동원을 위한 조직 체제를 정비하여 공고히 하는 것이 긴요하였다. 왜냐하면 일본 정부는 물론 조선총독부의 입장에서 볼 때, 식민지 한국의 한국인은 아직도 국민적 교화단결이 불충분한 '특수 사정'이 있다고 여겨졌기 때문이다. 그러므로 조선총독

---

103) 御水洗振雄, 《南次朗の朝鮮統治》, 1942, pp.40~41.
104) 朝鮮總督府, 〈朝鮮における國民精神總動員〉, pp.336~337.
105) 위의 글, p.339.

부는 그러한 실정에 맞는 국민적 운동체계를 수립하여 지도 육성할 필요가 있다고 판단하였다.106)

그리하여 조선총독부는 1940년 9월 11일, 국민정신총동원 조선연맹 조직을 행정면과 합체하는 전국적인 통일체제로 정비하였다.107) 그것은 본국의 신체제운동에 호응하면서도 식민지 한국 "독자의 입장"에서 국민정신총동원 조선연맹을 국민총력운동으로 "전진적으로 개조"하여 식민지 조선의 신체제를 구축하려 한 것이었다.108) 이것이 곧 국민총력운동으로의 개편이었다.

이러한 조직적인 개편은 조선총독부가 천황에 직예하는 총독의 정치적 자율권에 의거하여 식민지 한국 독자의 입장에서 추진한 것이었다. 이는, 일본의 신체제에 호응하지만, 또 다른 '조선의 신체제'였다. '조선의 신체제'란 조선총독이 총재가 되고 조선총독부의 정무총감이 부총재가 되어, 조선총독부의 행정조직과 국민운동조직을 일원적인 체제로 구축하는 것이었다. 그 결과 국민총력운동에 전 식민지 한국인이 의무적으로 가입하도록 하였다. 그리고 농촌진흥운동과 도시의 상공회의소를 비롯한 각종 단체 및 민간의 여러 운동도 모두 거기에 통일되도록 조직화되었다.109)

그러한 식민지 한국의 신체제는 일본의 신체제운동이 각 부문별로

---

106) 〈昭和16年 第79回帝國議會說明資料(警務)〉, 민족문제연구소 편(2000), 제50권, pp.428~470.

107) 國民總力朝鮮聯盟 編, 《朝鮮における國民總力運動史》, 1945, 민족문제연구소 편(2000), 제49권, p.495.

108) 위의 책, p.496.

109) 위의 책, p.497.

전개된 것과는 그 실질은 달랐다. 그것은 조선총독을 정점으로 하여 식민지 한국 전체를 그 아래 조선총독부의 기구와 행정으로 통합시켜 일원적인 총동원 국민운동체계를 구축하는 것이었다.[110] 이는 식민지 전시 총동원체제를 실질적으로 구축하는 것이었다.

이러한 체제 정비가 이루어진 것은 일본 본국에서 1942년 4월 이른바 '익찬체제', 일본의 전시 총동원체제가 수립되기에 앞서서였다. 조선총독이 솔선해서 일본 본국보다 강력하고 일원적인 식민지 한국의 전시 총동원을 위한 조선총독부의 행정체계를 구축한 것이었다.

그러한 '조선 신체제'로 개편된 국민총력운동 조선연맹은, 일본에서 국민총력운동이 정치운동을 포함한 것과는 달리 정치운동은 포함하지 않았다. 그것은 "어디까지나 행정과 일체의 관계에 있는 정신적 실천단체"라는[111] 점이 역설되었다. 조선총독부는 식민지 한국인에 대한 내선일체, 황국신민화를 역설하였다. 그러나 식민지 한국인의 인적 물적 자원의 동원에 대한 권리나 정치적 발언권은 인정하지 않겠다는 입장을 분명히 하였다.[112] 그리고 이러한 조선총독부의 입장은 전쟁이 끝날 때까지 일관되게 유지되었다.

이를 조선총독부는 '조선의 특수사정' 때문이라고 합리화하면서 황국신민화를 촉진하며, 관권으로 한국인에 대한 강력한 사상통제·동원체제를 구축하였다. 조선총독부는 식민지 한국인에게 내선일체의

---

110) 昭和16年 第79回 帝國議會 說明資料(司政), 민족문제연구소 편(2000), 第7卷, pp.601~602; 國民總力朝鮮聯盟 編, 《朝鮮における國民總力運動史》, p.497.
111) 國民總力朝鮮聯盟 編, 《朝鮮に於ける國民總力運動史》, pp.473~474.
112) 전상숙(2004), pp.635~636.

근본전제인 황국신민화는 실천하지 않으면서, 일본인과 동일한 제도 상의 평등만 구한다고 비난하였다. 이것이 바로 비황국신민적 태도이 고 바로 한국인의 의식, 사상이 내선일체가 부족하다는 것을 증명하 는 것이라고 비난하였다. 이것이 바로, 이른바 '조선의 특수성'이라고 부르며 한국인에 대한 권리는 부여하지 않는 조선총독부 측의 기본 논리였다. 그러한 조선총독부가 식민지 한국인에 대하여 말하는 '조 선의 특수사정'이 개선되지 않는 한, 한국인에게 일본인과 같은 권한 은 허용할 수 없다는 것이었다. 그러면서 조선총독부는 '조선의 특수 사정'이 개선되는 정도를 보아서, 일본인과는 다른 한국인의 제도상 의 차이를 점진적으로 개선해 나갈 것이라고 강조하였다.

조선총독부에 따르면 그와 같이 하여 식민지 한국인에게 일본인과 동일한 권한을 부여하게 되는 그 "결정적인 요건"은 한국인이 내선일 체를 구현하여 충성으로 군국에 보답하는 '적심'(赤心)을 앙양하는 것 이라고 하였다.113) 이와 같이 조선총독부는 조선 신체제, 국민총력운 동의 핵심에 "국민사상의 통일" 곧 '내선일체'를 두었다.114) 그것은 바 로 일본 국가의 전시 총동원체제에 적극적으로 호응하여 적심을 실증 해야 하는 것이었다.

그러므로 조선총독부가 강조한 '내선일체'는 곧 일본인과 같은 '국 민'으로서의 권리를 요구하는 한국인에 대하여 '조선의 특수사정'을 논하며, 내선일체의 목적인 황국신민화의 증거를 요구하는 것이었다

---

113) 國民總力朝鮮聯盟防衛指導部, 〈內鮮一體ノ理念及其ノ具現方策要綱〉, 1941. 6, 민족문제연구소 편(2000), 제50권, pp.58~61; 전상숙(2004), pp.646~648.
114) 國民總力朝鮮聯盟 編, 《朝鮮に於ける國民總力運動史》, p.470.

고 할 수 있다. 다시 말해서, 조선총독부의 내선일체는 한국인의 일본 '국민'으로서의 책임과 충실한 의무의 수행을 전제로 하는 것이었다. '내선일체'는 식민지 한국인의 전시 총동원을 촉구하기 위한 조작적 지배이데올로기에 지나지 않았던 것이다.

이와 같이 조선의 신체제는 식민지 한국인에 대한 사상통제와 일본 '국민' 정신의 강제에 따른 동원의 확대·심화를 특징으로 하였다. 그것은 종래 조선총독이 일본 정부에 대한 조선총독의 독자적인 지배 권한을 요구할 때 활용하던 '조선의 특수성'을, 식민지 한국에서 대내적으로 한국인에 대하여 역설하며 구축되었다. 그 내용은 조선총독이 지배의 전권을 십분 활용하여 일본 정부에 솔선하는 관치통제, 총동원체제를 확립한 것이었다. 그러한 식민지 한국의 전시 총동원체제는 조선총독부가 스스로 표방하는 '일시동인'의 내선일체 지배이데올로기와 실행하는 정책상의 차이를, 식민지 한국 대내적으로 이른바 '조선의 특수사정' 때문이라고 하여 해소시키면서 관제적인 위로부터의 동원을 한층 강화한 것이었다.115)

이러한 '조선의 신체제'의 수립은 조선총독정치의 상대적 자율성을 활용하여 일본의 국책에 솔선적으로 기여하면서 이루어졌다. 그러므로 그것은 조선총독이 일본 정부에 대한 정치적 발언권을 공고히 하는 정치적 의미를 갖는 것이었다고 할 수 있다. 이때 '조선의 특수성', '조선의 특수사정'은 일본 정부에 대해서뿐만 아니라, 식민지 한국 안에서 한국인에 대해서도 조선총독의 전제적 권한을 관철시키는 정치

---

115) 전상숙(2004), p.648.

적인 수사로 활용되었다.

그러한 '조선의 신체제'는 일본에서 식민지 행정에 대한 일원화조치가 논의되고 있던 때에 수립되었다. 미나미 총독의 후임으로 고이소(小磯國昭)가 부임하였다. 그는 1942년 5월, 개정된 일본의 관제에[116] 따라서 조선총독부의 행정을 일본의 행정과 일원화시키는 조선총독부의 행정체제 개편을 단행하였다. 이로써 '조선의 신체제' 또한 한층 강화되었다.

앞에서 언급하였듯이, 일본 정부의 '내외지 행정 일원화' 정책이 펼쳐졌음에도, 타지와는 달리 조선총독의 특별한 지위는 사실상 인정된 바와 같았다. 그럼에도 내외지 행정 일원화의 관제 개정은 공식적으로는 조선총독의 자율적인 통치권을 중앙 정부에 공식적으로 예속시킨 것이었다. 일본의 신체제라 불리는 익찬의회 확립 직후 행해진 이 조치는, 전국(戰局)의 변화와 맞물려 조선 지배정책에서 중요한 의미를 갖는다. 그것은 익찬의회의 확립 이래 본격적으로 정비된 일본의 전시 총동원체제가 식민지 행정의 일원화를 통해서 좀 더 노골적으로 강력하게 식민지에 이식될 수 있도록 공식화한 것이었기 때문이다.[117]

그리하여 1943년 12월 일본 정부가 산업행정기구의 전시동원을 위하여 군수성을 설치하고, 전시 총동원체제의 강화에 한층 박차를 가하자, 이에 호응하여 조선총독부는 산업행정기구를 오로지 전쟁 목적

---

116) 1942年 勅令 第725號, 第726號, 第729號
117) 전상숙(2005), pp.287~288.

에 집중시키는 대규모 개혁을 단행하였다. 그리고 전시 지배체제를 강화하기 위해 같은 해 12월 임정방위대책을 세웠다. 그에 따라 1944년 8월에 방위본부를 설치하고, 치안확보를 위한 비상경찰대책을 세워서 무장경찰관의 편성과 방경단·학교총력대·경찰예비원·경찰보조원 등 총동원계획을 수립하였다. 이와 함께 도시의 공장과 연안 주요지 경비를 위한 특별경찰대도 설치하였다. 그리고 1945년 7월에는 국민총력조선연맹을 해체하여 조선국민의용대를 조직하고, 방공·증산·수송 작전 활동을 보조하게 하였다.118)

종전에 이르기까지 일본은 전국(戰局)의 변화에 상응하며 지속적으로 식민지 한국에서 총동원체제를 정비 강화해 갔다. 그러나 '내선일체'를 표방한 실질적인 한국인의 '일본 국민화' 시책은 시행되지 않았다. 1938년 4월에 지원병제도가 시행되었다. 1939년에는 조선민사령의 일부를 개정해서 1940년 2월부터 일본인과 같은 성을 쓰도록 하는 창씨제도가 시행되었다. 그리고 '국어'(일본어) 보급 시책 등이 실시되었다.

이러한 일련의 제도들은 한국인도 일본인과 같이 일본 군대에 참전할 수 있고, 일본인과 같은 성씨를 갖는 일본인 국민으로서 동등한 자격을 갖게 되었다고 선전하였다. 그러나 이러한 시책들은 그 어느 것도 일본인과 같은 일본 국민으로서의 권한, 권리를 식민지 한국인들에게 부여하는 것은 아니었다. 오직 일본이 수행 중인 전쟁의 필요와 일본 국민으로서 짊어져야 할 의무를 마치 일본인과 같은 '국민'으

---

118) 전상숙(2004), pp.624~625.

로서 대접하는 양 선전하는 상징적인 것일 뿐이었다. 실제로 이 모든 시책은 전쟁의 장기화로 인한 인적 물적 자원의 필요에 따라 '대 일본 제국'을 위하여 '국민'을 동원하기 위한 것이었다. 해방될 때까지 식민지 한국인에게는 일본 국민으로서의 어떠한 권리도 제도적으로나마 주어지지 않았다.

(〈'조선 특수성'론과 조선 식민지배의 실제〉, 신용하 등,
《식민지 근대화론에 대한 비판적 성찰》, 서울: 나남, 2009)

6

식민지 행정 일원화와
조선총독의 '정치적 자율성'

일본은 태평양전쟁 개전 이래 전선이 걷잡을 수 없이 확대되자, 이에 대처하기 위하여 일본 본국에서 익찬의회를 출범시키며 전시 총동원 통제체제를 재정비하였다. 이와 함께 식민지와 본국의 행정을 일원화하는 조치를 취하였다. 식민지 한국에서도 그러한 본국의 총동원체제 강화에 조응하여 조선총독부의 행정체제가 개편되었다. 이와 동시에 민간의 자발적인 운동 형식을 취하는 국민운동조직이 기획되었다. 그리고 이를 조선총독부의 행정체계로 일원화시킴으로써 식민지 모국 일본에서보다 더욱 강력한 전시 총동원체제를 정비하였다.

그러나 식민지 한국에서의 식민지 행정 일원화 시책은 본국의 각의 결정에 따른 식민 모국과 식민지 사이의 일원적인 계서관계 속에서 획일적으로 행해졌다고는 보기 어렵다. 본국의 내외지(內外地) 행정 일원화 결정에 대하여 조선총독이 주장한 '조선의 특수성'이 관철되었기 때문이다. 일본의 내외지 행정 일원화 결정은, 사실상 독자적으로 행해지던 조선총독의 식민지 한국 통치에 대하여 명문화된 칙령으로 중앙 정부가 합법적으로 지시, 감독할 수 있도록 한 것이었다. 그것은 일본 본국에서 익찬의회가 출범한 이래 본격적으로 정비된 일본의 전시 총동원 통제체제가 식민지 일반에서도 더욱 본격적이고 강력하게 관통될 수 있도록 한 것이었다. 그러나 식민지 한국에서는 '조선의 특수성'이 인정됨으로써 대만에서와는 달리, 일본 정부의 내무대신이 조선총독에 대하여 단지 '통리상 필요한 지시'만 할 수 있도록 되었다. 사실상 종래 조선총독이 가지고 있던 식민지 한국 통치에 대한 자율성이 그대로 용인된 것과 같았다. 이는 파시즘기 일본의 식민지 한국에 대한 통치 면에서 중요한 의미를 갖는다. '조선의 특수성'을 앞세워 조선총독의 강력한 지배력을 견지한 조선총독부의 시책은, 본국에서 논의되고 시행되는 통제정책에 앞서서 한국에서 더욱 강력하고 일원적인 통제체제를 구축해 갔기 때문이다. 이는 일본의 식민지 한국 통치의 특질을 상징적으로 보여준다고 할 수 있다.

잘 알려진 바와 같이, 병합 이래 일본의 식민지 한국 지배정책은 '일시동인'(一視同人)→'내지연장주의'(內地延長主義)→'내선융화'(內鮮融和)→'내선일체'(內鮮一體) 등을 내세운 동화주의(同化主義)를 표방하고 있었다. 일본은 식민지 한국을 일반적인 식민지로 선취한 것이 아니었다. 일본의 한국 병합 목적은 한국을 일본의 한 부분으로 편입시켜서 일본이 대륙국가가 되는 것이었다. 그러한 일본의 식민지 한국에 대한 동화주의 식민지배정책은 한국 병합 이래 계속되었다. 그러나 그것이 본격적이고 전면적으로 전개되어, 이른바 '민족말살정책'으로 강압적으로 실행된 것은 일본 파시즘기라고 할 수 있다. 특히 우가키 총독의 뒤를 이은 미나미(南次郎) 총독 시기에 본격화된 이른바 '조선의 특수성'을 근거로 한 조선총독부의 조선개발정책과, 그에 기초한 식민지 한국의 '대륙전진 병참기지'화 천명은 내선일체론에 입각하여 이후 식민지 한국을 일본의 전시 통제체제의 일익을 담당하도록 솔선하여 재정비하는 기반이 되었다. 그 위에 시행된 일본의 식민지 한국 지배정책은 민족말살정책이라고 불릴 정도로 억압적이고 수탈적이었다. 그러한 일본의 식민지 한국 지배정책의 특질이 나타나게 된 바탕에는 조선총독의 정치적 자율성이 있었다. 그것은 조선총독이 천황에 직예함으로써 일본 본국에 대하여 정치적으로 상대적 자율성을 갖는 것이었다. 이는 일본의 한국 식민지배의 기본구조와 특성을 가장 잘 보여주는 것으로서, 전시 일본의 내외지 행정 일원화 조치 속에서도 견지되었다.

6.1. 조선총독 행정의 일원화

1941년 10월 도조(東條英機) 내각이 출범한 지 두 달 만에 이른바 '태평양전쟁'이 시작되었다. 도조 수상은 현역 육상(陸相)으로서 내각을 조직한 주전(主戰) 강경파였다. 그는 태평양전쟁이 전개되자 '비상조치'를 구실로 좌익운동 관계자를 비롯해서 전쟁에 반대하는 사람들과 요주의 재일 한국인들을 각종 죄목으로 검거하였다. 이것이 곧 전시 통제체제 구축의 시작이었다. 언론·출판계에는 염전(厭戰)·반전 사상과 반군·평화사상을 유포시키는 논조의 해설이나 기사의 게재가 금지되었다. 1941년 12월 중순부터 시작된 임시의회에서는 언론·출판·집회·결사 등 〈임시취체법〉과 〈전시범죄처벌특례법〉이 제정되었다. 집회와 결사는 허가제로 되었다. 언론과 출판은 실질적으로 금지되었다. 전시범죄에는 가중처벌이 주어졌다. 그리고 12월 말에 시작된 정례의회에서는 〈전시형사특별법〉, 〈전시민사특별법〉, 〈식량관리법〉, 〈중요물자관리영단법〉 등 전시 법규와 경제통제 법규가 통과되었다.

이와 같이 조성된 전시 통제체제에 필요한 여러 조건을 배경으로 1942년 4월 중의원선거를 통해서 익찬의회(翼贊議會)가 출범하였다. 익찬의회는 도조 수상이 의회세력의 재편성을 통해서 정부·군부에 전면적으로 협력하는 '정치력의 결집'을 도모한 것이었다. 결국 의회의 통제적 성격을 강화한 것이었다.1) 익찬의회에서 도조 수상은 외무·내무·상공·문부·군수 등 여러 대신의 자리를 겸하는 전제 권력이 되었다. 그러므로 정부와 통수부 사이의 연락간담회2)에서 결정하는 사항이 각의 결정 이상의 효력을 갖게 되었다. 그러한 연락간담회는 어전회의와 함께 국책결정의 최고회의가 되었다. 이로써 종래 군부와 정부 사이에 정치적 갈등 요인이 되었던 군 통수권 문제도3)

---

1) 萬峰, 《日本ファシズムの興亡》, 東京: 六興出版, 1989, pp.281∼283

2) 제1차 내각 당시 고노에(近衛)는 중일전쟁을 둘러싼 정·전(政戰) 양략(兩略)의 일원화를 도모하여 군부 쪽에 수상을 구성원으로 하는 대본영(大本營) 설치를 제안하였다. 이를 계기로 1937년 11월에 대본영이 설치되었으나, 이는 수상을 제외한 통수기관으로 귀결되었고, 대본영과 정부 사이의 연락회의가 설치되었으나 결국 연락회의는 유명무실화되고 말았다. 삼국동맹과 다이쇼(大正)익찬회 성립 직후 도조 육상(陸相)은 정부와 통수부 사이의 연락간담회를 설치하고 그 실질적인 기능을 활성화시켰다.

3) 메이지헌법 수립 이래 전쟁(統帥 사항)에 관해서는 군부의 고유 권한으로 인정하여 오직 천황에 대하여만 책임지게 함으로써 내정 곧 국무를 전담하는 내각의 통수 사항에 대한 개입이 허용되지 않아 군부와 내각 사이에 대외적 외교와 통수 문제를 둘러싼 갈등이 상존하였다.

전시의 강력한 통수권독립제로 해결되었다.4) 이는 모든 사회조직을 군대조직과 같은 일원적인 지배체제로 재편성하여 거국적인 정치력의 결집을 도모한 것이었다.5) 도조 내각은 태평양전쟁이 시작되자 총선거를 통해서 익찬정치체제를 출범시킴으로써 수상을 정점으로 한 일원적 국가통제체제를6) 구축하였다.

한편, 태평양전쟁 개시 직후부터 더욱 확대되는 점령지 문제를 관장하기 위하여 새로운 기구인 대동아성(大東亞省)을 설립하는 움직임이 표면화되었다.7) 1942년 초부터 '대동아 건설과 제국 외교운영에 관한 종합 행정기구 정비에 관한 건'이 제안되었다. 일본의 새로운 식민지 영토에 대한 정치, 경제, 문화 등 전반적인 시책을 관할하는 '동아성'의 설치 문제가 본격적으로 논의되었다. 이와 더불어 그간 일본 영토 이외의 지역에 관한 사무를 관장하던 척무성을 폐지하고, 척무성이 관할하던 한국·대만 등지의 행정을 "내지(內地)에 준하여 취급"하고, 한국에 관한 사무를 내무성에 이관하는 방안이 제기되었다.8) 그 결과 1942년 9월, 각의에서 '대동아성 설치에 관한 건'과 함께 '내외지 행정의 일원화에 관한 건'이 결정되었다. 그 내용은, "필요한 범위

---

4) 刈田 徹, 〈天皇制國家のフォショ的再編成〉, 淺沼和典·河原宏·紫田敏夫 編, 《比較フォシズム研究》, 東京: 成文堂, 1982, p.238.

5) 이형철, 《일본군부의 정치지배 — 15년 전쟁기(1931~45)의 민군(民軍)관계연구》, 서울: 법문사, 1991, p.263.

6) 刈田 徹(1982), p.255.

7) 이후 내외지 행정 일원화 논의는, 水野直樹, 〈戰時期の植民地支配と'內外地行政一元化'〉, 《人文學報》 第79號, 京都大學人文科學研究所, 1997. 3., p.3.

8) 外務省百年史編纂委員會 編, 《外務省の百年》 下, 東京: 原書房, 1969, pp.701~703.

에서 내지와 같이" 식민지 한국의 행정을 취급한다는 것이었다. 또한 내무대신이 조선총독부와 대만총독부에 관한 사무를 통리하도록 하였다. 그리고 각 성(省)의 주요 임무와 관련해서는 각 성의 대신(大臣)이 각각 행정을 감독하도록 한다는 것이었다.9) 이 결정은 그 동안 각 총독부의 자율적인 관장사항이었던 식민지 한국과 대만의 행정사무를 일본 본국의 내무성으로 이관한다는 것이었다. 그에 따라서 1942년 11월에 대동아성(大東亞省)이 신설되었다. 대동아성은, 그 동안 형식상 외지 행정을 총괄하던 척무성과 내각의 홍아원, 그리고 대만사무국을 폐지하고 외무성의 일부를 흡수한 형태로 구성되었다. 그러한 조치는 태평양전쟁 개시 이래 전선이 한층 확산되는 한편, 일본 제국주의의 본질인 대외 팽창이 난항을 겪게 되자 취해졌다. 식민지를 포함한 일본 제국주의의 총동원체제를 더욱 확대 강화하기 위한 전면적인 행정기구 개편을 단행한 것이었다.

이와 같이 일본 본국에서 식민지 행정 일원화 조치가 논의되던 1942년 5월에 조선총독으로 고이소 구니아키(小磯國昭)가 부임하였다. 그는, 개정된 일본의 관제에10) 따라서 식민지 조선총독부의 행정을 일본 본국의 행정과 일원화시키는 조선총독부 행정체제 개편을 단행하였다. 개정된 일본의 내무성 관제는, 내무대신이 조선총독에 관한 사무를 통리하고, 관리국에서 조선총독부에 관한 사무를 관장하도록 하였다.11) 그 주요 내용은, 내무대신이 조선총독에 대하여 조선총

---

9) 위의 책, pp.708~708.
10) 1942年 勅令 第725號, 第726號, 第729號.
11) 1942년 勅令 第725號.

독부에 관한 사무 관리에 필요한 '지시'를 할 수 있고, 내각총리대신과 각 성 대신이 각 해당 사무에 관하여 조선총독을 감독할 수 있었다.12) 또한 내무대신의 조선총독에 대한 '지시' 권한에 의거하여, 내무성에 연락위원회를 두고, 중요사항에 대한 관계 각 청 사이의 사무연락을 처리하도록 하였다. 그리하여 일본 중앙정부 각 성과 조선총독부 사이에 행정적인 통일을 기하도록 하였다. 그리고 내무성의 연락위원회는 내무차관을 회장으로 하여 관계 각 청의 고등관이 위원이 되어 운영하도록 하였다.13) 이러한 관제 개정의 중요한 변화는 명문화된 칙령으로 중앙 정부의 내무대신이 식민지 조선총독에 대하여 공식적 합법적으로 지시 감독할 수 있도록 하였다는 점이다.

종래 조선총독은 '주임'(奏任) 문관의 진퇴와 같은 주요 사항에 대하여 형식상 내각총리대신을 거치도록 되어 있었다.14) 그러나 이는 형식적인 것일 뿐이었다. 실상은 조선총독이 독자적으로 식민지 한국을 통치하는 전권을 가지고 있었다.15) 그러나 일본 중앙정부와 조선총독부 사이의 행정 일원화를 꾀한 이 관제 개정은, 조선총독이 식민지 한국에서 행사하던 자율적인 통치권을 중앙정부에 공식적으로 예속시키는 것이었다. 익찬의회의 출범을 통해서 수상을 정점으로 하여

---

12) 1942년 勅令 第729號.

13) 1942년 勅令 第726號.

14) 1910년 勅令 第319號와 第354號, 〈朝鮮總督府設置에 關한 件〉, 《朝鮮總督府法令輯覽》 上卷 1, '官規'.

15) 이승렬, 〈역대 조선총독과 일본군벌〉, 《역사비평》 통권24호, 1994; 신상준, 〈한일합병에 따른 조선총독부의 설치와 조선총독의 지위 및 권한에 관한 행정사적 연구〉, 《청주여자사범대학논문집》 2, 1973 참조

구축된 일본의 일원적 국가통제체제가 식민지에까지 직접적으로 관통하도록 제도화한 것이었다.

조선총독의 식민지 한국에 대한 자율적인, 전제적인 통치를 구속하는 일본의 식민지 행정 일원화 조치는, 일본 국내에서 익찬의회가 확립된 직후에 행해졌다. 이는 전국(戰局)의 변화와 맞물려 일본의 식민지 한국 통치상 중요한 의미를 갖는다. 익찬의회 확립 이래 본격적으로 정비된 일본의 전시 총동원을 위한 통제체제가 식민지 행정의 일원화를 통해서 더욱 본격적이고 강력하게 식민지에 이식될 수 있도록 공식화한 것이었기 때문이다. 이어서 1943년 12월 일본 정부는 전시 총동원의 목적이라 할 산업행정기구의 전시동원을 위하여 군수성(軍需省)을 설치하고, 전시총동원체제의 강화에 박차를 가하였다.

6.2. 조선총독부 행정기구 개편

일본에서 군수성이 설치되자 조선총독부는 그에 호응하여 산업행정기구를 오로지 전쟁목적에 집중시키는 대규모 개혁을 단행하였다. 조선총독 고이소는 일본 본국의 결전체제에 맞추어 조선총독부 행정부문을 중점적으로 개혁하였다. 당시 조선총독부 행정기구의 개편은 식민지 한국에서 식량증산·지하자원 등 군수물자의 개발증산과 육·해 수송력의 증강, 그리고 징병 등 수탈을 위한 일원적 통합체제로 집중하여 대폭 축소하는 것이었다.16) 그러한 행정 부문의 개혁과 함께 전시 지배체제를 강화하기 위한 임전방위대책이 1943년 12월에 수립되었다. 그에 따라서 1944년 8월에 방위본부가 설치되었으며, 치안확보를 위한 비상경찰계획이 수립되어 무장경찰관의 편성과 방경단·학교총력대·경찰예비원·경찰보조원 등 다양한 형태의 총동원계획이 수립되었다. 또한 도시공장 및 연안 주요지 경비를 위한 특별경찰대도 설치되었다. 그리고 1945년 7월에는 국민총력운동 조선연맹을 해체하여 조선국민의용대를 조직하고, 방공과 증산, 수송작전활동을 보조하도록 하였다. 조선국민의용대는 조선총독과 도지사를 각각 총사령관과 사령관으로 하고, 그 하부조직으로 애국반을 단위로 한 부·읍·면의 각 지역조직과 관민의 직장조직, 그리고 통신·수송·의료의 특기대를 편성하였다.17)

이러한 조선총독부의 행정기구 개편은 총독정치기구와 "표리일체 밀접불리(表裏一體 密接不離)한 유기적 관계"를18) 유지할 목적으로 조직된 국민총력운동 조선연맹의 조직개편과 함께 이루어졌다. 고이소는 일본에서 내각의 외곽단체로 국민총력운동 중앙연맹이 결성되어, 순 전시체제의 국민총력동원이 실시되는 단계에서19) 조선총독으로 부임하였다. 그리고 식민지 한국에서 그러한 일본 본국의 체제 개편에 부응하는 국민총력운동기구의 대대적인 개혁을 이끌었다. 조선국

---

16) 1943년 조선총독의 행정기구 개편에 관한 내용은, 近藤釼一 編,《太平洋戰下終末期朝鮮の政治》2, 東京: 朝鮮史料編纂會, 1961, pp.32~34 참조.

17) 김운태,《일본 제국주의의 한국통치》, 서울: 박영사, 1986a, pp.482~484.

18) 昭和16年第79會帝國議會說明資料(警務),《日帝下戰時體制期政策史料叢書》第14卷, 1945, p.468.

19) 國民總力朝鮮聯盟 編, 〈朝鮮における國民總力運動史〉,《日帝下戰時體制期政策史料叢書》第49卷, 1945, p.473.

민총력운동 기구의 개혁은 본부의 사무국을 간소화하는 동시에 강화하는 것이었다. 그것은 종래의 11부를 총무·연성·후생·경제·선전의 5부로 하고, 그 아래 14과를 두어 각 책임자를 모두 순수한 민간인으로 배치함으로써 관은 모두 손을 떼도록 하였다.[20] 이는 실천기구를 "창의공부(創意工夫)에 의한 발자(潑剌)운동"으로 전개되도록 하기 위해서였다. 다시 말해서, 더욱 강력한 총동원체제의 구축에 박차를 가하지 않으면 안 될 정도로 위태로운 전시에, 식민지에서 민심의 자발적인 발로로 순수 민간 애국운동이 전개되고 있는 것처럼 보이도록 '기획'된 것이었다. 이와 함께 종래 식민지 한국인만으로 조직하였던 임전보국단과 군사사상 보급을 위하여 설치한 군사보급협회를 발전적으로 해소하여, 국민총력운동 조선연맹으로 포섭하였다.[21]

또한 국민총력운동 지도위원회를 국민총력운동 연락위원회로 개정하여 새로 발족하였다. 이것은 민간운동의 형식으로 기획한 것에 걸맞도록 관과의 관계도 '지도'가 아닌, '연락'이라는 형식으로 바꾸었다. 그리고 이를 기구 개혁의 기본 정신이라고 강조하였다.[22] 일본에 따르면, 이제 식민지 한국의 '국민운동'은 관제운동으로부터 강력하게 '솟구치는 민의'에 기초한 운동으로 그 진용을 전환한 것이었다.[23] 이러한 개조 1년 뒤인 1943년 11월에는 사무국을 새로 개편하였다. 그것은 기존의 총무·연성·실천·홍보 외에 '징병후원 사무부'를 설치하

---

20) 위의 글, p.517.
21) 위의 글, p.517.
22) 위의 글, p.518.
23) 위의 글, p.519.

고, 사무총장으로 조선인 한상용(韓相龍)을 영입하여 민간운동의 형식을 더욱 강화하는 것이었다.

조선총독부의 행정기구 개편에 앞서서 행해진 국민총력운동 조선연맹의 기구개편은 일본이 제2차세계대전에 참전한 이래 조선총독부가 행한 전쟁 수행상에서 식민지 한국의 역할을 더욱 강조하는 것이었다. 그리고 그에 따라 식민지 한국에서 전시 총동원체제를 한층 강화해 간 제도적 조치의 일환이었다. 이는 모두 조선총독부의 지침에 따라서 모든 기구의 일체화를 도모하는 것이었다. 이는 전시 총동원의 필요에 업무 수행의 원활을 기함으로써 조선총독부가 중앙 지도기관으로서의 기능을 십분 발휘할 수 있도록 한 것이었다. 조선총독의 시정이 군관민(軍官民)의 연락기관으로서 원활히 총력운동으로 이행할 수 있도록 구체화한 것이었다.24)

국민총력운동 조선연맹은 외형상으로는 조선총독부의 국민정신총동원을 위한 외곽단체였다. 형식적으로는 민간단체에 지나지 않았던 것이다. 그러나 그 성질은 실제로는 조선총독부의 행정기구와 표리일체로서 조선총독의 시정 '보익기관'(輔翼機關)이었다.25) 조선연맹을 순수 민간운동기구처럼 기획한 것은, 대내적으로는 군중심리를 이용하여 식민지 한국인의 협력을 촉진하기 위해서였다고 할 수 있다. 그러나 다른 한편으로는, 대외적으로 일본의 '대동아' 이념이 구현된 상징으로서 과시하고 선전하기 위해서였다고 할 수 있다. 특히 조선총

---

24) 國民總力朝鮮聯盟, 《國民總力運動要覽》, 1943; 《日帝下戰時體制期政策史料叢書》 第51卷, p.105.
25) 위의 책, p.104.

독이 대외적으로 일본 정부에 대하여 조선총독정치의 성과를 과시하기 위한 것이기도 하였다. 그러한 선전조작은 궁극적으로 조선총독부의 식민지 한국인에 대한 '자발적'인 동참을 더욱 독려하고 강제하는 것이었다.

그러한 기구의 개혁은 정치체제의 투입 면의 정치과정이 거의 존재하지 않는 반면에, 산출 면의 통치과정만 강조되던 조선총독정치체제 아래에서[26] 행정사항이 바로 총력운동으로 이행할 수 있도록[27] 한 것이었다. 그것은 제2차세계대전을 수행하기 위한 고도 국방 국가체제를[28] 식민지 한국에서 한층 강력하게 확립하기 위한 정비작업이었다. 이때 조선총독부가 무엇보다도 중시한 것은 식민지 한국인들의 자발적인 민의에 입각한 총동원체제를 갖추는 것이었다. 위에서 언급한 바와 같은 이유로, 조선총독부는 민간단체의 활성화라는 외피를 통하여 식민지 한국에서의 국민총력운동을 명실 공히 '국민운동'으로서 각인시키고자 하였다. 이는 곧 여러 정책을 수행하는 좋은 구실이자 추동력으로 작용할 것이었기 때문이다.

그리하여 1943년의 민·관 조직개편 이후 조선연맹운동 가운데 특별히 중점이 두어진 것은, 조직적으로 "각 직역연맹(各職域聯盟)을 사봉대(仕奉隊) 조직으로 강화"하는 것과, 각 도 연맹조직을 정비하는 것이었다.[29] 조선총독부의 국민운동 조직의 정비는 그것이 "대동아

---

26) 김운태(1986a), pp.492~492.

27) 昭和16年第79回帝國議會說明資料(司政), 《日帝下戰時體制期政策史料叢書》 第7卷, p.600.

28) 國民總力朝鮮聯盟 編, 《日帝下戰時體制期政策史料叢書》 第49卷, p.500.

29) 위의 책, pp.522~523.

전 완승을 위하여 조선에서 할 수 있는 전력을 최대로 발휘"할 수 있도록 하는 관건이라는30) 인식에서 강제적인 동원체제를 공고히 한 것이었다.

이렇게 하여 고이소 조선총독은 국민총력운동 조선연맹을 국민운동기구로 개혁하고 조선총독부의 행정체제를 개편하여, 일본의 익찬체제와 유기적인 통합체제를 이룰 수 있도록 하였다. 이것이 가능하였던 것은 전임 미나미(南次郞) 총독시기부터 준비되었던 여러 시책에 입각해서였다. 일본에서 다이쇼(大正)익찬운동이 전개되자 미나미 조선총독은 1940년 10월, 종래의 국민정신총동원운동 기구를 개조 강화하여 '국민총력운동'으로 개편하였다. 일본의 신체제운동에 호응하여 식민지 한국에도 고도 국방 국가체제 확립을 목적으로 하는 '국민조직 신체제'를 구축하기 위해서였다. 종래의 국민정신총동원운동은 중일전쟁이 발발하자 조선총독부가 식민지 한국을 대륙에 대한 일본의 전진병참기지로 설정하고, 한국의 역할과 입지를 강화하기 위하여 기획한 것이었다.

고이소 총독은 국민조직 신체제 구축을 위하여 식민지 한국인에게 정신적으로 황국신민이 되어 새로운 체제에 호응하여 '내선일체·협심재력'으로 시국의 필요에 호응할 것을 촉구하였다.31) 일본의 대륙 전진병참기지로서의 식민지 한국과 내선일체에 의거한 한국인의 황국신민화, 협심재력은 모두 실질적으로는 식민지 한국의 능력만으로

---

30) 위의 책, p.530.
31) 朝鮮總督府, 〈朝鮮に於ける國民精神總動員〉, 《國民精神總動員》, 1940; 《日帝下戰時體制期政策料叢書》 第50卷, p.336.

도 일본이 추진하는 대륙 진출의 병참기지 역할을 수행할 수 있도록 하는 것이었다. 이를 위한 산업의 다각화, 그 가운데서도 군수산업의 육성으로 귀결되는 것이었다.[32] 그리하여 식민지 한국에서 농공병진 정책이 실시되는 한편으로, 한국인 동원을 한층 강화하기 위한 황국 신민화에 더욱 박차가 가해졌다. 이러한 배경에서 국민정신총동원운 동은 일본의 대륙정책 수행상 절대 긴요한 일로 추진되었다.[33] 이른 바 정신적 일체화를 통해서 강력한 총동원체제를 구축하고자 한 조선 총독부는 그 최선의 방책으로 국민정신총동원운동을[34] 실시하였던 것이다.

국민정신총동원운동은 중일전쟁 발발 직후인 1937년 7월 22일, 미 나미 조선총독이 '국민정신'을 앙양해야 한다고 한 임시도지사회의에 서 한 훈시에[35] 기초하여 조직되었다. 총후의 적성을 집중 '통일'할 "일대조직 단체"가 필요하다는 취지에서였다. 그리고 중일전쟁 발발 1년 뒤인 1938년 7월 7일, 국민운동에 대한 통제를 강화하기 위한[36]

---

32) 御手洗辰雄, 《南次郞の朝鮮統治》, 京城: 京城日報社, 1942, pp.40~41; 君島和彦 編, 《大日本帝國の軌跡 — 大正デモクラシー~敗戰》, 東京: 三省堂, 1985, p.162.

33) 朝鮮總督府, 〈朝鮮に於ける國民精神總動員〉, 《國民精神總動員》, 1940; 《日帝 下戰時體制期政策史料叢書》 第50卷, p.336.

34) 위의 책, p.337.

35) 총독은 시국에 대한 방책으로 강조한 것은, 1. 반도 주민에 대한 시국의 중대성 을 철저히 주지시킬 것, 2. 금일 실로 동아의 안정세력으로서 전국의 위기를 방책 하는 일본제국의 지도적 지위를 내선일체인 반도의 민중에게 확인시킬 것, 3. 지 나의 전모를 정확하게 일반에게 이해시킬 것…… 일의전심(一意專心) 총후(銃 後)의 본분을 다할 때, 그것이 곧 거국일치(擧國一致)의 실을 거두는 봉공의 의 의를 완수하는 것 등이었다.(위의 책, p.337)

36) 위의 책, p.338.

중앙기관으로 국민정신총동원 조선연맹이 결성되었다.

국민정신총동원 조선연맹의 목적은, 일본 국민정신총동원운동의 거국일치·견인지구·진충보국이라는 세 목표에 더하여, 내선일체의 통치방침을 철저히 하는 것이었다. 이와 함께, 식민지 한국인의 황국신민화를 촉진하는 것이었다. 그것은 단순히 중일전쟁에 대한 일시적 운동이 아니었다. 식민지 한국 통치의 대방침으로서 항구적으로 실천해야 할 것으로 강조되었다. 조선총독부는 이 운동으로 정신적 체제가 단순히 중일전쟁에만 그치지 않고 어떠한 중대 사태에 대해서도 식민지 한국인이 일본 국민으로서 미동도 하지 않을 정신적 체제로 수립되는 것을 목표로 하였다.[37] 이를 위하여 조직은, 중앙본부인 조선연맹 아래 각지에 도 이하 부락연맹과 애국반을 결성하는 한편, 각종 연맹을 결성하여 각 조직망적 존재로서 조선연맹으로 통합하여 귀일시켰다. 이는 식민지 한국 전국에 걸친 실천망을 조직한 것이었다. 조선총독부는 이를 '실천과 지도의 단체'라 하여, 전국적인 강력한 단결적 동원체제로 구축하였다.

이러한 국민정신총동원운동과 기구의 개편은 식민지 한국에 대한 지배의 전권을 가지고 있던 조선총독이, 식민지 한국과 한국인에 대한 물심양면의 총동원을 더욱 강력하게 추진하기 위한 것이었다. 조선총독부는 중일전쟁 직후 설립한 조선중앙정보위원회로부터 국민정신총동원 조선연맹을 통하여 한국인에 대한 강력한 정신적 총동원체제를 구축하였다. 이와 함께 다른 한편으로는, 농공병진정책을 통해

---

37) 위의 책, p.344.

서 생산력을 확충하는 물질적인 총동원의 기반을 구축해 갔다. 이러한 두 측면의 총동원체제의 구축은 모두 조선총독부가 규정한 식민지 한국의 대륙전진 병참기지화로 귀일하는 것이었다. 그리고 그것은 국민정신총동원운동 조직의 완비와 함께 실질적인 식민지 한국의 "총동원체제 정비"로[38) 완결된 것이었다.

식민지 한국이 대륙전진 병참기지로서 그 역할을 완수하도록 하자면, 무엇보다도 조선총독부의 행정조직체제를 통해서 총동원체제를 확고히 하는 것이 가장 효율적일 터였다. 때문에 조선총독부는 국민정신총동원 조선연맹 조직을 1940년 9월 11일 내무성 훈령에 의하여 정해진 부각회 정내회 정비요강에 따라서, 행정면과 합체하는 전국적인 통일체제로 정비하였다.[39) 그리고 일본의 신체제운동에 호응하나, 조선 "독자의 입장"에서 조선연맹을 국민총력운동으로 "전진적으로 개조"하고 조선의 신체제를 구축하였다.[40) 당시 강조되었던 식민지 본국 일본과는 다른 '조선의 특수성'은 조선총독의 권한을 십분 활용한 행정의 실시였다고 할 수 있다.

식민지 한국 독자의 입장에서 추진된 신체제운동이란, 첫째, 조선총독이 총재, 정무총감이 부총재가 되는 일원체제로 구축하는 동시에, 행정조직과 국민운동조직을 전부 일체로 하는 것이었다. 따라서 종래의 각종 정신운동의 조장 장려 또는 지도 독려 시설과 관계 단체의

---

38) 위의 책, p.339.

39) 國民總力朝鮮聯盟 編,《朝鮮における國民總力運動史》, 1945;《日帝下戰時體制期政策史料叢書》第49卷, p.495.

40) 위의 책, p.496.

하부조직은 동일목표인 정·동·리 부락연맹 및 애국반으로 발전적으로 통일하여 총력운동으로 귀일하도록 하였다. 둘째, 종래 규약상으로나마 허용되던 연맹에 대한 참가의 자유를, "조선에 있는 전 단체와 개인으로 조직한다"고 개정하여 전 한국인의 가입을 의무화하였다. 셋째, 농촌에서의 농촌진흥운동, 도시에서의 상공회의소를 비롯한 각종 단체 및 민간의 여러 운동도 통일되도록 하였다.41)

이와 같이 조선총독부와 조선연맹의 운동을 일체로 한 것에서 무엇보다 큰 변화는, 농촌진흥운동을 조선연맹과 일체로 지양하도록 한 것이었다.42) 농촌진흥운동이 개인생활의 구제에 역점을 두고 실시된 반면에, 조선연맹은 '국민정신'을 강화하는 것이었다. 조선총독부는 조선의 신체제에서 가장 중요한 점은 개인의 구제와 국민정신의 강화를 일체로 하여 해결하는 데 있다는 인식 아래, 이들 계통과 기구를 단일화하였다. 그 지도력을 합쳐서 두 운동의 효과를 최대한으로 발휘하고자 한 것이었다.43) 총동원의 효과를 극대화하기 위한 극단의 조치였다고 할 수 있다.

조선총독부는 일본에서 신체제운동이 각 부문별로 전개된 데 반하여, 식민지 한국에서는 모두 국민총력운동으로 통합·포섭되는 일원적 동원의 행정체계인 신체제를 구축하고자 하였다.44) 이는 곧 식민지 전시 총동원체제를 본국 일본에서보다 더욱 강하게 구축하는 것이

---

41) 위의 책, p.497.
42) 위의 책, p.500.
43) 위의 책, p.503.
44) 昭和16年第79回帝國議會說明資料(司政), 《日帝下戰時體制期政策史料叢書》第
    7卷, pp.601~602.

었다. 본국보다 앞서서 식민지 한국에 더욱 강력하고 일원적인 행정권이 관통되는 체제가 정비되도록 한 것이다. 조선총독부는 이를 통해 식민지 한국의 인적 물적 자원의 동원을 한층 강력히 강제할 수 있었다.

6.3. 행정 일원화 과정에서 관철된 조선총독의 정치적 자율성

고이소가 조선총독으로 부임한 것은 태평양전쟁 시작 이후 일본에서 도조 내각이 일원적 국가통제체제를 구축하며 준전시체제에서 '순전시체제'로, 국민총력동원이 계획단계에서 본격적인 실시단계로 접어들면서였다. 조선총독으로 부임한 고이소는 조선의 국민총력운동 기구를 대대적으로 개혁하는 한편, 조선총독부의 행정 부문도 중점적으로 개편하였다. 일본 본국에서 이루어진 전면적인 행정기구 개편에 따라 결의된 식민지 행정 일원화 조치에 상응하는 행정기구의 개혁을 자체적으로 단행한 것이었다. 그것은 본국의 결전체제와 궤를 같이 하는 총동원 통제체제로, 식민지 행정기구를 정비하는 것이었다. 그러나 조선총독부의 행정기구 정비는 일본 각의의 결정에 따라서 식민 모국과 식민지 사이에서 일원적인 계서(階序)관계를 바탕으로 일률적으로 이루어진 것이 아니었다. 이런 사실은 일본 본국의 식민지 행정 일원화 조치에 대하여 조선총독이, 식민지 '조선의 특수성' 문제를 제기하였던 데서 알 수 있다.[45]

조선총독이 제기한 조선의 특수성은 그것이 공론되는 과정에서 특별히 인정되었다. 그 결과 일본의 행정체계에서 차지하는 조선총독의 위치와 '특수한' 영향력이 확인되었다. 그에 따라 식민지 조선의 본국 일본에 대한 행정 일원화는, 일본 각의의 결정에 따라 본국과의 일원적 계서관계 속에서 획일적으로 행해진 것이 아니라, 조선총독의 재량권으로 본국의 정책에 조응하여 자율적으로 본국 일본에서보다 더욱 통제적이고 일원적으로 추진되었다.

일본과 식민지 사이의 내외지 행정의 일원화 안이 각의에서 결의되자, 이를 심의하기 위하여 추밀원(樞密院) 본회의가 개최되었다.46) 이 자리에서 조선총독을 역임한 바 있는 고문관 미나미 지로(南次郎)는, 정부의 식민지 행정 일원화 안에 강력하게 반대하며 식민지 조선의 특수성을 제기하였다. 미나미 전 조선총독이 제기한 식민지 한국의 특수성에 입각한 내외지 행정 일원화에 대한 반대 이유는 다음과 같았다. 첫째, 조선총독이 내무대신의 감독 아래 놓이게 되면, 총독의 지위가 낮아져서 식민지 종합행정에 지장이 있을 것이다. 둘째로, 식민지 지배가 '사상·인정·풍속·습관·언어 등이 다른 이민족'에 대한 지배라는 점이 강조되었다. 따라서 내외지가 혼연일체로 대동아공영권의 중핵을 이루기 위해서는 관제 개정과 함께 징병제도·의무교육·참정권 등 구체적인 행정 문제를 먼저 해결하는 것이 선행되어야 한다는 것이었다.

45) 전상숙, 〈일제 군부파시즘체제와 '식민지 파시즘'〉, 방기중 편, 《일제 파시즘 지배정책과 민중생활》, 서울: 혜안, 2004 참조.
46) 日本國立公文書館 소장, 〈行政簡素化實施ノ爲ニスル內閣所屬部局及職員官制改正ノ件〉, 《樞密院會議筆記》, 1942. 10. 28.; 水野直樹(1997), pp.89~90 참조.

전 조선총독 미나미의 반론은 자신이 조선총독으로 재직할 당시 갖고 있던 식민지 한국 통치관과 참정권 구상에 입각한 것이었음을 알 수 있다. 또한 그것은 기존에 사실상 독자적이었던 조선총독의 통치권이 내무대신의 감독과 지시 아래 놓이게 됨으로써 변화될 조선총독의 위상 저하에 대한 반대라고 할 수 있다. 그는 그것을 식민지 지배가 이민족에 대한 지배이기 때문에 근원적으로 갖게 되는 이질성의 문제로 환원하여, 이를 제국주의 식민지배의 안정성이라는 차원에서 제기하며, '조선의 특수성'이라고 강조하였다. 이때 조선의 특수성이란 곧 국민정신총동원 조선연맹이 강조한 내선일체가 식민지 한국인의 민족의식으로 인하여 일본인과 같은 국가 관념을 갖는 데까지 미치지 못하므로, 조선총독부가 강력히 지도 육성해야 하는 사정을 이른 것이었다.[47] 그로 인하여 통치권자의 강력한 권한이 훼손되게 되면 식민 지배질서 자체가 흔들릴 것이라는 점을 강조하였다. 때문에 조선총독의 일원적 지배체제가 유지되어야 한다고 주장하였다.

의무교육·참정권 등은 식민지 한국인들이 일본의 지배정책에 대하여 일각에서 지속적으로 요구된 사안들이었다. 그러나 동화주의, 일시동인을 주창하는 일본의 식민지 한국인에 대한 차별과 배제의식 속에서 묵과되어 왔던 것들이기도 하였다. 그러한 내용을 실례로 들어 미나미가 구체적인 행정 문제가 선결될 필요가 있다고 한 것은, 실제로 개선할 의지가 있어서였다고 하기는 어렵다. 오히려 조선총독의 자율적인 통치권을 유지하기 위하여 일본과는 다른 이질성, 곧 '조

---

47) 昭和16年第79回帝國議會說明資料(警務),《日帝下戰時體制期政策史料叢書》第14卷, pp.469~470.

선의 특수성'을 앞세워 조선이 일본에 대하여 갖는 특수한 의미와 특
수성을 분명하게 인식시키고자 하였다고 할 수 있다. 열거된 사안들
은 식민지 한국인과 한국이 일본인, 일본과 다르다는 '구별'을 전제로
한 것들이었다. 그 구별과 차이, 그에 따른 차별을 내용으로 한 것이
곧 '조선의 특수성'이었다. 조선총독부의 기본적인 입장은 제도상의
차별적인 조건은 조선의 특수성 때문에 설치된 것이므로, 식민지 한
국인의 황국신민화 정도에 따라 철폐한다는 것이었다. 명실 공히 완
전한 내선일체가 이루어졌다고 인정할 수 있으면 철폐하겠다는 것이
었다.48) 미나미는 이를 주지시키며, 조선의 특수성은 엄연히 존재하
는 것이고, 따라서 기왕의 조선총독이 행사하던 강력한 독자적인 통
치력이 유지되지 않으면 식민지 한국의 식민통치 자체가 위태로워진
다고 강조한 것이었다.

　미나미 전 조선총독은 자신의 경험을 전제로, 일본이 이민족 한국
을 통치하는 데 기본적으로 존재하는 차이와 차별을 새삼 강조하고,
그 때문에 구체화하지 않았던 행정적인 문제들을 거론해 거듭 주지시
켰다. 일본과 다른 이민족 '조선'의 '특수성'을 강하게 재인식시켜서
조선총독의 행정적 권한, 정치적 자율성이 지켜지도록 한 것이었다고
하겠다. 이때 조선의 특수성이란 조선총독의 독자적인 통치권한의 필
요를 뒷받침하기 위한 명분이었다고 할 수 있다. 미나미의 그러한 의
도는 적중하였다. 식민지 지배의 특수성을 이유로 한 미나미 전 조선
총독의 일본 정부안에 대한 반론에 다른 고문관들도 동의하였다. 그

---

48) 國民總力朝鮮聯盟防衛指導部, 《內鮮一體ノ理念及其ノ具現方策要綱》, 1941. 6.;
　　《日帝下戰時體制期政策史料叢書》 第50卷, p.61.

결과 식민지 한국에 대한 내외지 행정 일원화 안은 추밀원에서 승인되지 못하였다.49) 그리하여 1942년 11월에 칙령으로 결정된 내외지 행정 일원화의 내용 가운데, 조선총독에 대한 내무대신의 감독권은 사실상 형식적인 것으로 수정되었다.

'내외지 행정 일원화에 관한 건' 가운데, 조선총독과 내무대신 등의 관계를 규정한 제2항에 제시된 일본 정부 쪽 안은, 조선총독이 내무대신의 감독을 받아 제반 정무를 통리할 것(일반적 감독)과 특수한 사무에 대하여 내각총리대신 또는 각 성 대신의 감독을 받을 것(개별적 감독)을 규정하고 있었다. 또한 같은 항의 제2절에서는 앞의 '감독'상 필요시 해당 대신이 조선총독에 대해 지시할 수 있도록 해놓았다.

그러나 칙령으로 결정된 내용은, 제2항의 1절에 조선총독이 내무대신의 통리를 받아 제반 정무를 시행하고, 특수한 사무에 대해서는 해당 사무의 성질에 따라 내각총리대신 또는 각 성 대신의 감독을 받도록 하였다. 2절에서도 앞 절의 내용과 관련해서 필요시 해당 대신이 조선총독에 대해 지시할 수 있도록 하였다.50) 원안에 명시되었던 조선총독에 대한 내무대신의 일반적 감독 권한 부분이 삭제되었음을 알 수 있다. 그리하여 내무대신은 조선총독에 대하여 '감독'이 아니라 단지 통리상 필요한 '지시'를 할 수 있을 뿐이었다.

그런데 여기서 중요한 것은, 당시 식민지 행정 일원화의 대상으로 함께 논의되었던 대만의 경우에는 정부 쪽 안이 원안대로 통과되어

---

49) 水野直樹(1997), pp.89~90.
50) 〈內外地行政ノ一元化二關スル件〉, 《公文類聚》 第66編, 昭和17年 卷6.

실시된 반면에, 한국은 조선총독의 권한에 대한 부분만 수정되어 내무대신의 조선총독에 대한 '지시'권만 형식적인 것으로 되었다는 점이다.[51] 전임 조선총독의 조선의 특수성(특수사정)론이 설득력이 있었던 것이다. 이는 식민지 한국을 대륙전진 병참기지로 설정하고, 이를 뒷받침할 실질적인 총동원체제를 독자적으로 구축해 간 조선총독의 시책이 평가된 것이었다고도 할 수 있다.

식민지 한국에 대한 일원적인 통제체제를 구축하려 한 일본 본국의 시도가 조선의 특수성을 이유로 좌절된 것은, 앞에서 보았듯이 이번이 처음이 아니었다. 1920년대 정당정치가 활발할 때뿐만 아니라 중일전쟁 이후에도 일본에서는, 1935년 중요 산업에 대한 통제 강화를 위한 법 개정 논의가 시작되면서, 〈중요산업통제법〉을 조선에 적용하는 문제가 논란의 대상이 된 바 있었다.[52] 이는 일본 경제 통제계획을 식민지 한국에도 일률적으로 적용하여, 식민지 한국 경제를 일본 경제의 발전을 담보할 하위개념으로 규정하는 일원적 경제 통제체계를 구축하기 위해서였다. 이에 대해 당시 조선총독부 측은 일본과 산업 수준의 격차가 큰 '조선의 특수사정'에 입각하여 경제 통제법을 일원적으로 적용하는 데 반대하는 입장을 정리하고, 일본 정부의 통제법 적용 움직임에 반대하였다.

그 결과 양쪽은 식민지 한국에 통제법은 실시하되, 일본과 일원적으로 시행할 수 없는 특수성을 인정한다는 데 합의가 이루어졌다. 그

---

51) 위와 같음.
52) 방기중, 〈1930년대 조선 농공병진정책과 경제통제〉,《동방학지》제120집, 2003. 6., p.6, pp.91~116 참조

리고 "공업통제에 관해서는 선내(鮮內) 각 반의 사정 및 내지와 만주 공업과의 관계를 고려하여 적당한 시책을 강구"하기로 결의하였다.53) 식민지 한국에 〈중요산업통제법〉을 적용하려는 일본 정부의 기본적인 목적은 달성되었지만, 그 내용은 '조선의 특수성론'에 입각한 조선총독부의 입장이 사실상 관철된 것이었다. 그에 따라 식민지 한국의 〈중요산업통제법〉은 일본 정부가 직접 적용하는 것이 아니라, 조선총독의 제령(制令)을 통해서 조선총독부 독자의 통제 형식을 취한다는 '자치통제'의 방침이 결정되었다. 이는 조선의 특수성론에 입각하여 〈중요산업통제법〉의 적용 범위를 최소화하며 시행하는 것이었다.54)

이와 같이 식민지 경제에 대한 일원적 통제법의 시행과 행정 일원화에 대한 '조선의 특수성'을 앞세운 조선총독부의 반론을 일본 정부는 결국 매번 수용하지 않을 수 없었다. 일본 정부가 의도한 식민지 한국에 대한 일원적인 통제체제를 구축하려는 시도는, 조선의 특수성을 내세운 조선총독부, 사실상 조선총독의 강력한 반대에 부딪혀 좌절되었다. 그리하여 번번이 조선총독의 특수한 지위를 인정하며 당초 계획이 수정된 형태로 시행되었다.

이것은 크게 세 측면에서 설명될 수 있다. 먼저, 거시적인 관점에서 일본이 '조선의 특수성'을 인정하지 않을 수 없었다는 점이다. 지속적으로 대륙으로의 팽창을 추진하고 있던 일본에게 가장 중요한 것 가

---

53) 朝鮮總督府, 《朝鮮産業經濟調査會諮問答申書》, 〈工業ニ關スル件〉.

54) 이 방침에 대해서는 朝鮮總督府, 《重要事務引繼書》, 1936, 商工課主管事項 참조.

운데 하나는, 지속적인 생산력의 확충이었다. 여기에 조선총독부는 중일전쟁 발발 이래 식민지 한국을 병참기지로 위치 지우며, 지속적인 생산력 확충계획을 수립하여 시행하였다. 이는 일본의 팽창주의 정책에서 식민지 한국이 갖는 의미와 중요성을 재인식시키는 것이었다. 따라서 일본의 산업과 큰 격차를 갖고 있던 식민지 한국의 산업 육성을 도모하는 자치통제 방침이나, 이를 원활히 하기 위하여 일본과는 다른 식민지 한국의 한국인들에 대한 조선총독 행정의 중앙집중적 통제방식의 독자성을 인정하지 않을 수 없었다. 이는 모두 일본의 대륙국가화와 대륙국가의 제국주의적 팽창을 위하여, 이를 담보할 수 있는 교두보로서 식민지 한국의 생산력을 확충하기 위한 현실적인 정치·경제적 인식에 입각한 것이었다.

둘째로, 이른바 '조선의 특수성'이라는 것이 일본과는 다른 한국에 대한 차별을 전제로 한 것이었다는 점이다. 일본은 기본적으로 한국을 식민지화가 아닌 병합하였다고 하여, 일본의 일부로 하였다고 강조하였다. 그러나 그 실상은, 식민지 한국이 일본이 아니라는 '구분'과, 또한 같을 수도 없다는 '구별', 그리고 그에 따라 정치·경제는 물론 여러 방면에서 일본보다 수준이 낮다는 '차별'이 전제된 것이었다.[55] 조선총독부가 조선특수성론에 입각하여 관철시킨 경제적 자치통제 방침이나 조선총독의 독자적 통치권 곧 정치적 자율성은 모두, 경제적인 격차나 이민족 한국인에 대한 구분과 구별을 전제로 한 차별에 기초한 것이었다. 동시에 그것은 그러한 일본에 대한 구분과 구별을

---

55) 國民總力朝鮮聯盟防衛指導部, 《內鮮一體ノ理念及其ノ具現方策要綱》, 1941. 6.: 《日帝下戰時體制期政策史料叢書》 第50卷, p.61.

전제로 한 차별을 존속시키려는 의식이 결합된 결과라고 할 수 있었다. 미나미 전 조선총독이 일본이 한국인들의 지속적인 요구와 불만 속에서도 구체적으로 대응하지 않으면서 회피하고 있던 실질적인 행정 문제의 선결을 거론한 것도 같은 맥락에서 보아야 할 것이다. 또한 그러한 미나미의 조선 특수성론에 대하여 보수적인 추밀원 고문들이 동의한 것도 바로 그러한 연유에서였다고 할 수 있다.

마지막으로, 일본의 중앙 정부를 중심으로 한 일원적 직접 통제체제 구축 결정이 관철될 경우 훼손될 조선총독의 위상을 견지할 수 있었던 조선총독의 특수한 정치적 위치이다. 앞에서 언급하였듯이, 조선총독은 주요 사항을 결정할 때 내각총리대신을 거치도록 되어 있었지만, 사실상 식민지 한국의 통치에 대하여 독자적인 권한을 가지고 있었다. 한국 지배에 대한 전권을 가지고 있던 역대 조선총독들은, 식민지 반도 한국을 거점으로 하여 대륙으로의 진출을 꾀하던 육군 수뇌부의 일원이었다. 그들은 조선총독의 임기 종료 이후에는 본국으로 돌아가 내각의 수상을 역임하기도 한, 역량 있고 일본 정계에서 비중 있는 사람들이었다.56) 그러한 조선총독의 통치권이 내무대신의 감독

56) 앞에서 본 데라우치와 사이토는 말할 것도 없을 뿐만 아니라, 비록 조각에는 실패하고 말았지만 우가키는 조선총독 재임 이후 본국으로 돌아가 총리로 지명될 정도의 정치적 명망을 가지고 있었다. 조각이 실패한 이후에도 그는 원로의 일인으로 정치적 영향력을 발휘하였으며, 고노에 내각의 외무상 겸 척무상을 지냈다. 우가키의 후임 미나미는 육군대신, 관동군사령관을 거쳐 조선총독으로 부임하여 우가키가 기초한 조선 지배정책을 '내선일체'를 내세워 공고히 추진하였다. 관동군참모장과 조선군사령관을 역임하고, 1942년 5월 조선총독을 지낸 고이소는 1944년 7월 일본 수상이 되었다. 고이소 후임으로 조선총독에 부임한 아베 노부유키(阿部信行)는 육군대장 출신이었다.

과 지시 아래 놓이게 되는 것은 단순히 식민지 조선총독의 행정권의 조정에 그치는 것이 아니었다. 그것은 곧 역대 조선총독의 위상과 조선총독부 관리들이 본국과의 관계 속에서 스스로 가지고 있던 위상 및 정치적 역학관계의 변화를 수반하는 것이기도 하였다.

그것은 다름 아닌 명실 공히 외지, 일본 본국과 다르고 열등한 식민지로의 좌천과, 본국으로 귀환한 후 종래 식민지 한국에서 유지하던 정치 사회적 신분과 위신을 유지하기 어렵다는 사실을 스스로 인정하고 받아들이지 않으면 안 되는 것이었다. 이는 객관적인 사실이었지만, 일본의 일부로 병합되어 특수한 위치를 차지한다고 여기는 조선총독부로서는 인정하기 어려운 일이었다. 무엇보다 일본의 제국주의적 팽창의 교두보이자 거점으로 한국의 위치를 설정하고, 그에 입각하여 한국의 정치 사회적 위상과 더불어 자신의 정치적 역량을 공고히 하고자 한 조선총독의 입장에서는 더욱 어려운 일이었다.

그러므로 조선의 특수성을 내세운 내외지 행정 일원화에 대한 반대는, 곧 그러한 조선총독부와 조선총독의 위상 저하에 대한 반대였다고 할 수 있다. 그것은 식민지 한국은 식민 제국 일본에서 차지하는 위치와 역할이 다른 여느 식민지와는 구별되는 특수한 것이고 중요하다는 점을 강조하는 것이었다. 그리고 그것이 납득되어 받아들여진 것이었다. 그 결과 식민지 한국에서 일본의 지배와 정책은 조선의 특수성에 입각하여 조선총독의 사실상의 자율적 통치권이 인정될 수 있었다.

그러한 가운데, 일본 본국의 정치적 변화에 조응하여 조선총독이 더욱 적극적으로 앞장서서 일본의 지배정책이 식민지 한국에서 더욱 잘 시행될 수 있는 기반을 공고히 하는 방식으로 전개되었다고 할 수 있다. 조선총독은 조선의 특수성을 내세워 본국에 대한 식민 통치의 독자적인 통치권한을 견지하면서, 그 필요를 입증하기 위하여 본국에서좀 더 강력한 총동원체제를 구축하였다. 그러나 특수성을 강조하기 위하여 주장한 차별적 행정절차는 결국 시정되지 않았다. 한국인의 정치적 발언권(참정권) 또한 인정될 수 없었다. 그 결과 식민지 한국인은 더욱 강력한 지배와 동원의 대상으로서만 일본의 총동원체제 아래 존재하게 되었다.

이와 같이, 일본은 태평양전쟁 개시 이래 걷잡을 수 없이 확대되는 전선에서 승리하기 위하여 대륙으로의 교두보이자 병참기지로 삼은 식민지 한국의 총동원체제를 더욱 강화하였다. 그것은 일본 본국에서 익찬의회를 출범시키며 전시 총동원 통제체제를 구축하고, 식민지와 본국의 행정을 일원화하는 방식으로 전개되었다. 일본 본국의 총동원체제 강화에 조응해서 식민지 한국에서 보여준 행정체제의 개편은, 다른 한편으로는 국민운동 조직을 민간의 자발적인 운동으로 기획하여 조선 총독의 행정체계로 일원화시킴으로써 더욱 강력한 동원체제를 구축하도록 정비하는 형태로 실행되었다.

일본의 본국과 식민지 행정의 일원화 조치는, 사실상 독자적으로 행해지던 조선총독의 한국 통치에 대하여, 명문화된 칙령으로 중앙정부가 합법적으로 지시·감독할 수 있도록 함으로써 조선총독의 권한을 규제할 수 있게 한 것이었다. 그것은 전시 상황의 장기화·긴박화와 더불어 일본의 한국 통치에서 중요한 의미를 갖는다. 그것은 일본 본국에서 익찬의회 출범 이래 본격적으로 정비된 일제의 전시 총동원 통제체제가 더 본격적이고 강력하게 식민지에서도 관통할 수 있도록 한 것이었기 때문이다. 일본의 내외지 행정 일원화 조치는 긴박한 전황의 장기화에 대처하기 위하여, 일본이 자국의 통치권이 체계적으로 미치는 범위를 포괄적으로 묶어 전시 총동원체제로 광범위하고 강력하게 구축하고자 한 것이었다.

그러나 일본의 내외지 행정 일원화 조치는 '조선의 특수성'을 강조한 역대 조선총독의 강력한 주장이 받아들여져, 원안에서 명시되었던 조선총독에 대한 중앙 정부 내무대신의 일반적 감독의 권한 부분을 삭제하고 시행되었다. 그 결과 내외지 행정 일원화의 대상으로 함께 논의되었던 대만에서와는 달리, 한국에 대해서는 내무대신이 조선총독에 대하여 감독이 아니라 단지 '통리상 필요한 지시'만 할 수 있도록 수정되었다. 그것은 사실상 종래의 조선총독의 식민지 한국 통치에 대한 자율성을 그대로 용인한 것이었다. 일본의 식민지 한국 대한 일원적 통제체제를 구축하고자 하는 시도는 번번이 조선의 특수성을 강조하며 한국 통치체제 자체의 안정성과 이를 위한 총독의 강력한 일원적 통치력을 주장한 조선총독부의 입장이 받아들여져 수정된 형태로 시행되었다.

그러한 일본 본국의 식민지 한국에 대한 일원적 통제체제 구축 시도의 좌절 또는 조선총독부의 본국의 정책에 대한 수정 시행은, 사실 일본이 정책적으로 의도한 기본 취지와 크게 다른 것은 아니었다. 오히려 조선의 특수성을 앞세운 조선총독부의 입장과 일본 본국의 정책 시행의 취지가 상호 조절·양보하여, 양쪽이 원하는 바를 실질적으로 이루어 낸 것이었다고 할 수 있다. 그러나 중요한 점은, 조선의 특수성을 강조한 조선총독부의 입장이 매번 받아들여졌다는 사실이다. 이것은 결국 일본 정부가 천황에게만 책임지는 형태로 조선총독이 가지고 있던 식민지 한국 통치의 독자적인 자율성을 규제하려 한 시도가 좌절된 것이었다. 다시 말해서, 조선총독부가 주장한 조선의 특수성론이 받아들여진 것은 곧 조선총독정치의 자율성이 용인된 것이었다고 할 수 있다. 이것은 일본에 대한 식민지 한국의 의미와 조선총독의 위상을 보여주는 것이었다.

그런데 더 중요한 사실은, 식민지 한국 통치체제 자체가 안정될 필요를 강조하며, 조선의 특수성을 앞세워 사실상 조선총독의 강력한 지배력을 견지한 조선총독부가 행한 시책이 본국에서 논의되고 시행되는 정책에 조응하여, 더 강력하고 일원적인 식민지 한국의 통제체제를 구축해 갔다는 점이다. 이는 일본 제국주의의 팽창을 담보할 교두보이자 전진기지로서 식민지 한국의 중요성을 의미하는 것이라고 할 수 있다. 그러나 다른 한편으로는, 조선의 특수성을 앞세워 확보된 조선총독의 정치적 자율성은, 곧 일본과는 다른 한국의 한국인들에 대한 조선총독 행정의 중앙 집중적 통제방식을 더 강력하게 구축함으로써 인정될 수 있었다고 하겠다.

이것은 두 가지 의미를 갖는다. 하나는, 식민지 한국은 일본이 아니라는 구분과, 같지 않을 뿐만 아니라 같을 수 없다는 구별, 그리고 일본보다 열등하다는 차별을 분명히 한 것이라는 점이다. 조선의 특수성론에 의거하여 조선총독부가 관철시킨 경제적 자치통제의 방침이나 자율적인 통치권은 모두, 한국인에 대한 구분과 구별을 전제로 한 차별에 기초하였다. 동시에 일제의 차별을 존속시키려는 의식이 합의

된 결과였다고 할 수 있다.

다른 하나는, 그러한 차별의식에 기초하여 인정된 조선총독의 정치적 자율성은, 곧 조선총독이 솔선하여 일본 본국의 정책적 취지에 부응하는 총동원의 효과를 냄으로써 인정받을 수 있었다는 것이다. 조선의 특수성론이 받아들여진 것은, 일본과는 다르고 같을 수 없는 열등한, 그러나 오랜 역사를 가지고 있어서 민족의식이 강한 한국인을 효과적으로 동원하여 전쟁수행을 위한 병참기지로 적극 활용하기 위한 필요에 입각하고 있었다. 그 필요는, 한국 지배의 안정성을 확보해야 하는 것이었다. 이는 곧 조선총독의 강력한 권한을 발휘함으로써 이루어질 수 있다는 데 대한 공감으로 귀결되었던 것이다.

그러므로 조선총독의 정치적 재량권이 최대한 인정될 수 있는 것은, 바로 전 식민지 한국의 강력한 통제체제를 구축하여 효율적으로 총동원의 성과를 이루어내어 일제의 전쟁 수행에 협력하는 것이었다. 따라서 조선총독부는 일본 본국의 정치적 변화에 조응하여 더 적극적으로 솔선해서, 일제의 정책이 식민지 한국에서 실효를 거둘 수 있는 시책을 실천하였던 것이다.

그 결과 일본 본국의 행정 일원화 조치에 조응한 조선총독부 행정기구의 개편은, 말단에서부터 강력한 연계망을 갖는 국민조직 기구를 조직하여, 더욱 강력한 통체체제를 구축하는 방식으로 시행되었다. 이는 전시 총동원체제 개혁에 따른 실질적인 동원의 효과를 극대화시키는 것이었다. 따라서 한국인에 대한 통제와 수탈의 강도는 그 어느 곳에서보다 더욱 심화되지 않을 수 없었다. 이는 곧 일본의 식민지 한국 지배의 특징이자 조선총독부가 시행한 식민지 한국 행정의 내지 행정에 대한 일원화의 의미라고 할 수 있다.

또한 조선총독의 정치적 자율성의 조건이라 할 수 있다. 그러한 조선총독의 정치적 자율성은 식민지 한국의 통치에 대해서는 전제적이면서, 일본 정부에 대해서는 상대적인 것이었다. 그러한 조선총독의 정치적 자율성은, 조선총독부의 강력한 식민지 통제체제를 통해서 일본이 전쟁을 수행하는 데 필요한 인적 물적 자원을 식민지 한국에서 총동원한, 일본의 식민지 한국 통치의 특징을 상징적으로 보여주는 것이었다.

(〈일제의 식민지 조선 행정일원화와 조선총독의
'정치적 자율성'〉, 《일본연구논총》 21, 2005)

참고문헌

강동진, 《일제의 한국침략정책사》, 서울: 한길사, 1980.

──, 《일본언론계와 조선 ― 1910~1945》, 서울: 지식산업사, 1987.

──, 《일제언론계의 한국관》, 서울: 일지사, 1982.

강창일, 〈일제초기 식민통치의 전략과 내용 ― 조선지배의 원리와 관련하여〉,
한국정신문화연구원 편, 《일제식민통치연구 1 ― 1905~1919》, 서울: 백
산서당, 1999.

권태억, 〈동화정책론〉, 《역사학보》 72, 2001.

권태억 외, 《한국 근대사회와 문화 II》, 서울: 서울대학교출판부, 2005.

권희영, 〈20세기 초 러시아 극동에서의 황화론〉, 《정신문화연구》 통권103호,
2006.

김대환, 〈사이토(齋藤實) 총독의 문화정치와 《경성일보》〉, 《경주대학교논문
집》 17, 2004.

김도형, 《대한제국기의 정치사상연구》, 서울: 지식산업사, 1994.

김동노 편, 《일제 식민지 시기의 통치체제 형성 일제 식민지 시기의 통치체제
형성》, 서울: 혜안, 2006.

김동노, 《근대와 식민의 서곡》, 서울: 창작과비평사, 2009.

김동명, 《지배와 저항, 그리고 협력》, 서울: 경인문화사, 2006.

김용철, 〈우가키(宇垣一成)의 조선통치관과 '농촌진흥운동'〉, 《전통문화연구》
　　　제6집, 1999.
김운태, 《일본 제국주의의 한국통치》, 서울: 박영사, 1986a.
———, 〈일제식민정책 회유조정기(1919~1931)의 행정개혁〉, 《행정논총》 제
　　　24권 1호, 1986b.
———, 〈일제시대정치행정연구(2)〉, 《행정논총》 제11권 1호, 1972.
김장권, 《국민국가형성과 지방자치 — 일본 국가주의의 사회적 기반》, 서울:
　　　서울대학교출판부, 1994.
나카츠카 아키라(中塚明) 지음/ 김승일 옮김, 《근대 한국과 일본》, 서울: 범우
　　　사, 1995.
도면회, 〈일제 식민통치기구의 초기 형성과정〉, 한국정신문화연구원 편, 《일제
　　　식민통치연구 1 — 1905~1919》, 서울: 백산서당, 1999.
리차드 H. 미첼 지음/ 김윤식 옮김, 《일제의 사상통제》, 서울: 일지사, 1982.
마스미 준노스케(升味準之輔) 지음/ 이경의 옮김, 《일본정치사 II》, 서울: 형설
　　　출판사, 1992.
마쓰다 도시히코, 〈일본 육군의 중국대륙침략정책과 조선(1910~1915)〉, 권태
　　　억 외, 《한국 근대사회와 문화 II》, 서울: 서울대학교출판부, 2005.
미야다(宮田節子) 지음/ 이형랑 옮김, 《조선민중과 '황민화'정책》, 서울: 일조
　　　각, 1997.
민족문제연구소 편, 《일제하전시체제기정책사료총서》 제14권, 서울: 한국학
　　　술정보, 2000
박경식, 《일본제국주의의 조선지배》, 서울: 청아, 1986.
박균섭, 〈조선총독 宇垣一成의 조선관과 교육정책에 관한 고찰〉, 《일본학보》
　　　제46집, 2001.
박영재, 〈근대 일본의 한국 인식〉, 역사학회 편, 《일본의 침략정책사연구》, 서
　　　울: 일조각, 1984.
박은경, 《일제하 조선인관료연구》, 서울: 학민사, 1999.
방기중, 〈1930년대 조선 농공병진정책과 경제통제〉, 《동방학지》 제120집, 2003.

6.

———, 〈1940년 전후 조선총독부의 '신체제' 인식과 병참기지강화정책〉, 《동방학지》 제138집, 2007.

———, 《한국근현대정치사상사연구》, 서울: 역사비평사, 1992.

방기중 편, 《일제 파시즘 지배정책과 민중생활 일제 파시즘 지배정책과 민중생활》, 서울: 혜안, 2004.

———, 《일제 파시즘기 한국사회 자료집》 1~5, 서울: 선인, 2005.

———, 《일제하 지식인의 파시즘체제 인식과 대응》, 서울: 혜안, 2005.

배성준, 〈일제말기 통제경제법과 기업통제〉, 《한국문화》 27, 2001.

———, 〈전시하 '경성'지역의 공업통제〉, 《국사관논총》 88, 2000.

사카이 데쓰야(酒井哲哉) 지음/ 장인성 옮김, 《근대일본의 국제질서론》, 고양: 연암서가, 2010.

손정목, 〈조선총독의 지위와 권한〉, 《한국지방제도자치사연구 (상) ― 갑오경장~일제강점기》, 서울: 일지사, 1992.

스벤 사아러, 〈국제관계의 변용과 내셔널 아이덴티니 형성〉, 《한국문화》 41, 2008.

신상용, 〈영일동맹과 일본의 한국침략〉, 역사학회 편, 《러일전쟁 전후 일본의 한국침략》, 서울: 일조각, 1986

신상준, 〈한일합병에 따른 조선총독부의 설치와 조선총독의 지위 및 권한에 관한 행정사적 연구〉, 《청주여자사범대학논문집》 2, 1973.

신주백, 〈1910년대 일제의 조선통치와 조선주둔 일본군〉, 《한국사연구》 제109호, 2000.

신희석, 《일본의 외교정책》, 서울: 을유문화사, 1991.

아자이(淺井良純), 〈일제침략 초기의 조선인관리연구〉, 연세대학교 대학원(사학과) 석사논문, 1990.

안유림, 〈1930년대 총독 우가키(宇垣一成)의 식민정책 ― 북선수탈정책을 중심으로〉, 《이대사원》 27, 1994.

역사학회 편, 《러일전쟁전후 일본의 한국침략》, 서울: 일조각, 1986.

오동석, 〈일제하 ‘지방자치’ 관련 법제의 변화〉, 《법사학연구》 제30호, 2004.
오카 요시타케(岡義武) 지음/ 장인성 옮김, 《근대 일본 정치사》, 서울: 소화, 1996.
유기식, 〈캘리포니아에서의 배일운동의 확대〉, 《경북사학》 제20집, 1997.
유영익, 〈조선총독부의 구조와 기능〉, 《한국근현대사론》, 서울: 일조각, 1992.
윤덕영, 〈1920년대 중반 일본 정계 변화와 조선총독부 자치정책의 한계〉, 《한국독립운동사연구》 37, 2010.
———, 〈1930년 전후 조선총독부 자치정책의 한계와 동아일보 계열의 비판〉, 《대동문화연구》 73, 2011.
이리에 아키라(入江昭) 지음/ 이성환 옮김, 《일본의 외교》, 서울: 푸른산, 1993.
이성환, 〈일본의 간도문제 처리의 정치과정〉, 《주변 열강의 한반도 개입 및 점령정책》(한국정치외교사학회 2006년 연례학술회의자료집), 2006.
이승렬, 〈1930년대 전반기 일본군부의 대륙침략관과 ‘조선공업화’〉, 《국사관논총》 67, 1996.
———, 〈역대 조선총독과 일본군벌〉, 《역사비평》 통권24호, 1994.
이 연, 〈일제하 사이토 마코토(齋藤實)의 언론정책과 민간지의 창간배경〉, 《한국언론학회 학술대회발표논문집》, 2001.
이윤갑, 〈우가키 가즈시게(宇垣一成) 총독의 시국인식과 농촌진흥운동의 변화〉, 《대구사학》 제87집, 2007.
이정용, 〈군부대신현역무관제와 우가키 가즈시게〉, 《일본연구》 제12집, 2004.
이채문, 〈황화론이 러시아 극동지역의 발전에서 가지는 함의〉, 한국사회학회, 《사회학대회논문집》 1998. 12.
이형식, 〈조선총독의 권한과 지위에 대한 시론〉, 《사총》 72, 2011.
이형철, 《일본군부의 정치지배 — 15년 전쟁기(1931~1945)의 민군(民軍)관계 연구》, 서울: 법문사, 1991.
임성모, 〈만주 농업이민 정책을 둘러싼 관동군·조선총독부의 대립과 그 귀결 — 우가키(宇垣) 총독의 구상 및 활동과 관련하여〉, 《일본역사연구》 제29집, 2009.

전복희, 《사회진화론과 국가사상》, 서울: 한울, 1996.

전상숙, 〈'조선 특수성'론과 조선 식민지배의 실제〉, 신용하 등, 《식민지 근대화론에 대한 비판적 성찰》, 서울: 나남, 2009a.

———, 〈조선총독정치체제와 관료제〉, 《한국정치외교사논총》 제31집 1호, 2009b.

———, 〈1920년대 사이토오(齋藤實)총독의 조선통치관과 '내지연장주의'〉, 《담론 201》 11-2, 2008.

———, 〈러일전쟁 전후 일본의 대륙정책과 데라우치(寺內正毅)〉, 《사회와 역사》 제71집, 2006.

———, 〈일제 파시즘기 사상통제정책과 전향〉, 《한국정치학회보》 39집 3호, 2005.

———, 〈일제의 식민지 조선 행정일원화와 조선 총독의 '정치적 자율성'〉, 《일본연구논총》 21, 2005.

———, 《일제시기 한국 사회주의 지식인 연구》, 서울: 지식산업사, 2004.

———, 〈일제 군부파시즘체제와 '식민지 파시즘'〉, 방기중 편, 《일제 파시즘 지배정책과 민중생활》, 서울: 혜안, 2004.

전상숙·이창훈 편, 《한국 근·현대정치와 일본 한국 근·현대정치와 일본 I》, 서울: 선인, 2010.

정긍식, 《한국근대법제사고》, 서울: 박영사, 2002.

정연태, 《한국 근대와 식민지 근대화 논쟁 — 장기근대사론을 제기하며》, 서울: 푸른역사, 2011.

———, 〈조선총독 데라우치(寺內正毅)의 한국관과 식민통치 — 점진적 민족동화론과 민족차별 폭압정책의 이중성〉, 권태억 외, 《한국 근대사회와 문화 II》, 서울: 서울대학교출판부, 2005.

정태헌, 《일제의 경제정책과 조선사회 — 조세정책을 중심으로》, 서울: 역사비평사, 1996.

진덕규, 〈한국정치사회의 권력구조에 관한 연구 — 엘리트 유동성과 이데올로기 연관성 분석〉, 연세대학교 대학원(정치학과) 박사학위논문, 1977.

———, 〈일제 초기 친일 관료 엘리트의 형성과 성격 분석〉, 《현상과 인식》 2권 1호, 1978.

———, 〈일제식민지 시대의 지배세력에 관한 연구〉, 한국사회과학연구협의회 편, 《일본식민정책에 관한 연구》, 서울: 한국사회과학연구협의회, 1980.

차기벽 편, 《일제의 한국 식민통치》, 서울: 정음사, 1985.

최덕규, 《제정러시아의 한반도정책, 1891~1907》, 서울: 경인문화사, 2008.

최문형, 《국제관계로 본 러일전쟁과 일본의 한국 병합》, 서울: 지식산업사, 2004.

최석영, 《일제의 동화이데올로기의 창출》, 서울: 서경문화사, 1997.

최원규 엮음, 《일제말기 파시즘과 한국사회》, 서울: 청아출판사, 1989.

최유리, 《일제 말기 식민지 지배정책연구》, 서울: 국학자료원, 1997.

한배호, 〈3·1운동 직후의 조선 식민지정책—사이토(齋藤)의 ‘문화정치’의 본질을 중심으로〉, 차기벽 엮음, 《일제의 한국 식민통치》, 서울: 정음사, 1985.

허수열, 《개발 없는 개발》, 서울: 은행나무, 2005.

———, 〈일제하 한국에 있어서 식민지적 공업의 성격에 관한 일 연구〉, 서울대 대학원(국사학과) 박사학위논문, 1983.

———, 〈조선인 노동력의 강제동원의 실태〉, 차기벽 엮음, 《일제의 한국 식민통치》, 서울: 정음사, 1985.

홍성찬 외, 《일제하 경제정책과 일상생활》, 서울: 혜안, 2008.

홍순권, 〈일제시기의 지방통치와 조선인관리에 관한 일고찰〉, 《국사관논총》 제64집, 1995.

황민호, 《식민지 동화정책과 협력 그리고 인식 식민지 동화정책과 협력 그리고 인식》, 서울: 두리미디어, 2007.

加藤聖文, 〈政黨內閣確立期における植民地支配體制の摸索 — 拓務省設置問題の考察〉, 《東アジア近代史》 創刊號, 1998.

加藤陽子, 《摸索する1930年代 ― 美日關係と陸軍中堅層》, 東京: 山川出版社, 1993.

岡本眞希子, 《植民地官僚の政治史 ― 朝鮮·臺灣總督府と帝國日本》, 東京: 三元社, 2008.

───, 〈政黨內閣期における文官總督制 ― 立憲政治と植民地通治の相剋〉, 《日本植民地研究》第10號, 1998.

───, 〈總督政治と政黨政治 ― 二大政黨期の總督人事と總督府官制·豫算〉, 《朝鮮史研究會論文集》38, 2000.

鎌田澤一郎, 《宇垣一成》, 東京: 中央公論社, 1937.

───, 《朝鮮は起ち上る》, 東京: 千倉書房, 1933.

季武嘉也, 《大正期の政治構造》, 東京: 吉川弘文館, 1998.

高橋龜吉, 《現代朝鮮經濟論》, 東京: 千倉書房, 1935.

高倉徹一 編, 《田中義一傳記》, 東京: 原書房, 1981(復刻).

駒込武, 《植民地帝國日本の文化統合》, 東京: 岩波書店, 1996.

君島和彦 編, 《大日本帝國の軌跡 ― 大正デモクラシー~敗戰》, 東京: 三省堂, 1985.

國民總力朝鮮聯盟 編, 《國民總力運動要覽》(日帝下戰時體制期政策史料叢書 第51卷), 1943.

───, 《朝鮮における國民總力運動史》(日帝下戰時體制期 政策史料叢書 第49卷), 1945.

───, 《朝鮮における國民總力運動史》, 京城: 國民總力朝鮮聯盟, 1945.

國民總力朝鮮聯盟防衛指導部, 《內鮮一體ノ理念及其ノ具現方策要綱》, 1941.

堀和生, 〈朝鮮における植民地財政の展開 ― 1910~30年代初頭にかけて〉, 飯沼二郎·姜在彦, 《植民地朝鮮の社會と抵抗》, 東京: 未來社, 1992.

宮田節子, 〈朝鮮における農村振興運動〉, 《季刊現代史》第2號, 1973.

近藤釼一 編, 《太平洋戰下終末期朝鮮の政治》2, 東京: 朝鮮史料編纂會, 1961.

今井田淸德, 〈第二四半世紀の第一年頭に立て〉, 《朝鮮》第251號, 1936. 1.

金早雪, 〈日窒コンチェルンにおける朝鮮窒素〉, 姜在彦 編, 《朝鮮における日窒コンチェルン》, 東京: 不二出版, 1985.

金子文夫, 〈1920年代における朝鮮産業開發政策の形成〉, 原郎 編, 《日本植民地研究》 第10號, 1986.

內藤一成, 《貴族院》, 東京: 同成社, 2008.

大江志乃夫, 《近代日本とアジア》, 東京: 三省堂, 1968.

―――, 《天皇の軍隊》, 東京: 小學館, 1982.

―――, 〈植民地戰爭と總督府の成立〉, 《岩波講座 近代日本と植民地 2》, 東京: 岩波書店, 1992.

大江志乃夫 外 編, 《岩波講座 近代日本と 植民地 4, 統合と支配の論理》, 東京: 岩波書店, 1993.

大山梓 編, 《山縣有朋意見書》, 東京: 原書房, 1996.

德富蘇奉, 《公爵桂太郎傳》, 東京: 故桂公爵記念事業會, 1917.

渡邊行男, 〈宇垣一成 ― 政軍關係の確執〉, 東京: 中央公論社, 1993.

東洋經濟新報社, 《朝鮮産業の決戰再編成》, 京城: 東洋經濟新報社 京城支局, 1943.

藤村道生, 《日本現代史》, 東京: 山川出版社, 1981.

萬峰, 《日本ファシズムの興亡》, 東京: 六興出版, 1989.

木村健二, 〈朝鮮總督府經濟官僚の人事と政策〉, 波形昭一・堀越芳昭, 《近代日本の經濟官僚》, 東京: 日本經濟評論社, 2000.

朴慶植, 《日本帝國主義の朝鮮支配》, 東京: 靑木書店, 1973.

本間重紀, 〈戰時國家獨占資本主義の法體制 ― 戰時企業統制に限定して〉, 《戰時日本の法體制》, 東京: 東京大學出版會, 1979.

北岡伸一, 《日本陸軍と大陸政策, 1906~1918》, 東京: 東京大學出版會, 1978.

―――, 《政黨から軍部へ, 1924~1941》, 東京: 中央公論新社, 1999.

山崎舟照, 《外地統治機構の研究》, 東京: 高山書院, 1943.

山邊健太郎, 《日本統治下の朝鮮》, 東京: 岩波書店, 1971.

山本四郎 編, 《寺內正毅關係文書 ― 首相以前》, 京都: 京都女子大學, 1984.

―――, 《寺內正毅日記, 1900~1918》, 京都: 京都女子大學, 1980.

山本有造, 《日本植民地經濟史研究》, 名古屋: 名古屋大學出版會, 1992.

山田公平, 《近代日本の國民國家と地方自治 ― 比較史研究》, 名古屋: 名古屋大學出版會, 1991.

山縣有朋, 〈帝國の國是に就ての演說〉(1890. 12. 6.); 大山梓 編, 《山縣有朋意見書》, 東京: 原書房, 1996.

———, 〈外交政略論〉(1890. 3. 3.); 大山梓 編, 《山縣有朋意見書》, 東京: 原書房, 1996.

———, 〈軍備意見書〉(1893. 10.); 大山梓 編, 《山縣有朋意見書》, 東京: 原書房, 1996.

———, 〈軍備擴充意見書〉(1895. 4. 15.); 大山梓 編, 《山縣有朋意見書》, 東京: 原書房, 1996.

———, 〈第二對淸政策〉(1909. 4.); 大山梓 編, 《山縣有朋意見書》, 東京: 原書房, 1966.

———, 〈對支政策意見書〉(1914. 8.) 別紙; 大山梓 編, 《山縣有朋意見書》, 東京: 原書房, 1966.

三谷太一郎, 《增補 日本政黨政治の形成—原敬の政治指導の展開》, 東京: 東京大學出版會, 1995.

森山茂德, 《近代日韓關係史硏究 — 朝鮮植民地化と國際關係》, 東京: 東京大學出版會, 1987.

———, 《日韓關係》, 東京: 吉川弘文館, 1992a.

———, 《日韓倂合》, 東京: 吉川弘文館, 1992b.———, 〈日本の朝鮮統治政策(1910〜1945)の政治史硏究〉, 《法政理論》 第23卷 第3·4號, 1991.

———, 〈日韓倂合 — 日本の朝鮮保護政策について〉, 《東洋文化硏究所紀要》 第96冊, 1984.

———, 〈日韓倂合の國際關係〉, 近代日本研究會, 《日本外交の危機認識》, 東京: 山川出版社, 1985.

三人貞史, 《日本の政黨政治 1890〜1937年》, 東京: 東京大學出版會, 1992.

三宅晴輝, 《新興コンチェルン》, 東京: 春秋社, 1937.

釋尾東邦, 《韓國倂合史》, 京城: 朝鮮及滿洲社, 1926.

石森久弥, 〈歷代政務總監の風貌〉, 《朝鮮公論》 第13卷 10號, 1925.

細井肇, 《鮮滿の經營: 朝鮮問題の根本解決》, 東京: 自由討究社, 1920.

小林道彦, 《日本の大陸政策 1895~1914》, 東京: 南窓社, 1996.

小松綠, 《明治外交秘史》, 東京: 千倉書房, 1936.

──, 《朝鮮併合之裏面》, 東京: 中外新論社, 1919; 2005년 淸溪書舍 復刻.

小熊英二, 《'日本人'の境界》, 東京: 新曜社, 1998.

──, 《單一民族神話の起源》, 東京: 新曜社, 1995.

小村壽太郎, 《朝鮮併合之裏面》, 東京: 中外新論社, 1920.

松田利彦, 〈朝鮮總督秘書官と'文化政治' ― 守屋榮夫日記を讀む〉, 《日本の朝鮮・臺灣支配と植民地官僚》(國際日本文化研究センター 第30回國際研究會集會), 2007.

松田利彦・やまだあつし, 《日本の朝鮮・臺灣支配と植民地官僚》, 京都: 思文閣出版, 2009.

松下芳南, 《日本軍閥の興亡》 1, 東京: 人物往來社, 1967a.

──, 《日本軍閥の興亡》 2, 東京: 人物往來社, 1967b.

──, 《日本軍閥の興亡》 3, 東京: 人物往來社, 1967c.

水野直樹, 〈戰時期の植民地支配と'內外地行政一元化'〉, 《人文學報》 第79號, 京都大學人文科學研究所, 1997. 3.

穗積六三郎, 〈重要産業統制法に就て〉, 《朝鮮工業協會報》 第41號, 1936. 2.

升味準之輔, 《日本政黨史論》 4, 東京: 東京大學出版會, 1994.

御水洗振雄, 《南次郎の朝鮮統治》, 京城: 京城日報社, 1942.

御廚貴 監修, 《齋藤實 歷代總理大臣傳記叢書》 第21卷, 東京: ゆまに書房 再刊, 2006.

鈴木隆史, 《日本帝國主義と滿洲 ― 1900~1945》, 東京: 槁書房, 1979.

鈴木武雄, 《大陸兵站基地論解說》, 京城: 綠旗聯盟, 1939.

鈴木正文, 《朝鮮經濟の現段階》, 東京: 帝國地方行政學會朝鮮本部, 1938.

刈田 徹, 〈天皇制國家のフォショ的再編成〉, 淺沼和典・河原宏・紫田敏夫 編, 《比較フォシズム研究》, 東京: 成文堂, 1982.

外務省 編, 《日本外交年表竝主要文書》 上, 東京: 原書房, 1965.

外務省百年史編纂委員會 編, 《外務省の百年》下, 東京: 原書房, 1969.

外務省調査部第四課, 〈倉知鐵吉氏述 韓國併合ノ經緯〉, 1939.

宇垣一成, 《宇垣一成日記》 1~4, 東京: みすず書房, 1968~1970.

─────, 〈心田開發〉, 《朝鮮》 第248號, 1936. 3.

─────, 〈朝鮮の將來〉, 《朝鮮》 第233號, 1934. 10.

原奎一郎 編, 《原敬日記》 全六卷, 東京: 福村出版, 1965~1981.

原田豊次朗, 《伊藤と韓國》, 京城: 日韓書房, 1909.

楢崎觀一, 《朝鮮最近史 (附)韓國併合誌》, 東京: 蓬山堂, 1911; 《復刻板 韓國併合
        史研究資料》 3, 東京: 淸溪書舍, 1995.

由井正臣 編, 《樞密院の研究》, 東京: 吉川弘文館, 2003.

有竹修二, 《齋藤實》, 東京: 時事通信社, 1958.

尹明憲, 〈朝窒による電源開發〉, 姜在彦 編, 《朝鮮における日窒コンチェルン》, 東
        京: 不二出版, 1985.

衣笠哲生, 〈中日戰爭の展開と軍部〉, 小島恒久 編, 《1930年代の日本 ─ 大恐慌よ
        り戰爭へ》, 東京: 法律文化社, 1989.

伊藤隆, 《昭和初期政治史研究 ─ ロンドン海軍軍縮問題をめぐる諸政治集團の
        對抗と提携》, 東京: 東京大學出版會, 1969.

李炯植, 〈‘文化統治’初期における朝鮮總督府官僚の通治構想〉, 《史學雜誌》 第115
        編 第4號, 2004.

─────, 〈政黨內閣期(1924~1932)の朝鮮總督府官僚の統治構想〉, 《東京大學日
        本史學研究室紀要》 第11號, 2007.

李淳琅, 〈朝鮮工業化論と宇垣一成總督の政〉, 堀眞淸, 《宇垣一成とその時代 ─
        大正・昭和前期の軍部・政黨・官僚》, 東京: 新評論社, 1999.

日本防衛廳防衛硏修所戰史部 編, 《戰史叢書大本營陸軍部》 1, 東京: 朝雲新聞社,
        1967.

日本歷史地理學會 編纂, 文學博士 喜田貞吉 述, 《韓國の併合と國史》, 東京: 三省
        堂恭光, 1910; 《復刻板 韓國併合史研究資料》 3, 東京: 淸溪書舍, 1995.

入江昭, 《日本の外交 ─ 明治維新から現代まで》, 東京: 中央公論社, 1966.

長部謹吾, 〈思想犯保護に就て〉, 《司法研究》 第21輯 第10號, 1937. 7.

長田彰文, 《日本の朝鮮統治と國際關契 — 朝鮮獨立運動とアメリカ 1910～1922》, 東京: 平凡社, 2005.

財團法人齋藤實子爵紀念會, 《子爵齋藤實傳》 1～4, 東京: 共同印刷株式會社, 1941.

齋藤實, 《齋藤實文書》 1～17, 서울: 고려서림, 1990.

―――, 〈第三部長會意に於ける總督訓示〉, 財團法人友邦協會, 《朝鮮近代史料硏究 — 友邦シリーズ》 第五卷, 東京: クレス出版, 2001.

赤木格堂, 〈朝鮮總督專任論〉, 《日本及日本人》 第560號, 1911.

全國經濟調查機關聯合會朝鮮支部 編, 《朝鮮經濟年譜》, 東京: 改造社, 1939.

田保橋契, 〈明治外交史〉, 《岩波講座 日本歷史》, 東京: 岩波書店, 1962.

井上淸, 《新版 日本の軍國主義 II — 軍國主義と帝國主義》, 東京: 現代評論社, 1975.

―――, 《新版 日本の軍國主義 III — 軍國主義の展開と沒落》, 東京: 現代評論社, 1975.

―――, 《宇垣一成》, 東京: 朝日新聞社, 1980.

―――, 《條約改正 — 明治の民族問題》, 東京: 岩波新書, 1978.

諸橋襄, 《明治憲法と樞密院制》, 東京: 芦書房, 1964.

糟谷憲一, 〈朝鮮總督府の文化政治〉, 《近代日本と植民地》 2, 東京: 岩波書店, 1992.

朝鮮公論社 編纂, 《裏から觀た朝鮮統治史: 戀の統監府と總督府》, 京城: 朝鮮公論社, 1925.

朝鮮及滿洲社 編纂, 《朝鮮之硏究》, 京城: 朝鮮及滿洲社, 1930.

朝鮮銀行調查課, 《朝鮮工業組合令實施と金融組合との關係》, 1938.

朝鮮電氣協會, 《朝鮮の電氣事業》, 1937.

朝鮮總督府 官房文書課 編, 《諭告・訓示・演述總攬》, 1941.

朝鮮總督府, 《朝鮮ノ保護及倂合》, 京城: 朝鮮總督官房總務局, 1995년 淸溪書舍 復刻.

朝鮮總督府, 〈倂合條約二依リ各理事官二訓令〉, 1912

———, 《施政25年史》, 1935.

———, 《施政30年史》, 京城: 朝鮮總督府, 1940.

———, 《調査月報》, 1942. 4.

———, 《朝鮮産業經濟調査會會議録》, 1936.

———, 《朝鮮總督府官報》 1910~1945.

———, 《朝鮮總督府時局對策調査會諮問答申書》, 1938.

———, 《朝鮮總督府時局對策調査會會議録》, 1938.

———, 《朝鮮總督府施政年報》, 京城: 朝鮮總督府, 1912.

———, 《朝鮮總督府帝國議會說明資料》, 東京: 不二出版, 1994.

———, 〈朝鮮産業經濟調査會諮問答申書〉(工業ニ關スル件), 《重要事務引繼書》, 1936.

———, 〈朝鮮に於ける國民精神總動員〉, 《國民精神總動員》(日帝下戰時體制期 政策史料叢書 第50卷), 서울: 한국학술정보(주), 1940.

———, 〈朝鮮における國民精神總動員〉, 《國民精神總動員》, 1940.

朝鮮行政編輯總局, 《朝鮮統治秘話》, 京城: 帝國地方行政學會, 1937.

中塚明, 《近代日本と朝鮮》, 東京: 三省堂, 1977.

———, 《近代日本の朝鮮認識》, 東京: 研文出版, 1993.

———, 〈日本帝國主義と植民地〉, 《岩波講座 日本歷史 近代 6》 19, 東京: 岩波書店, 1976.

秦郁彦, 《昭和史の軍人たち》, 東京: 文藝春秋, 1982.

———, 《統帥權と帝國陸海軍の時代》(平凡社新書 308), 東京: 平凡社, 2006.

拓務省, 〈拓務大臣ト朝鮮總督トノ權限關係〉, 《昭和4年8月, 法制局稿金森案》; 外務省外交史料館 所藏 《拓務省設置關係一件》 第1卷 《拓務大臣ト朝鮮總督トノ權限關係》, 1929.

川北昭夫, 〈1920年代朝鮮の工業化論議について〉, 鹿兒島經濟大學地域綜合研究所 編, 《近代東アジアの諸相》, 東京: 勁草書房, 1995.

淺野豊美, 《帝國日本の植民地法制: 法域統合と帝國秩序》, 名吉屋: 財團法人名吉屋大學出版會, 2008.

淺野豊美・松田利彦 編,《植民地帝國日本の法的構造》, 東京: 信山社, 2004.

―――,《植民地帝國日本の法的展開》, 東京: 信山社, 2004.

淺田喬二・小林英夫 編,《日本帝國主義の滿洲支配》, 東京: 時潮社, 1986.

清水秀子,〈拓務省設置ニ關スル件〉,《歷史敎育》第15卷 第1號, 1967.

村上貞一,《巨人齋藤實》, 東京: 新潮社, 1937.

村井良太,《政黨內閣期の成立 1918-27》, 東京: 有斐閣, 2005.

樞密院,《樞密院會議議事錄》21, 東京: 東京大學出版會, 1985.

春山明哲,〈近代日本の植民地統治と原敬〉, 春山明哲・若林正丈,《日本植民地主
　　　　義の展開, 1895～1934年》, 東京: 財團法人アジア政經學會, 1980.

駄場裕司,〈齋藤實朝鮮總督更送をめぐる對立圖式―田中義一內閣倒閣論再考〉,
　　　　《日本歷史》690號, 2005.

統監府,〈韓國併合顛末書〉, 1910. 9. 8,《復刻板 韓國併合史研究資料》3, 東京:
　　　　清溪書舍, 1995.

―――,〈韓國併合の趣旨〉(1910. 10. 15.),《復刻板 韓國併合史研究資料》3, 東京:
　　　　清溪書舍, 1995.

河合和男,〈朝鮮工業と日本資本〉, 姜在彦 編,《朝鮮における日窒コンチェルン》,
　　　　東京: 不二出版, 1985.

韓國駐箚軍參謀部,《間道ニ關スル調査槪要》, 1906. 3.

海野福壽,《伊藤博文と韓國併合》, 東京: 靑木書店, 2004.

橫山臣平,《秘錄石原莞爾》, 東京: 芙蓉書房, 1973.

橫田耕一,〈1930年代の政治〉, 小島恒久 編,《1930年代の日本―大恐慌より戰爭
　　　　へ》, 東京: 法律文化社, 1989.

黑田甲子郎,《元帥寺內伯爵傳》, 東京: 元帥寺內伯爵傳記編纂所, 1920.

《京城日報》1910～1935.

《朝鮮統治の回顧と批判》, 京城: 朝鮮新聞社, 1936.

〈內外地行政ノ一元化ニ關スル件〉,《公文類聚》第66編, 昭和17年 卷6, 1941.

〈道參與官打合會に於ける總督訓示〉,《施政に關する諭告・訓示竝演述》, 1935.

1. 16.

〈司法から見た思想問題〉, 《思想月報》 第7號.

〈朝鮮工業組合令〉, 《經濟月報》 1938. 8.

〈拓務大臣ト朝鮮總督トノ權限關係(昭和4年8月, 法制局稿金森案)〉, 外務省外交
　　　史料館所藏外務省記錄 〈拓務省設置關係一件〉 第1卷 〈拓務大臣ト朝鮮總
　　　督トノ權限關係〉

Akira, Iriye, *After Imperialism: the search for a new order in the Far East, 1921−1931*,
　　　Cambridge: Harvard University.

──────, *Pacific Estrangement: Japanese and American Expansion, 1897−1911*, Cambridge:
　　　Harvard University Press, 1972.

Beasley, W. G., *Japanese imperialism, 1894−1945*, Oxford: Clarendon Press, 1991.

──────, *The modern history of Japan*, 2nd ed., New York: Praeger, 1974.

Beasley, W. G. ed., *Modern Japan: aspects of history, literature, and society*, Berkeley,
　　　Cali.: University of California Press, 1975.

Crow, Carl, ed., *Japan's Dream of World Empire: The Tanaka Memorial*, New York: Harper
　　　& Brothers, 1942.

Dower, W. John, *Embracing defeat: Japan in the wake of World War II*, New York:
　　　W.W. Norton & Company/New Press, 1999.

──────, *War without Mercy: Rce and Power in the Pacific War*, New York: Pantheon
　　　Books, 1986.

Duss, Peter, Myers, H. Ramon, and Peattie, R. Mark R. eds., *The Japanese informal empire
　　　in China, 1895−1937*, Princeton, N.J.: Princeton University Press, 1989.

──────, *The Japanese wartime empire, 1931−1945*, Princeton, N.J.: Princeton University
　　　Press, 1996.

Duus, Peter, *The Abacus and the Sword: the Japanese Penetration of Korea, 1895−1910*,
　　　Berkeley, California: University of California Press, 1995.

Myers, H. Ramon and Peattie, R. Mark eds., *The Japanese colonial empire, 1895–1945*, Princeton, N.J.: Princeton University Press, 1984.

Neu, E. Charles Neu, *An Uncertain Friendship: Theodore Roosevelt and Japan 1906–1909*, Cambridge, Massachusetts: Harvard University Press, 1967.

Nish, H. Ian, *Japanese Foreign Policy, 1869–1942: Kasumigaseki to Miyakezaka*, London: Routledge & K. Paul, 1977.

————, *The Anglo–Japanese alliance: the diplomacy of two island empires, 1894–1907*, London: Athlone Press, 1985.

————, *The origins of the Russo–Japanese war*, London: Longman, 1985.

Reynolds, E. Bruce ed., *Japan in the Fascist Era*, New York: Palgrave Macmillan, 2004.

Toland, John, *The rising sun: the decline and fall of the Japanese Empire, 1936–1945*, New York: Random House, 1970.

Young, Louise, *Japan's total empire: Manchuria and the culture of wartime imperialism*, Berkeley: University of California Press, 1998.

<h1 style="text-align:center">찾아보기</h1>